AF280869

10.000 Miles for Mr. President

oder

Die etwas andere Hommage an Donald Trump

von Frank Dressler und Angelika Schweiger

Frank Dressler und Angelika Schweiger

10.000 Miles for Mr. President

oder

Die etwas andere Hommage an Donald Trump

16.000km rund um das gelobte Land

Reisebericht über eine abenteuerliche Tour rund um die Vereinigten Staaten von Amerika

Bibliografische Information der Deutschen
Nationalbibliothek:

Die Deutsche Nationalbibliothek verzeichnet diese
Publikation in der Deutschen Nationalbibliografie;
detaillierte bibliografische Daten sind im Internet
über http://dnb.dnb.de abrufbar.

Frank Dressler und Angelika Schweiger
10.000 Miles for Mr. President -
Die etwas andere Hommage an Donald Trump

© 2024 Frank Dressler

Verlag: BoD • Books on Demand GmbH, In de Tarpen 42,
22848 Norderstedt
Druck: Libri Plureos GmbH, Friedensallee 273,
22763 Hamburg
ISBN: 978-3-7597-6739-4

Inhaltsverzeichnis

Vorwort

Bei allem, was ich liebe und mich in meinem Leben so beschäftigt wie meine Frau, die Familie, Freunde und die Arbeit, habe ich aktuell noch ein paar andere Leidenschaften.
Das wäre zum einen gutes Essen und Trinken, zum anderen die Vereinigten Staaten von Amerika zu bereisen (am liebsten mit dem Fahrrad) und Donald Trump. Natürlich ist es nicht so, dass Donald Trump jeden zweiten Sonntag zu uns zum Kaffee kommt - nein, höchstens einmal im Monat (Spass) und ich habe ihn persönlich auch noch nie getroffen. Und doch habe ich mich seit mehr als 15 Jahren intensiv mit seiner Person und den öffentlich zugänglichen Aussagen, Plänen und seiner politischen Haltung beschäftigt.

Mich fasziniert seine Art und seine Ambitionen, das - meiner Meinung nach - schönste Land dieser Erde zu regieren und wie er mit seinen Kritikern und politischen Gegnern umgeht. Und er hat ja schon bewiesen, dass er dieses Land wirklich regieren kann, denn er hat in seiner ersten Amtsperiode viel für seine Bürger erreicht.

Seine Ausdrucksweise und Rhetorik ist wahrlich manchmal recht unkonventionell, was wohl daran liegt, dass er vehement seine Ideale und die seiner Heimat verteidigt und trotz aller Intelligenz das Herz auf der

Zunge trägt.

All das - so finde ich - macht ihn sympathischer denn je und ich hoffe, zusammen mit 150 Millionen US-Amerikanern, dass er in diesem Herbst wieder zum Präsidenten der Vereinigten Staaten gewählt wird.

Wobei die 150 Millionen US-Amerikaner mir gegenüber natürlich den entscheidenden Vorteil haben – sie können in ihrem Heimatland mit dem richtigen Kreuzchen auf dem Wahlzettel die zweite Amtszeit von Donald Trump besiegeln.

Ich hingegen verfalle zumindest in diesem Punkt in die Rolle eines Statisten, denn meine Stimme würde nicht zählen, auch wenn ich es tausendmal versuchen würde. Insofern bleibt mir nur die Hoffnung, die ich zusammen mit Millionen von deutschen und europäischen Anhängern in mir trage, dass unsere lieben Freunde auf der anderen Seite des Atlantik die richtige Entscheidung treffen.

Dies ist einer der Gründe, warum ich das Projekt „10.000 Meilen for Mr. President" ins Leben gerufen habe. Um den amerikanischen Bürgern im eigenen Land zu zeigen, wie wichtig es nicht nur für sie, sondern auch für die ganze Welt ist, das sie Donald Trump wieder wählen.

Dass man dafür Opfer bringen muss, ist vielen klar und manch einer wird es am eigenen Leib verspüren. Von einfachen Repressalien und „Mundtotmachaktionen" durch politische Gegner bis hin zu massiven Hetzjagden auf einzelne Personen beziehungsweise Personengruppen. Die Lobbyisten aus Politik und Gesellschaft versuchen ununterbrochen, die Exekutive und Legislative zu beeinflussen. Ganz nach dem Motto: „Das Böse schläft nie".

Natürlich ist das nicht nur in den USA so, auch hier in Europa und vor allem in dem Amerika so nahen Deutschland nimmt der Druck immer mehr zu. Als ich meiner Sympathie zu Trump und der Hoffnung auf eine weitere Präsidentschaft - zum Beispiel durch die Homepage und ein paar öffentliche Statements - ein wenig mehr Ausdruck verlieh, war manch böses Wort oder manch bissige Nachricht keine Seltenheit.

Doch wie sollte es man denen verdenken, die wie mit Scheuklappen durchs Leben gehen, die (um mit Grönemeyer zu sprechen) wie Schafe auf einer Wiese nur kurz aufschauen, um dann weiterzugrasen.
Ich weiss es selbst, dass man, mit beiden Beinen im heutigen Arbeitsleben stehend, kaum Zeit hat, für sich selbst oder die Familie, geschweige denn, sich mit politischen Zänkereien auseinanderzusetzen.

Sofern man dann auch noch mit den Attributen des typischen „Bilderbuchdeutschen" ausgestattet wurde, ist man schnell ein kleines Rädchen im Getriebe und völlig chancenlos, daraus auszubrechen. Schon das eigene Gewissen macht einem recht schnell einen Strich durch die Rechnung.
Der Dalai Lama sagte einmal in einem Interview einem Reporter gegenüber, der ihm die Frage stellte, was ihn am Menschen am meisten überrascht habe: „Der Mensch (selbst), denn er opfert seine Gesundheit, um Geld zu machen. Dann opfert er sein Geld, um seine Gesundheit wiederzuerlangen. Und dann ist er so ängstlich wegen seiner Zukunft, dass er die Gegenwart nicht geniesst. Das Resultat ist, dass er nicht in der Gegenwart oder in der

Zukunft lebt, er lebt, als würde er nie sterben und dann stirbt er und hat nie wirklich gelebt."
Ist das nicht furchtbar traurig?
Ich gehe jede Wette ein, dass dies bei mindestens 8 von 10 erwachsenen Menschen zutrifft. Ob in Deutschland oder den USA, ganz gleich, auf jeden Fall in jeder hochentwickeltem Industrienation auf dieser Erde.

Einen weiteren Punkt könnte man der Rede des Dalai Lama hinzufügen. Die Träume. Jeder Mensch hat sie und jeden Menschen beschäftigen sie, mehr oder weniger stark. Die große Kunst ist es meiner Meinung nach, seine eigenen Träume nicht sterben zu lassen. Wenn Träume sterben, dann wird man alt und wer will schon alt werden, ohne seine Träume gelebt zu haben?

Auch deshalb habe ich mit der Homepage „Gegen die Strömung" versucht, einen meiner Träume am Leben zu erhalten. Und zwar nicht irgendeinen, sondern einen sogenannten Lebenstraum. Nicht jeder kann das verstehen, und viele fragen ungläubig kopfschüttelnd, warum zum Teufel quält sich der alte, übergewichtige Knacker durch Amerika und das auf so einer elend langen Strecke?
Die Antwort ist komplex und dennoch einfach. Zu sich zu finden, ist das Zauberwort. Träume zu leben und die Gegenwart geniessen. Auch wenn es anstrengend ist und oft wehtut. Körperlich wie seelisch. Das heimische Nest zu verlassen und die Liebsten, schmerzt und ich bin oft von Zweifeln zerrissen. Doch wie sagte Reinhold Messner einmal: „Gehe ich nicht, gehe ich kaputt".
Er würde es verstehen, auf einen Schlag, ohne lange

nachdenken zu müssen. Denn einen Lebenstraum zu begraben, ist wie ein kleiner Tod. Und genau das wollen wir nicht. Im Gegenteil.

Womit sich gleich die nächste Frage anschliesst: Diese meine Reise durch die Vereinigten Staaten von Amerika, was wird sie letztendlich bringen? Ausser Hunger, Durst, Schmerzen und Sehnsucht nach dem Zuhause und den Menschen, die ich liebe und die mich lieben und daheim warten?

Innerhalb der letzten 20 Jahre habe ich zusammen mit meiner Frau schon einige wundervolle Touren durch die USA unternehmen dürfen, auch mit dem Fahrrad. Sie waren allesamt anstrengend und immer mit irgendwelchen Problemchen behaftet.

Dennoch erfreute sich mein Herz bei jeder Tour an den kleinen Dingen und jetzt träume ich manchmal von den Erinnerungen daran. Ein über die Prärie hoppelnder, ausgetrockneter Kreosotbusch beispielsweise weckt in mir Erinnerungen an Zeiten, als ich als junger Bub gedankenversunken mit offenem Mund und großen Augen im Kino saß, Westernfilme anschaute und dann jahrelang davon träumte.

Oder die genialen amerikanischen Songs der 60er und 70er, wie „California Dreamin" von den „Mamas & Papas" oder „San Francisco" von Scott McKenzie, die bei mir auch jetzt noch - im Herbst des Lebens - Gänsehaut erzeugen.

Es hat sich in mir irgendwie und völlig unbewusst eine Beziehung zu Amerika aufgebaut, noch ehe ich überhaupt wusste, wie man diesen Kontinent erreicht. Natürlich gibt es noch viele andere schöne Fleckchen auf dieser Erde, aber um alle mit einer gewissen Mindestintensität bereisen zu können, würde es wohl mehrere Menschenleben erfordern.

Darum liegt mein persönlicher Fokus auf den Vereinigten Staaten von Amerika - meinem eigenen gelobten Land.

Dieses zu umrunden, ungefähr an seinen Aussengrenzen, ist das diesjährige Ziel und vielleicht treffe ich ja irgendwo in der Prärie auf Donald Trump, wie er einem davonhoppelnden, ausgetrockneten Kreosotbusch hinterherläuft.

Doch, lieber Leser, bleiben wir realistisch: dass das passiert, ist eher unwahrscheinlich.

Kapitel 1

Vorbereitungen

Natürlich gab es einige familieninterne Vorgespräche, um nicht zu sagen, mehr oder weniger hitzige Diskussionen, als ich mit diesem meinem Lebenstraum um die Ecke kam und ein wenig eisig waren die Gesichtszüge meiner Frau, als ich ihr von meinem Vorhaben erzählte und dass sie – wenn sie nicht mitfahren möchte - wohl ein paar Wochen ohne mich auskomme müsse.

Denn mein geliebtes Frauchen hatte mir allerdings schon seit längerem signalisiert, dass es nicht unbedingt ihr Traum sei, täglich stundenlang im Fahrradsattel zu sitzen und das über Wochen oder gar Monate, nur um Strecken mit 100km oder mehr „abzuradeln". Dafür habe ich vollstes Verständnis und ich denke, mir und auch keinem anderen steht es zu, seinen Partner zu so etwas zu zwingen.

Sie mag das Radfahren zwar auch, aber eher spielerisch, auf kürzeren Strecken und nicht als extreme sportliche Herausforderung. In dieser Hinsicht hat sie ein ganz anderes Steckenpferd und zwar das Linedance. Das ist ihre Leidenschaft und Passion und dafür büffelt sie gerade im Moment, um den Trainerschein zu erlangen und vielleicht eigene Kurse zu geben, die sie jetzt schon vertretungsweise übernimmt.

Ausserdem hat sie in den letzten Jahren verschiedenste Verpflichtungen innerhalb der Familie übernommen, speziell die der Enkelbetreuung oder jetzt der Pflege ihrer Mutter, die es uns nicht unbedingt leichter machen, über einen längeren Zeitraum nicht anwesend zu sein.

Der ursprünglich gehegte Plan für uns als Vorruheständler, während der Wintermonate Deutschland in Richtung wärmere Regionen zu verlassen, war offensichtlich nur mein Plan. Oder die Vorstellungen vom Lebensabend haben sich etwas verschoben.

Aber es ist, wie es ist und so werden wir zwar gemeinsam die ersten gut drei Wochen meiner geplanten Mammuttour absolvieren, den Rest fahre ich dann alleine. Man ist als Ehepaar zwar stets auf demselben Gleis unterwegs, nur manchmal halt in verschiedene Richtungen. Die große Kunst ist es, zum gegebenen Zeitpunkt wieder am richtigen Bahnhof umzusteigen und den Zug zurück zu nehmen.

Das erste Segment der großen Tour, die Strecke an der Ostküste, von Miami, Florida Richtung Boston, Massachusetts über eine Länge von gut 2000km werden wir als Teststrecke und quasi zum Einrollen benutzen, um zu sehen, wie alles läuft und um gegebenenfalls noch Korrekturen vornehmen zu können.

Meine Frau hat sich nach mehrmonatigem Schwanken nun doch bereiterklärt, diese Strecke gemeinsam mit mir zu absolvieren und mich auf dem Fahrrad zu begleiten. Dafür liebe ich sie umso mehr, denn ich weiss, dass es für sie sehr anstrengend wird. Schliesslich sind wir beide in einem Alter, in dem manch andere von früh bis spät nur noch am Küchenfenster sitzen und sich die Nase am Glas plattdrücken.

Die Planungen für diese epische Unternehmung begannen bei mir im Kopf bereits im Jugendalter, manifestierten sich jedoch so richtig erst nach der letzten längeren Radtour durch die Vereinigten Staaten. Das war im Jahre 2019 und führte uns von Seattle, Washington nach San Diego in Kalifornien. Bis sich allerdings konkrete Pläne entwickelten, dauerte es noch eine geraume Zeit, die auch noch durch die Corona-Pandemie verlängert wurde. Aufgrund der Pandemie waren auch wir fast 4 Jahre nicht mehr in den Vereinigten Staaten - zu groß die Sorge um Leib und Leben. Anfangs wusste ja überhaupt niemand, wie man damit umgehen soll.
Manche Zungen orakelten zudem, dass wir nie wieder amerikanischen Boden betreten würden - was zum Glück nicht eintraf, denn im Jahre 2023 wagten wir erstmals nach der Pandemie wieder den Sprung über den Atlantik. Die Möglichkeit, ab da wieder uneingeschränkt verreisen zu dürfen, machte mir Mut und so begann ich Stück für Stück, den aberwitzigen Plan für diese große Tour auszuarbeiten.

Ich hatte ursprünglich geplant, unsere Fahrräder aus Deutschland mitzunehmen, aber da wir diese Tour diesmal beide mit einem E-Bike absolvieren wollten, scheiterte das Ganze mal wieder am Versenden der

Akkus, die als Gefahrgut höchster (und gefährlichster) Kategorie eingestuft werden. Die Vorschriften dahingehend sind derart streng, dass es mich immer wieder wundert, wie es überhaupt erlaubt wird, damit in aller Öffentlichkeit herumzufahren.

Also beschlossen wir irgendwann, zwei passende Fahrräder direkt vor Ort in den USA zu erwerben und da die Auswahl bei weitem nicht so üppig ist wie hierzulande, entschieden wir uns jeweils für ein Aventon, Modell Level 2.

Fahrräder von deutschen Marken wie Haibike oder Bulls gibt es zwar auch, aber die haben annähernd den Preis eines Mittelklassewagens aus den 70ern oder sind schlichtweg ungeeignet. Für ein solches Fahrrad mit Beschränkung auf 25km/h und einem mageren 500-Watt-Akku mehr als 7000 Dollar hinzublättern, empfinde ich - gelinde gesagt - als Unverschämtheit. Und das Prädikat „Made in Germany" ist schon lange kein Qualitätssiegel mehr, denn in Punkto Fahrräder weiss inzwischen fast jeder, dass die aus irgendwelchen Fabriken in Vietnam kommen.

Unsere Aventon-Fahrräder werden zwar auch in Vietnam zusammengebaut, kosteten allerdings knapp 1700 Dollar das Stück, inklusive jeweils einem Ersatzakku und dem Zusammenbau durch den Händler „Cycling Forza" in Coral Springs, Florida - welcher, entgegen der allzu oft an den Tag gelegten amerikanischen Oberflächlichkeit, äusserst freundlich, geduldig und hilfsbereit war.

In diesem Zusammenhang möchten wir uns noch einmal ganz ganz herzlich bei Edward Lai, dem Inhaber von „Cycling Forza" für seine Unterstützung, die weit über das normale Level hinaus reichte, bedanken.

Ob dieser Dank und meine Meinung über Cycling Forza über die gesamte Tour hinweg gleich bleibt, wird sich spätestens nach den ersten Hilferufen unsererseits herausstellen.

Das einzige, was mir diesbezüglich und angesichts des schlanken Preises ein bisschen Sorgen bereitete, war, dass der Hersteller an der Qualität gespart hat und die Räder bei der ersten rasanten Abfahrt auseinander brechen.

Und sollte dieser oder ein ähnlicher Fall eintreten, muss man geduldig nach Alternativen suchen, flexibel bleiben und zuversichtlich.

Denn das Ziel ist mal wieder der Weg - die Umrundung meines gelobten Landes. Ob ich sie am Ende tatsächlich auf dem Fahrrad durchführe oder laufend oder schwimmend oder vielleicht doch ein Auto brauche, weiss jetzt noch niemand. Auf jeden Fall werde ich versuchen, die 16000km auf jede erdenkliche Fortbewegungsart - und, wenn möglich, aus eigener Kraft - zu bewältigen.

Ansonsten war die Planung überschaubar, vieles schon ein bisschen Routine, wobei der Fokus bei uns natürlich immer primär darauf liegt, dass die Kosten nicht explodieren.

Die Beantragung des sogenannten B2- Visums war für mich neu, aber bei der diesjährigen Planung inbegriffen, sollte jedoch lediglich eine Vorsichtsmaßnahme sein, da ich nicht wusste, ob die 90 Tage, die einem mit der Einreise in die USA mittels ESTA erlaubt werden, zum Absolvieren dieser langen Tour ausreichen.

Es braucht nur einer dieser fiesen rothäutigen und

gehörnten Pannenteufel in den Great Plains hinter einem ausgetrockneten Kreosotbusch zu lauern und es auf die Elektronik oder die Antriebseinheit des Fahrrades abgesehen zu haben und bis man es sich versieht, wird das Zeitfenster sehr, sehr klein oder schließt sich gänzlich.

Denn ich habe schon des öfteren gehört und gelesen, dass man bitterböse bestraft wird, wenn man länger als es das jeweilige Visum erlaubt, in den USA verweilt. Selbst schwere Erkrankungen sind da keine Ausrede - die Strafen gehen so weit, dass eine Einreise zu einem späteren Zeitpunkt, auch Jahre danach, verweigert werden kann.
Da sind die Beamten der Homeland-Security gnadenlos. Und ich muss zugeben, ich habe volles Verständnis dafür - denn man kann so ein riesiges Land nicht vernünftig regieren, wenn man zu lasch ist oder nur halbherzig an bestimmte Dinge - wie die Einreise von Besuchern/Ausländern - herangeht.

Im Zuge der Beantragung des B2-Visums, das übrigens 10 Jahre gültig ist und zu einem durchgehenden Aufenthalt von bis zu 180 Tagen im Jahre berechtigt, gehörte auch das Interview in der Botschaft - in meinem Fall in München - und die Vorlage diverser Dokumente, die erklären und belegen, dass man nach dem jeweiligen Aufenthalt wieder in sein Heimatland zurückkehrt.
Dazu gehört auch eine Erklärung in Briefform über den Grund der Reise und ein paar Angaben bezüglich der Rückkehr.

Ich hatte mich mit folgendem Text auf das Interview

vorbereitet:

„Ich liebe den nordamerikanischen Kontinent seit ich denken kann.
Mich faszinieren die atemberaubenden Landschaften mit ihren vielen Nationalparks und Naturschönheiten genauso wie die Städte entlang der Küsten, die eine unvergleichliche Entwicklung vollbracht haben und immer wieder erkennt man Gemeinsamkeiten und Verbindungen zur Alten Welt in Europa, und vor allem zu Deutschland.

Meine diesjährige Reise soll in Miami, Florida beginnen und entlang der Ostküste bis Boston führen, dann weiter an den großen Seen und den Great Plains vorbei bis nach Seattle, Washington, dann südwärts an der traumhaften Westküste nach San Diego und wieder zurück nach Miami.
Ich möchte die Strecke mit einem E-Bike absolvieren, denn nur so ist man meiner Meinung nach in der Lage, die Schönheiten entlang der Strecke zu geniessen und ist trotzdem schnell genug, um voranzukommen.

Meine Frau wird mich in den ersten Wochen auf der Strecke Miami – Boston begleiten.
Für die insgesamt etwa 16000km habe ich 80 Tage auf dem Fahrrad eingeplant, mit Ruhetagen und Transfers werde ich etwa 90 Tage benötigen.
Selbstverständlich werde ich danach wieder nach Deutschland zurückkehren.
Ich bin fest verwurzelt mit meiner deutschen Heimat,

***ich bin Geschäftsführer einer kleinen Firma, habe
neben meinen Eltern und Geschwistern eine
wundervolle Ehefrau, zwei Kinder und eine Handvoll
Enkelkinder."***

Leider kam es gar nicht dazu, dass ich diesen Text
vortragen musste, denn das Interview mit dem Beamten
in der Botschaft war locker und entspannt und mehr ein
freundschaftliches Gespräch.
Ich hatte, ehrlich gesagt, angesichts all der Dinge, die
darüber in diversen Foren geschrieben wurden, ordentlich
Respekt davor. Aber das war nicht nötig und inklusive
aller An- und Abmeldungen und der Sicherheitskontrolle
dauerte alles nicht mal eine Stunde.

Die wenigen Wochen danach, bis zum Abflug, vergingen
in Windeseile - viele Pläne konnte ich überhaupt nicht
mehr realisieren - ein paar mehr Trainingsrunden waren
zwar geplant, aber immer kam etwas dazwischen und ich
tröstete mich letztlich mit dem Gedanken, dass die ersten
2000km an der Ostküste ja relativ gemütlich ablaufen und
das beste Training darstellen würden, dass ich mir hätte
wünschen können.
Auch der Wunsch, bis zum Tourstart noch ein paar Kilo
abzunehmen, blieb weitestgehend ein frommer Gedanke
und dass, obwohl ich seit Ende Dezember 2023 keinen
Tropfen Alkohol mehr getrunken hatte.
Aber auch in diesem Punkt kam mir immer wieder die
oben genannte Ausrede in den Sinn - die einzige Sorge
war, ob mein Rad mich und das ganze Gepäck aushalten
wird. Schliesslich habe ich mir mit großem Fleiss einen
Bauch und Hintern angefressen, wie ein kleiner Elefant.

Ich hatte ja anfangs bereits ein paar Ausführungen darüber gemacht, welche Sympathien ich gegenüber Donald Trump hege und welche Hoffnungen ich mit einer weiteren Amtszeit von ihm verbinde.

Es geht mir dabei natürlich nicht nur darum, seine „Make America Great Again" - Wahlkampfstrategie gutzuheissen oder gar zu verfechten, vielmehr wünsche und erhoffe ich mir ein paar Auswirkungen auf die Alte Welt, wenn er denn wirklich wieder zum Präsidenten gewählt wird. Und so wie es aktuell aussieht, stehen die Chancen nicht schlecht.

Die Politik in Deutschland ist meiner Meinung nach an einem absoluten Tiefpunkt angekommen und abgesehen von der arroganten, verschlagenen und heimatverachtenden Politik des aktuellen Bundeskanzlers sind auch DIE Personen unmittelbar nach ihm, die eigentlich voller Stolz unser schönes kleines Heimatland vertreten sollten, absolute Lachnummern.

Jedes unterentwickelte Dritt- oder Viertland kommt mit bizarren und aberwitzigen Forderungen um die Ecke und bekommt auch noch Gehör.

Jetzt wäre eigentlich der richtige Zeitpunkt, dass hierzulande einer aufschlägt, der „Make Germany Great Again" ausruft und sich das zum Wahlkampfslogan und Lebensmotto macht.

Aber wie immer haben leider ganz andere das Sagen und die sitzen in großen Villen hinter verschlossenen Türen und planen in eine ganz andere Richtung. Wer genau hinschaut, wird ein altbekanntes Muster erkennen und das ist noch keine hundert Jahre her. Die Krupps der heutigen Zeit heissen Rheinmetall oder KraussMaffei und werden alles daran setzen, keinen Pazifisten an das Ruder der Macht zu lassen.

Und wenn man sich dahingehend zu sehr engagiert, wird man recht schnell mundtot gemacht oder gar gänzlich ausgelöscht.

Bei solchen Gedanken kommen mir immer wieder die Textzeilen eines sehr klugen Kopfes ins Gedächtnis, der sang (in Auszügen):

Wir hab'n ein Grundgesetz, das soll den Rechtsstaat garantier'n
Was hilft's, wenn sie nach Lust und Laune dran manipulieren
Die Scharfmacher, die immer von der Friedensmission quasseln
Und unterm Tisch schon emsig mit dem Säbel rasseln?
Der alte Glanz in ihren Augen beim großen Zapfenstreich
Abteilung kehrt, im Gleichschritt marsch, ein Lied und heim ins Reich!
"Nie wieder soll von diesem Land ein Krieg ausgehen!"
"Wir müssen Flagge zeigen, dürfen nicht beiseite stehen!"
"Rein humanitär natürlich und ganz ohne Blutvergießen!"
"Kampfeinsätze sind jetzt nicht mehr so ganz auszuschließen"

Sie ziehen uns immer tiefer rein, Stück für Stück
Und seit heute früh um fünf Uhr schießen wir wieder

zurück

Sei wachsam
Präg' dir die Worte ein!
Sei wachsam
Und fall nicht auf sie rein!
Paß auf, dass du deine Freiheit nutzt
Die Freiheit nutzt sich ab, wenn du sie nicht nutzt!
Sei wachsam Merk dir die Gesichter gut!
Sei wachsam
Bewahr dir deinen Mut
Sei wachsam
Und sei auf der Hut!
Ich hab Sehnsucht nach Leuten, die mich nicht
betrügen
Die mir nicht mit jeder Festrede die Hucke voll lügen
Und verschon mich mit den falschen Ehrlichen
Die falschen Ehrlichen, die wahren Gefährlichen!
Ich hab' Sehnsucht nach einem Stück Wahrhaftigkeit
Nach 'nem bisschen Rückgrat in dieser verkrümmten
Zeit
Doch sag die Wahrheit und du hast bald nichts mehr
zu Lachen
Sie wer'n dich ruinier'n, exekutier'n und mundtot
machen
Erpressen, bestechen, versuchen dich zu kaufen
Wenn du die Wahrheit sagst, lass draußen den Motor
laufen
Dann sag' sie laut und schnell, denn das Sprichwort
lehrt:
Wer die Wahrheit sagt, braucht ein verdammt
schnelles Pferd!

Diese Zeilen stammen von Reinhard Mey aus seinem Lied „Sei wachsam". Und aus dem Jahre 1996, also nahezu 30 Jahre her.

Aber wenn man in den Geschichtsbüchern ein wenig konzentrierter und bisschen mehr zwischen den Zeilen liest, wird man schnell feststellen, dass dieses Muster schon hunderte Jahre alt ist.

Wer die Macht hat, will für gewöhnlich immer mehr und schreckt auch vor den schlimmsten Mitteln nicht zurück. Und wer die Macht - meist durch finanzielle Mittel - hat, selbst aber politisch nicht aktiv sein will, baut strategisch durchgeplant einen Handlanger auf, der dann wie eine Marionette im Theater durch die Welt reist und dessen Pläne durchsetzt.

Es gibt zahlreiche öffentlich zugängliche Lebensläufe von höchstrangigen Politikern, die gezielt seit dem Jugendalter - zumeist von Großkonzernen aus Industrie und Wirtschaft - auf einflussreiche Ämter vorbereitet wurden.

Aber wie ich oben schon angeführt habe, können die Menschen in den betroffenen Ländern nicht viel dagegen steuern, denn sie sind schlichtweg zu beschäftigt. Womit wir den kleinen politischen Kreis jetzt schliessen und wieder bei Donald Trump angelangt sind.

Lieber Leser, schauen Sie doch nur einmal in die Medien. Menschen wie ein Donald Trump, der als Pazifist und kluger Geschäftsmann immer nur das Beste für sein Heimatland will, wird verunglimpft, verballhornt, schlecht dargestellt, verklagt, verleumdet oder hintergangen. Seltsamerweise vorwiegend so dargestellt in den

europäischen Medien oder in Amerika durch konkurrierende Parteien. Und viele lachen mit und wissen eigentlich gar nicht, worüber sie lachen oder warum.
Der einfache Mensch in den Vereinigten Staaten, der in der Summe die breite Masse und somit das Volk bildet, hat ein ganz anderes Bild, einen ganz anderen Eindruck und ganz andere Ambitionen, die er an der Wahlurne bereit ist, zu zeigen.

Wir selbst haben 2016 während einer Fahrradtour durch die Südstaaten den Wahlkampf von Donald Trump aus nächster Nähe miterlebt und die Euphorie und die flammenden Herzen der Bürger hautnah gespürt, wenn er irgendwo auftrat. Die Menschen sprangen damals sogar in den Hotels vor den Fernsehern im Frühstücksraum von ihren Stühlen und applaudierten.
Wieviele Politiker in den letzten 100 Jahren hatten soviel Charisma und eine solche Genialität in Ihren Reden und Argumentationen, dass Millionen Menschen ihnen wortwörtlich zu Füßen lagen. Nicht sehr viele.

Doch nun soll erst einmal Schluss sein mit Politik, auch wenn sich dieses durch meine Verknüpfung zum Namen im Buchtitel unweigerlich wie ein roter Faden durch die Seiten ziehen wird.
Hauptthema ist und bleibt natürlich die große Tour als solche.

Nachdem nun die Fahrräder bereitstanden, das B2-Visum vorlag, die Flüge, der Leihwagen und das erste Hotel gebucht waren, kehrte ein wenig Ruhe in mein Inneres ein. Dennoch ist jede Tour ein wenig anders und die diesjährige ganz besonders.

Die Strecke um ein Vielfaches länger als jemals durchgeführt, die Tour auf uns unbekannten Fahrrädern geplant und der Gedanke daran, dass große Segmente durch noch nicht von uns bereiste Gegenden führen werden, brachte so eine Art Grummeln in die Magengegend.

Ich weiss nicht, ob es meinem Frauchen auch so ging, oder ob sie sich nur nichts anmerken liess. Auf jeden Fall kam der diesjährige 2. Mai sehr viel schneller, als jemals zuvor.

Kapitel 2

Die große Tour

Nach einem entspannten Flug mit kurzem Zwischenstopp in Washington kamen wir am frühen Abend des zweiten Mai 2024 in Fort Lauderdale an.

Der Beamte der Homeland-Security wollte meinen mit viel Herzklopfen und ein paar weiteren grauen Haaren teuer bezahlten Reisepass und dem darin enthaltenen B2-Visum gar nicht sehen und sagte uns in gebrochenem Deutsch, was wir zu tun hätten.

Das übliche Procedere halt: Finger scannen, in die Kamera lächeln, artig dreinschauen und schwuppdiwupp waren wir schon durch. Wobei „schwuppdiwupp" sehr relativ war, denn davor standen wir 2 Stunden in der Schlange an.

Wir bevorzugen den Flughafen Fort Lauderdale bei Reisen nach Florida, denn er ist überschaubar, mit kurzen Wegen, ohne irgendein Shuttle benutzen zu müssen und zu dem uns so vertraut und lieb gewordenen Hollywood sind es gerade mal 10km.

Die erste Nacht in unserem Mittelklasse-Motel „Gateway

Inn", in dem wir nun schon das dritte Mal nach der Pandemie residierten, ist für gewöhnlich immer relativ kurz. Man trägt halt noch die mitteleuropäische Zeit in sich und das dauert immer einige Tage, bis man sich umgestellt hat.

In den Jahren vor der Pandemie übernachteten wir fast immer bei unserer liebenswerten Bekannten Anne, die leider im Jahre 2019 verstorben war. In unserem 2020 erschienenem Buch „Kurs Südwest" finden sie eine lustige Anekdote über uns und Anne.

Nachdem wir uns am nächsten Morgen - wie üblich noch vor dem ersten Hahn - ein bisschen die Beine vertreten, das Nötigste beim nahegelegenen Walmart eingekauft und das Frühstück hinter uns gebracht hatten, fuhren wir schnell zu dem Fahrradhändler „Cycling Forza", bei dem unsere Fahrräder (ich nenne sie auch des öfteren „Pferdchen") schon sehnsüchtig auf uns warteten.

Der Inhaber, mit dem ich einige Wochen zuvor intensiv korrespondiert hatte, war leider nicht zugegen, aber einer seiner Angestellten und der bediente uns prompt.

Er erklärte uns die Fahrräder, zeigte mir ein paar technische Dinge, auf die es zu achten galt und schon waren wir wieder draussen und konnten unsere beiden Schätzchen ins Auto einladen.

Ab damit ins Zimmer und seid schön brav, ihr lieben Pferdchen - wir fahren nur schnell zum Flughafen zurück und geben unseren Leihwagen wieder ab. Dank Aventon waren wir ja nun umweltfreundlich und weitestgehend CO2-neutral unterwegs.

Die restlichen 2 Tage verbrachten wir damit, unsere Habseligkeiten zu sortieren und uns von dem zu trennen, was nicht wirklich wichtig war. Ich brauchte noch ein paar Ersatzreifen, ein bisschen Werkzeug und Sonnenspray - aber das war dank der vielen Geschäfte, die rund um uns vorhanden waren, eine Kleinigkeit.

Und bis man es sich versah, war es Montag, der 6. Mai 2024 und wir standen voller Erwartungen mit unseren Pferdchen vor der Lobby, um uns abzumelden. Ariana, die Managerin des Hotels, war sehr nett und erlaubte uns sogar, meinen Rucksack mit ein paar Habseligkeiten für uns aufzubewahren, bis wir wieder in Hollywood ankämen. Sie konnte es gar nicht fassen, wie man so etwas machen kann und sagte wohl ein gutes Dutzend Mal, wie cool das sei.

Bei strahlend blauem Himmel und etwa 25 Grad im Schatten starteten wir gegen 9 Uhr nun zu unserer großen Tour, die uns erstmal einen längeren Zeitraum Richtung Norden, immer entlang der Ostküste, dem Tagesziel Lantana, Florida, entgegen brachte.

Die Strecke selbst bot keine allzu großen Highlights, allerdings stieg die Temperatur binnen weniger Stunden auf 93 Grad Fahrenheit, was knapp 34 Grad Celsius entspricht. Ganz nach unserem Geschmack. Der teils heftige Gegenwind leider eher nicht.
Nach gut 3h Fahrtzeit und 79km war für heute erst mal Schluss in einem Super 8 in Lantana, das ist in der Nähe von West Palm Beach. Die Betten allerdings hatten mächtig Schieflage, was hiess, wir schliefen die ganze

Nacht mit dem Kopf nach unten geneigt.
Mein Frauchen lag irgendwann in der Nacht
verkehrtherum bei meinen Füssen. Wie sie das angestellt
hatte, keine Ahnung - zumindest hatte sie am
darauffolgenden Morgen nicht so einen roten Kopf wie
ich.

Die erste Etappe auf den neuen Fahrrädern war sehr
entspannt, sie waren zwar keine Rennpferde, aber
angesichts der hohen Zuladung von jeweils rund 15-20kg
pro Fahrrad und dem damit verbundenen hohen
Systemgewichts völlig in Ordnung.

Lantana wird den meisten Lesern nichts sagen, aber in
diesem kleinen Örtchen stand in der Zeit von 1974 – 1988
der höchste geschmückte Weihnachtsbaum der Welt mit
umgerechnet 44 Metern und einer Beleuchtung, die aus
mehr als 15.000 Lichtern bestand.

07. Mai 2024

Die erste Nacht auf der Strecke in diesem Super 8 Motel,
das zwar zur etwas preiswerteren, aber qualitativ recht
annehmbaren, Wyndham-Klasse gehören sollte, aber in
Wirklichkeit weiter davon entfernt war, als der Mond von
der Erde, war wieder mal etwas Besonderes.

Es ging schon gestern Abend beim Einchecken los, denn
die Empfangsdame war total gelangweilt und kaute beim
Check-in auf ihren Nägeln herum, das Zimmer
schmuddelig und die Klimaanlage so laut, dass man ohne
Ohrenstöpsel fast nicht schlafen konnte. Das groß

angepriesene Frühstück bestand aus Kaffee und Saft.
Vielen Dank für nichts.

Kleine Anekdote am Rande: Am Morgen habe ich beim
Einhängen der Fronttasche versehentlich das Pfefferspray
aktiviert, welches eigentlich zum Schutz vor bösen Buben
dienen sollte, uns nun aber das Zimmer in einem solchen
Ausmaß kontaminierte, dass man schlagartig keine Luft
mehr bekam und mir trotz sofortigen Abwaschens das
Gesicht derart brannte, dass ich am darauffolgenden
Morgen immer noch ausschaute, wie eine überreife
Tomate aus der ungarischen Puszta.

Dafür war die Strecke danach sehr schön, wenngleich sie
fast immer geradeaus verlief. Sie führte uns durch West
Palm Beach, einer Stadt mit knapp 120.000 Einwohnern
und vielen weiteren kleineren Orten, einer schöner, als der
andere.
Zum Schluss wurde es ein wenig anstrengend, die
ungewohnte Hitze von rund 34 Grad machte uns
deutschen Weißbroten doch ein wenig zu schaffen.
Streckenlänge lag bei knapp 88km und wir bezogen
unser kleines Zimmerchen auf der Sonnenseite in einem
Motel in Stuart, Florida.
Südöstlich von Stuart liegt der Ort Jupiter mit dem
vorgelagerten Jupiter Island. Dieses relativ kleine
Städtchen mit nur etwa 600 Einwohnern hat wohl aber
etwas besonders Anziehendes, denn hier haben
Prominente wie Tiger Woods oder Celine Dion ihre
Anwesen.

Auch der heutige Abschnitt war - zumindest vorab auf der Karte - ziemlich unspektakulär anzuschauen, es ging ein weiteres Mal immer nur geradeaus Richtung Norden, immer an der US1 entlang.
Wir hatten zwar die Wahl, entweder der US1 auf dem Festland zu folgen oder der A1A auf der sehr schmalen Inselkette, die direkt am Meer lag.
Die A1A sind wir aber schon mal gefahren - man radelt eigentlich die ganze Zeit durch Dünen und hört zwar das Meer rauschen, sieht es aber nicht.
Dafür schaut man am Ende des Tages aus wie ein altes Sesambrot, denn der stetige Wind bringt aus den Dünen immer ein bisschen Sand mit, der sich dann an die schweißnasse Haut krallt wie eine Herde Zecken.

Das wiederum wäre zwar das kleinere Übel, denn vor mehr als 2000 Jahren wurde ja zum Glück die Dusche erfunden, von einem gewissen Sergius Orata wie man sagt - das größere Übel allerdings betrifft das Fahrrad und alle seine beweglichen Teile, allen voran natürlich die Kette.
Darum entschieden wir uns für die US1, die zwar um ein Vielfaches verkehrsreicher ist, aber auch entsprechend mehr an Einkaufsmöglichkeiten zu bieten hat, als die kleine Schwesternstraße am Meer. Denn dort gibt es nichts außer Dünen, Parkplätzen und Badestränden sowie massenhaft Sand überall und ab und zu sieht man ein Fahrrad, das mit gerissener Kette im Gebüsch liegt.

Heute war es noch heisser als gestern und der Wind gab

sein Bestes, um uns zu zermürben - er kam aus allen Richtungen und brachte soviel Hitze mit, so dass wir am Tagesende regelrecht glühten.

Es kann dann schon mal vorkommen, dass ich mitten in der Nacht aufwache und zu meinem Frauchen sage, sie soll doch bitte endlich das Licht ausmachen - was sie natürlich nicht kann, denn sie glüht nur still und leise vor sich hin.

Wir fuhren in moderatem Tempo (das heisst bei uns so 25kmh) und ich träumte gerade ein bisschen von einer kalten Cola-Light, als ich ein ungewohntes Geräusch hinter mir hörte. 'Was ist das denn, kommt jetzt der Eismann?', dachte ich, doch es war die Klingel von meinem Frauchen.

'Was sie wohl jetzt wieder angestellt hat, kam mir noch in den Sinn', kurz bevor ich anhielt. Sie stand am Straßenrand und schaute hilfesuchend zu mir nach vorn. Ein Plattfuß. Ja, das kann passieren.

Also Taschen runter, Rad auf den Kopf gestellt, Hinterrad raus und was sehe ich?

Einen mindestens 5 Zentimeter langen rostigen Nagel, der mitten im Reifen steckte. Wie sie das angestellt hat, keine Ahnung. Auf normalem Wege geht das nicht, ich vermute allerdings, das war einer der berüchtigten floridanischen Reifenstecher, das sind rostige Nägel mit 5 Zentimeter Länge, die sich, sobald ein Fahrzeug näher kommt, mit annähernd Schallgeschwindigkeit nach vorn katapultieren und die Reifen durchbohren.

Haben Sie davon auch schon einmal gehört? Tut mir leid, ich nicht - das habe ich gerade erfunden.

Nach einer Viertelstunde Arbeit bei 35 Grad im nicht vorhandenen Schatten war die Sache schon wieder erledigt und wir konnten (ich schweißgebadet und mein Frauchen wie immer glühend) unsere Etappe fortsetzen.

Unser heutiges Nachtlager haben wir in einem Best Western Hotel in Sebastian, Florida gebucht, das gab es zu einem erstaunlich günstigen Preis, was wohl daran gelegen haben muss, dass unmittelbar hinter dem Gebäude ein Schild stand mit der Aufschrift: „Achtung! Ab hier befinden Sie sich in der Pampa, es gibt nichts mehr zu essen, nichts mehr zu trinken und 300 Meilen weit kein einziges Haus".
Wenn Sie es nicht glauben, fahren Sie doch einfach mal hin – ich sage nichts als die Wahrheit...(hüstel)...

Die Dame am Empfang war freundlich, unglaublich schnell und im Nebenjob möglicherweise Hellseherin. Denn ich wollte gerade meinen Ausweis aus der Tasche kramen, da sagte sie schon: „Mr. Dressler, hier ist ihr Schlüssel. Frühstück gibt es zwischen 7 und 10 Uhr." - natürlich auf englisch, aber wie sie wissen konnte, wer wir sind, war mir ein Rätsel.
Eine Theorie wäre, dass wir die einzigen Gäste waren, die heute gebucht hatten. Eine andere Theorie wäre, dass sich das mit dem Schild hinter dem Gebäude schon herumgesprochen hat und deshalb die Gäste generell ausblieben. Oder sie war vielleicht doch eine Hellseherin? Wer weiss...
Auf jeden Fall stand in der Lobby eine hochprofessionelle Kaffeemaschine, die den besten Schokochino herausgab, den ich seit Schliessung des Hansa Armaturenwerkes in

Burglengenfeld im Jahre 2019 getrunken hatte.
Nachdem wir unsere Fahrräder an den
hochglanzpolierten Kofferwagen aus Messing vorbei über
den mit sehr hellen Hochflorteppichen belegten Gang
gerollt hatten (helle Hochflorteppiche eignen sich im
Übrigen hervorragend dazu, Fahrradreifen und -felgen zu
reinigen), schlichen wir noch mindestens zweimal in die
Lobby, um der Maschine noch einen weiteren
Schokochino zu entlocken.
Streckenlänge heute 79km, Fahrtzeit etwa 3 Stunden.

Da unser Buch ja auch eine Hommage an den hoffentlich
nächsten US-amerikanischen Präsidenten Donald Trump
werden soll, haben wir zwei richtig dicke Pakete Flyer
drucken lassen (5000 Stück) und verteilen sie fleißig
entlang der Strecke und bei jeder sich bietenden
Möglichkeit.
Dass die Leute sich dafür interessieren, zeigt die Statistik,
die wir auf unserer Homepage aufrufen können. Überall,
wo wir waren und Flyer hinterlassen haben, wird unsere
Seite angeklickt.

Leider haben wir auch heute wieder nichts von Dir
gesehen, lieber Donald Trump. Aber ich tröste mich mit
dem Gedanken, dass die Strecke noch sehr lang ist -
irgendwann laufen wir uns sicher über den Weg.
Bis dahin Mr. President: Bleib stark und alles wird gut!

Nach einem reichhaltigen Frühstück, so wie wir es von einem Best Western gewohnt sind, ging es nun weiter auf der US 1 und die ersten 25 Kilometer rauschten nur so unter unseren Reifen hindurch.
Die Straße war stellenweise etwas schmaler und wir mussten uns eine der Fahrbahnen (so war es auch offiziell beschildert: „Bicycles use full lane") mit den Autofahrern teilen.
Das war aber wohl noch nicht in allen Köpfen angekommen und ab und zu rauschte ein unfreundlicher Autofahrer, der aus seinem offenen Seitenfenster irgendwas wie „Fuck Bicycles" aus dem Auto schrie, extrem nah an uns vorbei.

Ok, man muss zugeben, als Radfahrer ist man schon ein Exot auf den amerikanischen Straßen und viele Autofahrer sind es nicht gewohnt, mit solchen Exoten die Straße zu teilen oder sind einfach unsicher und überfordert, wenn ein solches Gefährt, wie ein Fahrrad, vor ihnen auftaucht.

Meine Antwort auf diese Spinner war immer die gleiche: Nämlich keine.
Vor Jahren hätte ich solchen Typen schon mal die Faust hinterher geworfen, aber das bringt ja letztendlich nichts, denn mit nur einer Faust kann man schlecht Fahrrad fahren.
Ausserdem sind das wahrscheinlich Joe Biden Anhänger und die stehen ja bekanntlich auf kriegerische Auseinandersetzungen und permanent unter Strom.

Nach einer kurzen Rast, direkt am Strand vom Indian River, fuhren wir weiter. Der Indian River ist übrigens der, welcher vorwiegend die US1 von der A1A trennt. Er erstreckt sich von Nord nach Süd und ist knapp 250km lang.

In ihm vermischen sich das Salzwasser des Atlantik und das Süßwasser der Seen aus dem Landesinneren.

Die Gegend war nun zunehmend dünner besiedelt und man sah auch jede Menge leere Gebäude, die zum Verkauf angeboten wurden und viele, die sich bereits im nächsten Stadium befanden, nämlich kurz vorm Verfall.

Als Unternehmer habe ich natürlich auch immer die kaufmännische Seite im Blick und überlegte, wie man diesen Leerstand beenden und ein Geschäft daraus machen könnte. Ich stellte mir gerade vor, zusammen mit meiner Frau solch alte Häuser zu restaurieren und zu verkaufen. Es gibt eine Sendung im Fernsehen, die heisst „Fixer Upper" und genau das betreibt dort ein Ehepaar. Er ist der Handwerker und sie für die kreativen Ideen zuständig.

Mit etwas Wehmut dachte ich dann aber wieder an mein Alter, legte diese Gedanken beiseite und fuhr weiter, immer den Blick schön darauf gerichtet, keinen Nagel zu überfahren, als ich die Klingel meines Frauchen wieder hinter mir hörte.

Mein erster Gedanke war: Reifen wechseln.

Ich blieb stehen und schaute nach hinten zu meinem Frauchen - sie rief mir zu, ob es sein kann, dass wir etwas verloren haben. Sie wäre sich nicht sicher, aber es lag so etwas wie ein schwarzer kleiner Beutel am Straßenrand, ca. 50 Meter hinter ihr.

Ich fuhr die paar Meter zurück und siehe da, es war die kleine Umhängetasche meines Frauchens mit Geldbörse und Kreditkarte darin. Die lag seit unserer Rast am Indian River wohl irgendwie nur auf der Satteltasche vom Fahrrad und durch das Gehoppel auf dem streckenweise extrem schlechten Straßenbelag (ich sage dann immer: „Achtung, jetzt kommt wieder ein Stück DDR-Autobahn") fiel sie herunter.

Was hatten wir für ein Glück, das hätte wieder jede Menge Ärger mit sich gebracht! Von nun an wird alles dreimal kontrolliert.

Nach dem kurzen Schreck ging es auch umgehend weiter zum nächsten „Dollar General", wo wir gleich noch einmal Rast machten und uns zur Beruhigung der Nerven jeder einen Becher Eis reinschaufelten.

Der Dollar General hat im übrigen weder etwas mit der Army und schon gar nichts mit der Bundeswehr zu tun und auch nichts mit Joe Bidens kriegerischen Ambitionen, das ist einfach eine kleine, nette, friedliche und überhaupt nicht militante, Warenhauskette, die es überall in den USA gibt.

Wen es interessiert: In den insgesamt gut 19.000 Filialen arbeiten rund 170.000 Angestellte und erwirtschaften einen Umsatz von etwa 38 Milliarden Dollar. Der „Generali", wie wir ihn liebevoll nennen, ist uns richtig ans Herz gewachsen, denn er hat viel von dem, was wir als Radfahrer gebrauchen können und meistens vor dem Geschäft ein paar Steckdosen, an denen wir jederzeit unsere Pferdchen hätten füttern können, wenn die hungrig gewesen wären.

Sehr oft saßen wir vor einem Generali auf dem

Bürgersteig wie zwei Penner und haben uns eine kalte Cola oder etwas anderes einverleibt.

Am Ende des heutigen Tages standen 79km auf der Uhr, als wir schweißgebadet und durstig in unserer Unterkunft, dem Rammelmann Inn in Cocoa, Florida ankamen. Dieses Motel gehört auch zur Wyndham Gruppe und somit auch wieder zu den Motels/Hotels der preiswerteren Kategorie und gerade in solchen Gebäuden staune ich als Handwerker immer wieder über die Ausführungen der Arbeiten der einheimischen Kollegen, sei es über einen Wasserhahn, der nicht in der Wand befestigt wurde und nur an seinem Zulaufrohr so vor sich hin wackelt oder wenn die Fliesen scharfkantig und viel zu groß ausgeschnitten wurden und rund um die Armatur ein 10cm großes Loch klafft oder abgerissene Schrauben einfach so belassen werden und so weiter und so fort. Der Klassiker ist immer der, wenn sich die Tür zur Toilette nicht schliessen lässt, weil entweder die Zarge viel zu groß oder eben viel zu klein ist. Aber offensichtlich spielt das alles keine große Rolle im gelobten Land und der qualitative Maßstab wird sehr weit unten angesetzt. In Deutschland gäbe es da richtig Ärger und keiner dieser - ich bitte um Entschuldigung - Murkser bekäme auch nur einen Cent Geld. Was ich allerdings im Laufe der weiteren Tour festgestellt habe: Je weiter man nach Norden kommt, desto besser werden auch die handwerkerischen Leistungen, was vermutlich daran liegt, dass im Norden die Handwerker zumeist deutsche oder zumindest europäische Vorfahren haben, während die in den Südstaaten aus Mexico oder Kuba eingewandert sind.

Vielleicht wissen Sie es: Die Wyndham Gruppe ist offenbar fest in indischer Hand und egal, bei welcher Motel-Marke (Days Inn, Super 8, Motel 6, Ramada) man bucht - Wyndham heisst: Kein Frühstück, bestenfalls Kaffee und Saft und Sauberkeit ist ein Wort, das man hier nur ganz leise und unter vorgehaltener Hand ausspricht. Das einzige, was man hier wirklich in Hülle und Fülle und völlig gratis bekommt, ist heisse Luft. Man muss nur in der Lobby fragen: „Kann ich mal etwas Wynd ham?"

Am Eingang zur Lobby von unserem heutigen Nachtlager hing ein großes Schild mit folgender Aufschrift:

„ Willkommen im Hotel zur Staubwolke.
Hier sind wir besonders stolz, Ihnen das luxuriöse Gefühl geben zu können, in einem seit 55 Jahren nicht entleerten Staubsaugerbeutel zu schlafen. Und nur bei uns können Sie jeden Morgen im Bett aufwachen und das Frühstück direkt aus dem Kopfkissen heraussaugen, das die sabbernden Gäste vor Ihnen seit Jahren darin hinterlassen haben. Unsere Badezimmer sind ein einzigartiges Zusammenspiel von Schimmel und verblichenem Glanz und die Klimaanlage, die einem antiken Mähdrescher gleicht, sorgt dafür, dass Sie den rauchigen Hauch der guten alten Tage nicht vergessen müssen. Im Kühlschrank, den wir für Sie als Nostalgiker schon vor 35 Jahren befüllen ließen, finden Sie Lebensmittel, für die Sie wahlweise entweder bei Ebay einen hohen Preis erzielen oder einem Labor für Speisepilze zuschicken können.
Wir wünschen Ihnen einen angenehmen Aufenthalt!"

Natürlich war das nur ein wenig geflunkert, aber der Zustand von Motels dieser Gruppe war vor wenigen Jahren definitiv noch nicht so schlimm - das kann mit der Pandemie zusammenhängen oder aber eher mit der Raffgier manch eines Motelbesitzers.

Inzwischen kennen wir allerdings unsere Pappenheimer und mein Frauchen ist nebenbei auch noch ein Fuchs, die denkt immer an alles und zaubert stets aus irgendeinem Beutelchen kleine Snacks, Kaffeebecher, Kaffee und Milch hervor.

Das neben Cocoa gelegene Cocoa Beach bietet eine wundervoll sonnige Küste mit einem breiten flachen Strand, der ein wenig an den in unserem Hollywood erinnert.

Es ist der Strand, welcher der Großstadt Orlando mit seinen gut 300.000 Einwohnern am nächsten gelegen (etwa 50km entfernt) und daher entsprechend überlaufen ist. Viele Disneyland-Besucher nutzen die Zeit für einen Kurzurlaub und fahren davor oder danach zum Meer.

Mit dem großen Überseehafen Port Canaveral, der ein stark frequentierter Ausgangspunkt für Kreuzfahrten aller Art ist, bringt das natürlich noch mehr Leben in die Region.

Und ist dann noch, wie in unserem Fall, irgendein Festival, wird es schwer, ein Zimmer zu finden, das sich in einem für Radfahrer erreichbaren Radius befindet und zugleich noch bezahlbar ist.

<u>10. Mai 2024</u>

Da es eigentlich heute nicht so warm werden sollte, dafür

aber sehr windig, fuhren wir mal lieber schon um 9:00 Uhr los.

Und kaum auf der Straße, blies der Wind die Backen auf und er kam natürlich genau von vorne, was für uns immer heißt: Etwas kräftiger strampeln.

Und durch diesen Wind hatten wir ständig einen undefinierbaren, leicht süsslichen Verwesungsgeruch der überfahrenen Tiere in der Nase, vom Gürteltier bis hin zum Waschbären - es war alles vertreten und da es in den letzten Tagen sehr heiß war, lagen die Kadaver meist aufgebläht direkt auf dem Radweg.

Nach etwa einem Drittel der Strecke kamen wir durch Titusville, einer Stadt mit rund 50.000 Einwohnern. In Titusville befindet sich mit der archäologischen Fundstätte „Windover" die wohl bedeutendste Ausgrabungsstätte Floridas, denn im Jahre 1982 wurden dort in dem nahegelegenen Sumpfgebiet die Überreste von 168 Moorleichen aus dem 6. Jahrtausend vor Chr. gefunden und ausgegraben.

Meine Frau sagte noch bei einer kurzen Rast zu mir, dass man hier problemlos jemand verschwinden lassen könne, denn wir fuhren mitunter kilometerlang an Mooren und Sümpfen vorbei und niemand - ausser irgendwelchen Archäologen in 8000 Jahren vielleicht - würde einen da wieder finden.

Leider hatten wir trotz aller Bemühungen gestern kein Glück, ein Hotelzimmer für heute buchen zu können, also fuhren wir mal auf's Geratewohl los.

Denn in Daytona Beach, unserem heutigen Zielort, war am Wochenende mal wieder ein Festival, was bedeutet, dass die Hotels und Motels, für die man normalerweise 50 Dollar bezahlt, an solchen Tagen 150 Dollar kosten.

Wir fuhren ein wenig hinter Daytona Beach und schauten mit dem Handy ins Internet und tatsächlich, etwa 30km weiter haben wir doch noch ein Zimmer ergattern können in einem Days Inn by Wyndham in Ormond Beach, Kostenpunkt 165 Dollar.
Also wieder zu Gast bei Indern von der Wyndham Gruppe, naja, es könnte auch schlimmer kommen.
Allerdings wussten wir da noch nicht, was uns erwartet.

Nach fast 130km kamen wir, staubig, sonnenverbrannt und erschöpft an der Lobby an und bekamen auch recht schnell den Zimmerschlüssel. Vor der Tür die erste Hürde: Der Schlüssel öffnete nicht. Nach ungefähr 20 Versuchen bin ich zurück zur Lobby und habe den reklamiert.
Die Nase ein wenig gerümpft, klapperte die Dame auf ihren Gerätschaften herum und gab mir den Schlüssel wieder. Jetzt ginge er, sagte sie und ich solle ihn nicht wieder in die gleiche Tasche mit dem Handy tun, weil es sonst noch einmal passieren kann.
Allerdings war mein Handy im Topcase vom Fahrrad, also daran kann es schon mal nicht gelegen haben.
An der Zimmertür das gleiche Spiel: Sesam öffnete sich einfach nicht. Noch ein letzter Versuch und siehe da, die Tür ging auf.
Und wir prallten zurück. Ein Modergeruch strömte aus der Bude, uns wurde gleich speiübel. Aber es half nix, es war das einzige Zimmer weit und breit und so schoben wir unsere Pferdchen in den Raum. Und dann der zweite Schlag: Der Zustand des Zimmers und so wie es

ausschaute, des ganzen Hotels, war katastrophal - diese Spelunke war abbruchreif.

Kabel hingen aus den Wänden oder lagen am Boden, der Vorhang vor dem Fenster, das wohl das letzte Mal bei Fertigstellung des Hotels, also ungefähr im Jahre 1950, geputzt worden war, voller Löcher und dreckig und speckig, der Kühlschrank war tot, die Mikrowelle verrostet und innen verschimmelt, die Fliesen im Bad zerbrochen und zersplittert, die Armaturen vergammelt, die Toilettenschüssel nebst Deckel voller Spuren von...Sie wissen schon und der gesamte Boden im Zimmer (so eine Art Laminat) gab unter den Schritten nach, man bekam regelrecht Seegang dadurch.

Es gab sogar einige Stellen im Boden, da konnte man den blanken Erdboden darunter sehen und wie drei Mäuse auf einem Stück Holz saßen und um ein Stück Käse würfelten.

Als ich meinen Akku anstecken wollte, kamen erst mal drei Funken in der Größe von Kirschen aus der Steckdose geflogen und ich dachte, jetzt ist er hinüber. War er aber zum Glück nicht.

Was tun? Die anderen Zimmer sind sicher nicht besser. Mein Frauchen suchte die Fernbedienung vom Fernseher, aber die passte überhaupt nicht zu diesem Gerät, das war ein ganz anderes Modell. Am Fernseher selbst keine Tasten. Also ist sie zur Lobby gestiefelt, um eine passende zu holen. Sie kam mit einer anderen wieder, aber auch die gehörte zu einem anderen Modell.

Also mit leicht rotem Kopf wieder zur Lobby und wieder mit einem anderen Modell zurück - aber auch das funktionierte nicht. Wir vermuteten eher, dass der ganz Fernseher nicht funktioniert, darum das Spiel mit den Fernbedienungen.

Da es schon relativ spät war, haben wir das erst mal so hingenommen und legten uns zu Bett. Als mein Frauchen in der Nacht zur Toilette musste, gab an einer Stelle der Boden so stark nach, dass sie mit dem Fuß umknickte. Der Fuß wurde schnell blau und dick. Ich lief zur Lobby, um etwas Eis zu holen (laut Internetbeschreibung 24h geöffnet), aber an der Tür klebte ein Zettel, auf dem stand, die Lobby sei von 10 Uhr Abends bis 6 Uhr morgens geschlossen.

Na toll...also mit nassen Handtüchern versucht zu kühlen, was mehr schlecht, als recht gelang.

Etwas später in der Nacht spürte ich an meinen Füßen immer so ein leichtes Kitzeln, ich dachte noch, was ist das denn schon wieder und schüttelte die Beine. Nach einer Weile kitzelte es an meinem Arm. Ich machte das Licht an und neben mir war eine etwa 5cm große Kakerlake, die wohl ein wenig Gesellschaft gesucht und mich dazu auserkoren hatte. Ich wischte sie mit einer Bewegung vom Bett - sie zog beleidigt von dannen.

Das Erlebnis mit der Kakerlake hab ich meiner Frau erst einen Tag später erzählt - ich glaube, sie wäre ausgeflippt, wenn sie das mitbekommen hätte.

Irgendwann war dann auch diese Nacht vorüber - ich wollte mich per Email beschweren, aber es gab kein Internet.

Das sogenannte „Continental Breakfast", das in der Hotelbeschreibung angeführt war, bestand aus einer Kanne Kaffee, ein paar Toasts, aber es war kein Toaster vorhanden und ein paar undefinierbaren Zuckerteilen, von denen man nicht wusste, ob sie vor oder nach dem Golfkrieg dort platziert wurden. Das beste war die Mikrowelle, aussen mit einer 5mm dicken Speck- und Schleimschicht bedeckt und innen total verrostet und rundum ein Pelz aus Schimmel, dass man gut und gerne paar Ersatzsocken daraus hätte stricken können.

Die Dame in der Lobby damit zu belästigen, wäre vergebene Liebesmüh gewesen, denn die war gerade damit beschäftigt, ein intensives Gespräch mit einem jungen Mann - wohl dem Hausmeister - zu führen und hatte damit selbstverständlich keine Zeit für die Belange der Gäste.

Lieber Donald Trump, wenn Du wieder Präsident bist und jemals diese Zeilen lesen solltest: Bitte lass das Days Inn in Ormond Beach abreißen - dort zu übernachten ist lebensgefährlich und selbst 100 deutsche Handwerker könnten diese Bude nicht mehr instandsetzen.
Auch das verstehe ich unter „Make America Great Again" - mach die Bude dem Erdboden gleich und stelle einen schönen Trump-Tower dort hin, denn soweit mir bekannt ist, gibt es noch keinen in Ormond Beach.

Im übrigen habe ich mich am gleichen Tage noch bitterlich beschwert bei der Days Inn Kette, der Wyndham-Gruppe und dem Buchungsportal Agoda und was glauben Sie, ist danach passiert?
Richtig: Nichts.

Etwas missmutig bestiegen wir beide schweigend unsere Pferdchen und ritten dem nächsten Zwischenziel entgegen.

Ormond Beach hätte sicher noch mehr zu bieten gehabt, aber wir hatten keine Lust, uns etwas anzuschauen. In Ormond Beach war eigentlich der Beginn des Motorsportgeschehens von Florida, hier wurden ab 1902 auf dem ebenen Sandstrand mehrere Geschwindigkeitsrekorde aufgestellt.

Wenige Jahre später verlagerte sich dieses Geschehen ins benachbarte Daytona Beach und es entstand ein Rennsportort mit großer Tradition und seitdem gilt Daytona Beach als Geburtsstätte des NASCAR-Rennzirkus, was aber eigentlich nur bedingt richtig ist.

Heute geht es nach St. Augustine. Diese kleine Stadt mit ihren knapp 15000 Einwohnern ist die älteste, durchgehend bewohnte und von Europäern gegründete Stadt der Vereinigten Staaten, offizielles Gründungsjahr 1565.

Um es korrekt wiederzugeben: Eigentlich wurden Pensacola und Fort Caroline (heute Jacksonville) ein paar Jahre eher gegründet, aber zwischenzeitlich immer mal wieder aufgegeben.

Wir fuhren schweigend weiter und jeder hing ein wenig seinen Gedanken nach. Sich zu unterhalten ist auf dem Fahrrad eh ein wenig schwierig und bei dem dichten Verkehr, der heute herrschte, sowieso nicht. Wir hatten, ohne es geplant zu haben, die heutige Etappe bedeutend kürzer angelegt und waren froh, dass wir so gut vorankamen.

Das Wetter war immer noch sommerlich, mit Temperaturen um die 32 Grad und einem leichten Wind aus Nordost, der aber nicht störte, im Gegenteil, sogar ein wenig kühlte.

Mitten im Ort St. Augustine, den wir nach knapp 3 Stunden Fahrtzeit und 75km erreichten, thronte auf einem Hügel, dem Meer zugewandt, eine atemberaubend schöne Festungsanlage, das „Castillo de San Marcos" ein National Monument. Ursprünglich aus Holz errichtet, diente es zum Schutz des Hafens, der dort anliegenden Frachtschiffe und natürlich der Stadt selbst, hauptsächlich gegen Piraterie.
In einer kriegerischen Auseinandersetzung zwischen Briten und Spaniern brannte die Anlage um 1700 bis auf die Grundmauern ab und wurde in den Jahren danach mit verstärkten Wänden und steinernen Gewölbedecken wieder neu aufgebaut.

Bekanntermaßen kamen sowohl in Florida, als auch vielen anderen heutigen Bundesstaaten der USA, die kriegerischen Auseinandersetzungen nie völlig zum Erliegen, bis endlich um 1900 herum die Festungsanlage keine strategische Bedeutung mehr hatte und letztlich ab 1924 ein National Monument wurde.
Wir fuhren langsam daran vorbei - es ist ein beeindruckendes Bauwerk mit einem raffinierten Grundriss - aber auch ein unglaublicher Touristenmagnet. Die Besucher werden in kleinen Herden mit Bussen und allen anderen möglichen fahrbaren Untersätzen dorthin

kutschiert, nur um einmal um die Anlage zu laufen für 15 Dollar oder wenn sie etwas länger bleiben möchten, für 45 Dollar Eintritt.

Das ist nun ganz und gar nicht das Unsere und wir radelten gemütlich weiter zu unserem Hotel, das zwar nicht zur Wyndham-Gruppe gehörte, aber trotzdem von einer Inderin geführt wurde.

Diese war sehr nett und das Zimmer sauber und wohlriechend.

Die Dusche funktionierte und war picobello - nur leider wurde hier kein Frühstück angeboten, aber wie ich schon vorher mal erwähnte, zauberte mein Frauchen aus irgendeinem Beutelchen wieder Kaffee, Haferflocken und Müsliriegel.

12. Mai 2024

Mit einem minimalistischen Frühstück im Bauch ging es weiter.

Die Sonne war heute von Wolken verdeckt, aber es war wunderschön zu fahren, der Wind kam zwar wieder von vorne, aber die Luft war klar und trotz der frühen Stunde schon angenehm warm.

Nach rund 26km hörte ich ein Klingeln hinter mir, meine Gedanken sprangen kurzzeitig zwischen „Tasche verloren" oder „Reifenpanne" umher.

Als ich mich umsah, war es tatsächlich ein Plattfuß - mein Frauchen war ein wenig bedrückt, weil sie schon wieder ein Loch gefahren hatte. „Ach Schatz, das macht doch nix, das kommt vor beim Fahrradfahren" sagte ich tröstend zu ihr.

Also wieder Rad auf den Kopf und Reifen wechseln, wenigstens waren die Wolken unser Schattenspender bei der Arbeit. Langsam werde ich schneller beim Wechseln und so dauerte das ganze diesmal keine 10 Minuten.

Wieder zurück auf der Straße fuhren wir zur nächsten Kreuzung und als ich so auf das Rad meines Frauchen sah, hörte ich ein Tschschschschsch - oh nein, nicht schon wieder, das gibt's doch gar nicht!
Wir hatten keine 500m geschafft und nun schon wieder ein Plattfuß.
Also alles nochmal und beim Schlauch rausziehen sehe ich doch tatsächlich ein kleines Stück Draht im Reifen stecken, das hatte ich vorhin wohl übersehen.
Nun sollte es wieder passen und tatsächlich war es der letzte Plattfuß bis zu unseren Ruhetagen.

Heute lag das Ziel rund 30km nördlich von Jacksonville in der Nähe einer der vier dort vorhandenen Airports.
Die Strecke führte nicht ausschliesslich an der US1 entlang, wir wichen heute das erste Mal von dieser Straße ab und benutzten die US17, allerdings auch diese immer geradeaus Richtung Stadtmitte.

Von Jacksonville sagt man, dass hier die Palmen besonders hoch in den Himmel sprießen und die Sonne so heiß brennt, dass selbst die Kakerlaken in Flip-Flops laufen. Wir wollen nur hoffen, dass es in unserem Hotel keine gibt, sonst wird mein Frauchen streiken, das weiss ich jetzt schon.

Jacksonville ist eine Großstadt mit fast einer Million Einwohner und ich hatte ein bisschen Bammel vor dem Gewusel und dem für gewöhnlich etwas hektischen Verkehr, der halt in Großstädten so oft vorhanden ist.

Doch die Sorge erwies sich als grundlos, denn es ging ganz entspannt bis in die Stadt hinein und auch die riesige Brücke über den hier fast einen halben Kilometer breiten St. Johns River fanden wir in dem Gewirr von Highways und Interstates recht schnell. Zwar waren wir einmal ganz kurz auf der Interstate (Autobahn), aber das ist in den USA nicht weiter schlimm, kann schon mal passieren.

Vom höchsten Punkt der Brücke sausten wir nur so hinab nach Jacksonville Downtown mit seiner schönen Skyline und einem wahrlich pompösen Gerichtsgebäude. Hier war alles extrem sauber, vermutlich werden die Bürgersteige mit Zahnbürsten gereinigt - von Kakerlaken in Flip-Flops zum Glück nichts zu sehen.

Jacksonville ist die bevölkerungsreichste Stadt Floridas und an seiner Fläche mit über 2.200 Quadratkilometern bemessen, die zweitgrößte Stadt der gesamten kontinentalen USA.

Außerhalb der Innenstadt hat sich eine Vielzahl von renommierten Industriebetrieben und Konzernen niedergelassen, sie bilden quasi einen industriellen Gürtel um die City. Der riesige Industriehafen zum Beispiel ist einer der wichtigsten Verschiffungshäfen für die Automobilindustrie.

Im Jahre 1901 wurde Jacksonville durch ein vermeintlich

kleines Feuer, das in einer Matratzenfabrik ausgebrochen war, schwer zerstört. Ein Glutfunke hatte Füllstoffe entzündet und die Arbeiter nahmen das auf die leichte Schulter. Sie glaubten, das Feuer mit ein paar Eimern Wasser wieder löschen zu können und benachrichtigten nicht die Feuerwehr. Innerhalb kürzester Zeit wurde das Feuer jedoch unbeherrschbar und in den nachfolgenden Stunden wurden fast 2400 nahegelegene Häuser zerstört und 10000 Menschen obdachlos.

Bemerkenswert an den in Jacksonville geborenen Menschen finde ich noch, dass darunter mit Jessica Jerome eine der erfolgreichsten US-amerikanischen Skispringerinnen ist und das, obwohl man im Umkreis von mehreren tausend Kilometern weit und breit keine Sprungschanze finden wird.

Nach einer kleinen Pause bei einem Generali und einer eiskalten Cola-Light rollten wir gemütlich weiter Richtung Norden, unserem Tagesziel, dem „Developer Inn" nahe des Jacksonville International Airports gelegen, entgegen. Der riesige Bau war sauber und die Lobby wie geschleckt. Der junge schwarze Rezeptionist war unglaublich multitaskingfähig und fertigte gleich mehrere Gäste ab - es dauerte nur wenige Augenblicke, bis wir mit unseren Schlüsselkarten wieder von dannen ziehen konnten.

Auch das Zimmer war in Ordnung und laut Hotelangaben sollte es ein super Frühstück geben morgen früh - da sind wir ja mal gespannt.

79 sonnige Kilometer waren es heute und gut 3,5h Fahrtzeit.

Einziger Wermutstropfen des heutigen Tages: Wieder haben wir nichts von Donald Trump gesehen.
Wo ist Donald Trump?

<u>13. Mai 2024</u>

Heute gab es endlich mal ein ausreichendes Frühstück mit allem, was dazugehört. Es gab sogar gebratenen Speck und mein Frauchen holte sich natürlich gleich zwei Portionen, ich nur eine.
Glauben Sie das? Ich an Ihrer Stelle, lieber Leser, würde vorsichtshalber das eine oder andere Wort zweimal lesen.

Auf jeden Fall stiegen wir mit gefüllten Bäuchen auf unsere Pferdchen und fuhren los.
Wir hatten heute eine Strecke von 100km vor uns.
Kurz nach der Abfahrt passierten wir die Grenze zu Georgia, die Gegend wurde sehr ländlich und auch die Natur veränderte sich.
Am Wegesrand mal kurz Rast zu machen wäre ein Wagnis, ringsum nur lauter sumpfige Landschaft und man möchte lieber nicht wissen, wer oder was da im Wasser auf einen wartet.

Georgia, so sagt man, ist das Land des Südstaaten-Charme und der Schlangen, die nicht nur in der Natur, sondern auch in den politischen Büros zu finden sind.
Hier ist das Wetter so unvorhersehbar, dass du morgens in kurzen Shorts und T-Shirt losgehst und abends im Schneesturm zurückkehrst. Die Straßen sind ein Schlachtfeld aus Schlaglöchern, das selbst Mad Max in seinem Höllenauto in die Knie zwingen würde.

Die Architektur zumindest im ländlichen Bereich ist ein bisschen wie eine Zeitreise ins 19. Jahrhundert, mit Plantagenhäusern und Kirchen, die so alt sind, dass die Baugenehmigung noch von General Sherman persönlich ausgestellt wurde.

Bei Georgia sollte man nicht vergessen, dass es auch die Heimat von Coca-Cola ist - die einzige Erfrischung, die dich sowohl süchtig, als auch zuckerkrank, macht.

Und natürlich, überall wird damit geworben, dass Georgia berühmt sei für seine Pfirsiche, die so süß sind, dass die Bären Schlange stehen, um in die Obstgärten einzubrechen. Aber sei gewarnt, wenn du zu lange in Georgia bleibst, könntest du selbst Teil der Folklore werden - als verschollener Reisender, der nie wieder auftaucht.

Wir fuhren nun schon eine halbe Stunde lang an Sümpfen, Mooren und Teichen oder Tümpeln mit schwarz erscheinendem Wasser vorbei. Keiner weiß, was da drinnen sitzt und auf uns wartet.

Über den Baumkronen sieht man immer wieder Aasgeier, die über irgendetwas kreisen. Auch die toten Tiere am Straßenrand, von Schildkröten über Gürteltiere bis zum Waschbär, sind Futter für die Geier, die manchmal zu Dutzenden an einem Kadaver reißen.

Die Straße war sehr wenig befahren, es waren auch immer wieder Häuser zu sehen, die in sich zusammenfielen.

Ein ehemaliges Hotel, wenige Meter neben der Straße, lud uns ein, mal reinzuschauen.

Es war ein American Inn, das schon ziemlich lange leer stand, es wuchs überall das Unkraut durch, der Pool voll mit abgestandenem Regenwasser und die Zimmer hatten keine Fenster, es standen aber noch Möbel, Fernseher, Betten in den Zimmern, an den Waschbecken waren immer noch die Wasserhähne, sogar Spiegel und Bilder hingen an den Wänden.
Das Hotel hatte offensichtlich die besten Zeiten hinter sich und war nun zum Tode verurteilt worden.
Überall lag Müll, zerbrochenes Glas und Metall herum. Wir gingen ein wenig umher und bemerkten, das hinter diesem Hotel noch zwei Hotels standen, die genauso zum Dahinvegetieren zurück gelassen wurden.

Wir schätzten, das es pro Hotel bestimmt mal an die 100 Zimmer waren. Warum sich da keiner gefunden hat, der diesen Gebäuden, die normalerweise selbstlaufende Gelddruckmaschinen sind, Leben einhaucht, können wir nicht verstehen.
Was ich aber gelernt habe in meinem Leben, ist, wenn man einmal den entscheidenden Moment verpasst, eine Immobilie instand zuhalten, kann man noch so viel investieren, dann ist es nahezu unmöglich, dass sich das irgendwann wieder amortisiert.

Der Himmel zog sich immer mehr zu und wir hofften, dass wir noch unser Ziel erreichen würden, ohne nass zu werden. Leider nicht ganz, denn auf den letzten 20km regnete es schon leicht. Als wir dann nach 106km am Hotel ankamen, fing es richtig an zu schütten.

Nach dem tollen Frühstück von heute morgen konnten

wir der Versuchung nicht widerstehen, noch einmal in einem solchen Hotel zu übernachten. Es war zwar nicht dieselbe Kette, aber ein „Sure Stay by Best Western". Der Name „Best Western" bürgt ja an und für sich für einen etwas höheren Standard. Doch weit gefehlt.

Schon beim Anblick des dunkelhäutigen Herrn mit dem roten Punkt auf der Stirn hätte ich es wissen müssen. Bei Reisen mit dem Fahrrad buche ich eigentlich immer explizit ein Zimmer im Erdgeschoss und wenn das über die Buchungsseite des jeweiligen Hotels nicht geht, schreibe ich es immer dazu.

Doch der gute Mann wusste jedoch angeblich von nichts und gab uns ein Zimmer im dritten Obergeschoss.
Ich sah in seinen Augen ein satanisches Grinsen, denn er wusste ganz genau, was es für eine Strapaze wird, die schweren Fahrräder die steilen, engen Treppen hochzutragen, denn es gab keinen Aufzug.

Als ich ihn an meine Email erinnerte, stellte er sich dumm. Oder er war wirklich dumm, das müsste man dann gegebenenfalls noch prüfen.

Allerdings gab er mir den zweifelhaften Tipp, ich solle das Zimmer bei meiner Buchungsplattform (in diesem Fall booking.com) stornieren und direkt bei ihm eins buchen, dann könne ich auch ein Zimmer im Erdgeschoss haben (so dumm war er dann auch wieder nicht).
Noch ein bisschen mehr von dieser Dreistigkeit und ich hätte ihm einen Bleistift in seinen roten Punkt gerammt.
Ich musste also die Räder doch irgendwie zu unserem

Zimmer hochwuchten - und mein Nabelbruch freute sich wie ein kleines Kind.

Vielen Dank für nichts, Du scheinheiliger, erpresserischer, indischer Kuhschwanz.

<u>14. Mai 2024</u>

Ein Blick aus dem Fenster unseres obersten Stockwerkes sagte uns, es regnet. Dann lieber gleich die Regenjacke anziehen, bevor wir nass werden.
Da wir ja eigentlich in einem unserer Lieblingshotels der Best Western Gruppe übernachteten, hatten wir gedacht, es gäbe ein super Frühstück. Sozusagen als Entschädigung, dass ich unsere schweren Fahrräder die Treppen hoch gezerrt hatte.

Doch falsch gedacht, der Kaffee war wie Wasser, der Toaster war kaputt, doch es gab Haferflocken und Cornflakes und einige Donuts und drei Bananen.
In einem Best Western hatten wir noch nie ein so spärliches Frühstück.
Aber so ändern sich die Zeiten, man kann auf jeden Fall schon beim Einchecken Rückschlüsse auf Qualität des Hotels und das zu erwartende Frühstück ziehen, je nachdem, von wem das Hotel geleitet wird bzw. wer am Empfang sitzt. Ob von Indern oder eben von Amerikanern.

Obwohl wir beide eigentlich schon genügend einschlägige Erfahrungen mit Indern gesammelt haben, habe ich natürlich nichts gegen sie, das möchte ich hier ausdrücklich klarstellen.

Am liebsten allerdings sind sie mir, wenn sie in Indien bleiben und dort ihre Kühe streicheln.

Aber wir wissen ja, in Indien ist das Chaos eine Kunstform und die Kuh heiliger als der Mensch. Das Leben dort ist wie ein Labyrinth aus Hupen und Hindernissen und das Überleben als Fußgänger ist so etwas wie Russisch Roulette zu spielen.

Liebe Inder: Tragt bitte euer Chaos nicht in der ganzen Welt breit, nehmt euch ein Beispiel an anderen Menschengruppen, die rücksichtsvoll miteinander umgehen.

Bei leichtem Regen fuhren wir los, aber es hörte sehr schnell auf und tröpfelte dann bloss noch ein wenig. Nach 40km machten wir unsere erste Rast bei einem Generali, der hatte freies Internet und auch dort hätte man die Akkus laden können.

Nach etwa einer halben Stunde Pause fuhren wir weiter und kamen an der kleinsten Kirche Amerikas vorbei, die steht in Townsend, Georgia. Diese hat vielleicht zwei Quadratmeter Grundfläche und ist jeden Sonntag bestimmt immer gut gefüllt, denn da passen gerade mal zwei Leute rein.

Weiter ging es, vorbei an einem Museum im Ort Darien und vorbei an einem Haus, wo einer einfach mal ein altes Fischerboot im Vorgarten stehen hatte.

Die Allee, in der wir weiter entlang fuhren, war richtig

romantisch und wieder gesäumt von Bäumen, an denen das sogenannte Spanisch Moos hing, das wie lange Bärte ausschaut.

Spanisch Moos ist ja eigentlich kein Moos, sondern eine epiphytische Pflanze, es wächst hauptsächlich in subtropischen Regionen, zu denen auch Florida und Georgia gehören. Es hat lange, dünne, silbrig-graue Blätter, die in lockeren Büscheln von Bäumen herabhängen.

Nach 89km kamen wir dann in unserer Unterkunft in Richmond Hill an.

Und welch eine Freude, von aussen ein Motel vom Feinsten, aber als wir den Schlüssel zum Zimmer bekamen, wehte uns schon wieder ein ziemlich moderiger Geruch entgegen.
Die Betten waren jedoch sauber, nur mit dem Bad stimmte irgendwas nicht, denn die Toilettenschüssel war nicht fest, die konnte man wegheben - sie war nur mit dem Abflussrohr in den Beton gesteckt.

Wieder so ein Handwerkermurks, den es in den USA an jeder zweiten Ecke gibt und der für völlig normal befunden wird.
Aber vielleicht wird ja das Frühstück wieder gut?

Und auch heute war weit und breit nichts zu sehen vom zukünftigen Präsidenten der Vereinigten Staaten vom Amerika.
Wo nur ist Donald Trump? Wir machen uns schon langsam Sorgen...

Als wir zur Lobby gingen, um unser Frühstücksbuffet zu plündern, waren wir schnell abgefertigt.
Zwei Styroporbecher und eine Kanne Kaffee, ein Glas mit Erdnussbutter für alle, in dem der Löffel steckte und Sirup für die Waffeln, etwas Toast und Butter.

Eine ältere indische Dame kam von hinten hervor und machte ein mürrisches Gesicht, sie sagte weder guten Morgen, noch sonst etwas.
Da mein Frauchen ja bereits am Morgen ein Energiebündel ist und obendrein noch ein freundlicher Mensch, sagte sie „Good Morning", was leider nicht erwidert wurde.
Manchmal kommt von den Indern wenigstens so eine Art Grunzen, diesmal kam nichts.

Man soll ja eigentlich das Frühstück nicht überbewerten, daher gingen wir mit unserem Styroporbecher voll Kaffee zurück in unser Zimmer. Das Hotel und das Frühstück hat uns so gut gefallen, das wir bereits um 8:30 Uhr wieder auf die Pferdchen stiegen und losfuhren.

Heute geht es weiter Richtung Beaufort in South Carolina.

Die Straße war sehr stark mit Trucks befahren, da wir direkt am Hafen von Savannah vorbei kamen. Die Trucker fuhren aber fast alle in einem großen Bogen um uns herum, ganz im Gegensatz zu manchen Autofahrern.
Der Radweg war heute leider sehr eng und verschmutzt und fast nicht benutzbar.

Über einige größere Flüsse mussten wir auch, erst über den Savannah River, dann den Little Black River - diese Flüsse waren teils über 1km breit.

Die Straße wurde immer schlechter und war so mit Schlaglöchern übersät, dass man Mühe hatte, auf der richtigen Straßenseite zu bleiben, ohne dass man in eins der riesigen Löcher fuhr.

Ich hatte teilweise große Sorge, dass mein Frauchen hinter mir in einem solchen Loch verschwindet und in Australien wieder auftaucht.

Inzwischen waren wir ja schon einige Zeit in South Carolina. Man sagt, das wäre das Land der Südstaaten-Gentlemen, die so nett sind, dass es vorkommen kann, statt einer Antwort eine Pistole vor der Nase zu haben. Und dass die Moskitos so groß werden, dass sie sogar Ponys abtransportieren können.

Die Küste von South Carolina ist eine Mischung aus schickem Urlaubsziel und Südstaatensumpfland, aber man hat immer die Wahl - entweder von einem Hai gefressen zu werden oder von einem Alligator.

Natürlich sind das alles Geschichten von Einheimischen, die mit einem Augenzwinkern auf die Unzulänglichkeiten des eigenen Bundesstaates aufmerksam machen möchten.

Je näher wir unserem Ziel in Beaufort kamen, desto besser wurden auch die Straßen.

Und egal, bei welchen Markt wir anhielten, ob nun Dollar General, Dollar Tree, Publix oder Walmart - bei jedem durfte man die Außensteckdosen zum Laden der Akkus benutzen.

Bevor wir in Beaufort ankamen, mussten wir noch den Broad River überqueren. Was für ein gigantischer Fluss, ungefähr 3km breit.

Beaufort selbst ist mit seinen rund 13000 Einwohnern eine charmante Stadt, die für ihre reiche Geschichte, ihre malerische Architektur und südliche Gastfreundschaft bekannt ist.

Die Architektur in Beaufort ist ein Schmelztiegel aus verschiedenen Stilen und ein Spaziergang durch die historische Innenstadt fühlt sich an wie eine Zeitreise durch die Vergangenheit, mit kopfsteingepflasterten Straßen und schattigen Alleen, die von uralten Eichen gesäumt werden, die mit spanischem Moos behangen sind.

Beaufort war im Film „Forrest Gump" die fiktive Filmstadt „Greenbow, Alabama" und gleichzeitig Drehort für viele weitere Szenen aus dem Film - die Vietnam-Szenen zum Beispiel wurden in den Sümpfen, die sich in der Nähe der Stadt befinden, gedreht.

Nach 96km kamen wir schliesslich an unserem heutigen Ziel, einem Howard Johnson Hotel an.

Als wir in die Lobby gingen, um einzuchecken, war keiner da.

Auf einmal hörten wir jemanden sprechen - die Stimme kam aus einer Art Automat mit Bildschirm. Der freundliche Herr in der Maschine fragte uns, ob wir einchecken möchten, er nahm die Daten auf und am

Schluss kam eine Schlüsselkarte aus dem Automaten herausgeflogen.
So etwas hatten wir auch noch nie.
Da sind wir mal gespannt, ob morgen ein Roboter an die Tür klopft und uns den Kaffee bringt.

16. Mai 2024

Der Blick aus dem Fenster von unserer Unterkunft heute morgen war traumhaft - ein wunderschöner Sonnenaufgang über dem Fluß, der sich gleich hinter unserem Hotel entlang schlängelte.

Das Frühstück war schnell zubereitet, es gab nichts Extravagantes und leider haben wir nicht gesehen, ob es tatsächlich ein Roboter vorbereitet hatte.
Kurz darauf verließen wir dieses wirklich schöne Hotel und machten uns wieder auf den Weg, immer weiter Richtung Norden.

Nach ca. 35km flogen zwei Düsenjets über unseren Köpfen hinweg, es war ein ohrenbetäubendes Geräusch, die flogen aber auch ziemlich tief. Ganz in der Nähe ist das Merritt Field, die Marine Corps Air Station Beaufort und gerade heute waren wohl Übungsflüge angesagt, denn auf einmal kamen aller paar Minuten jeweils zwei Jets vorbei.

Wir hielten an einem Generali, um eine kleine Pause zu machen und unseren Ohren ein wenig Ruhe zu gönnen. Am Eingang saß ein etwas verwahrloster, zahnloser Mann um die 60 auf dem Boden, der hatte sein Handy an der

Steckdose angeschlossen, an der wir eigentlich laden wollten.

Er sprach jeden an, der rein ging in den Laden oder raus kam, so auch uns, man hatte ein wenig Schwierigkeiten ihn zu verstehen, ohne Zähne war es eher ein Zischen und Nuscheln.

Trotzdem war er irgendwie nett und fragte, woher wir kämen und wohin wir wollten. Er erzählte, dass er schon 10 Enkelkinder hätte und wollte wissen, wie lange wir schon verheiratet waren, so ein neugieriger Kollege.

Er meinte zu mir, ob ich das mache, um ein wenig an Gewicht zu verlieren und lachte wie eine Hexe mit weit aufgerissenem zahnlosen Mund.

Weiß gar nicht, wie er darauf kommt, mich so etwas zu fragen - ich bin doch eigentlich eine Grazie, wie eine Primaballerina vom Moskauer Bolschoi Theater.

Wir hielten uns nicht allzu lange auf und bestiegen alsbald wieder unsere Pferdchen, hatten ja doch noch ein wenig zu fahren bis zum Ziel in Charleston, South Carolina.

Die Straße war zum größten Teil ohne Seitenstreifen und wenn, dann war er höchstens 50cm breit und über und über mit losem Schotter oder Splitt übersät, von den anderen Überbleibseln der Autos und Trucks ganz zu schweigen.

Es war eine anstrengende Fahrt, meine Hände vibrierten schon vom ewigen Gehoppel und Gerüttel durch die Straße.

Ein wenig stumpfsinnig war das schon, bis ich auf einmal

die Klingel meines Frauchens hörte.

Ich sah in den Spiegel und ihr Fahrrad wie in Zeitlupe umfallen - sie selbst rollte sich filmreif nach rechts im Gras ab. Ich stoppte sofort und drehte um, voller Schrecken zitterten mir die Hände.

Aber als ich zu ihr kam, war sie bereits wieder aufgestanden und ging ein Stück zurück, denn der Spiegel von ihrem Rad war abgefallen und lag auf der Straße. Sie wollte sich während der Fahrt umdrehen und hatte dabei den Lenker verrissen.

Zum Glück kam gerade kein Auto und sie konnte ihren Spiegel unbeschadet holen.

Außer ein paar Schrammen und blauen Flecken war nichts passiert, das Rad hatte auch nichts abbekommen. Nach dem kurzen Schreck mussten wir beide herzhaft lachen, denn so filmreif übers Rad abzurollen und gleich wieder unbeschadet aufzustehen, das muss man erst mal schaffen. Jeder Stuntman aus Hollywood hätte bei diesem Anblick den Hut vor ihr gezogen.

In diesem Augenblick fiel mir die Geschichte ein, als wir vor sieben Jahren von San Francisco nach Las Vegas radelten und wegen einer Vollsperrung des legendären kalifornischen Küstenhighways durch das Death Valley fuhren mussten. Mitten im Death Valley stellte mein Frauchen ordentlich am Straßenrand ihr Fahrrad ab und brach dann auf der Straße zusammen.

Der direkte Kontakt zu amerikanischen Straßen scheint ihr irgendwie zu gefallen. Zum Glück ist damals, so wie heute, nichts passiert.

Wer die ganze Geschichte lesen möchte, dem empfehle

ich unser Buch „Quer durch den Süden".

Ein paar Kilometer weiter kam dann noch mal ein „Family Dollar", das ist so ein ähnliches Geschäft wie der Generali. Dort ruhten wir uns noch einmal ein bisschen aus, bevor wir das letzte Stück des Tages in Angriff nehmen wollten.

Charleston war das Ziel, eine Hafen-Stadt mit rund 150.000 Einwohnern, die lange Zeit Drehscheibe des Sklavenhandels der britischen Kolonien war und bis 1788 sogar Hauptstadt von South Carolina.
In Charleston gab es den umsatzstärksten Sklavenmarkt vom gesamten amerikanischen Festland. Zwar war der Sklavenhandel ab dem Jahre 1808 offiziell verboten, trotzdem erreichten bis Mitte des 19. Jahrhunderts zahlreiche Schmugglerschiffe den hiesigen Hafen.
Hier in Charleston gibt es unzählig viele Sehenswürdigkeiten und historische Gebäude, unter anderem auch eine Deutsche Lutherische Kirche.

In einer Hafenstadt, die so reich an Geschichte ist, können selbst die Backsteine auf den Gehwegen Geschichten erzählen - man muss nur gut genug zuhören. In dieser Stadt findet man die perfekte Mischung aus Südstaaten-Charme und kosmopolitischem Flair, wo Magnolienblüten auf Kopfsteinpflasterstraßen fallen und die Vergangenheit in jeder Gasse mitschwingt.
Apropos mitschwingen: Der in den 1920er Jahren so populäre Tanz mit gleichem Namen wurde auch nach der Stadt benannt.
Wir dagegen schwangen uns nach 96km vom Sattel unserer Pferdchen und kamen in einem wirklich schönen

Hotel an.

Das Zimmer war wie eine kleine Wohnung, mit einer Küche (in der zwar kein Geschirr vorhanden war) und einer Kaffeemaschine, einem Wohnzimmer mit Sofa und Fernseher und natürlich war im Schlafzimmer auch noch mal ein Fernseher.

Meinem Frauchen ging es soweit gut, sie hatte ihren Purzelbaum-Sturz gut überstanden, die paar Schrammen und blauen Flecken an ihrem Fuß verheilen wieder und wir waren beide froh, dass sie nicht auf der Straße, sondern im Straßengraben gelandet war.

<u>17. Mai 2024</u>

Guten Morgen Charleston,
mein Frauchen zappelte schon seit um 5 Uhr morgens herum, sie ist halt ein Frühaufsteher.
Um halb sieben war es dann so weit, da war auch ich wach (von dem ganzen Gezappel) und es hiess aufstehen - wir freuten uns aufs Frühstück, denn in unserem Hotel, dem „Pointe Clarion", war der Frühstücksraum eher ein Frühstückssaal, mit vielen Tischen und sogar einer Theke, an der man sitzen konnte.

Leider war die Theke, an der ursprünglich wohl mal das Frühstücksbuffet angerichtet werden sollte, halb leer.
Es gab lediglich Toast, Waffeln und Kaffee, nichts weiter.
War nicht das, mit dem wir gerechnet hatten für den Preis von 96 Dollar - da hätten wir eigentlich ein bisschen mehr erwartet.
Aber wie schon mal gesagt, man sollte das Frühstück ja

nicht überbewerten.

Da dieses aufgrund der Überschaubarkeit doch recht schnell erledigt war, gingen wir wieder zurück zu unseren Rädern, die wir dann auch sogleich aufsattelten und um 9 Uhr radelten wir weiter in Richtung Georgetown, unserem heutigen Tagesziel.

Vom Hotel weg war es gleich ein wenig hektisch, die Straße war vierspurig und der Radweg nur angedeutet. Es ging eine Weile so dahin, bis auf einmal von links und rechts immer wieder Fahrspuren in unsere Straße einmündeten, die in einem langen Bogen in Richtung einer riesigen Brücke führte. Wir waren schon fast oben auf der imposanten „Arthur Ravenel Jr."- Hängebrücke, als ich sah, dass rechts neben der betonierten Leitplanke ein wunderschöner, mehrspuriger Rad- und Gehweg an der Brücke entlangführte.

Leider gab es keine Möglichkeit, offiziell da hinzu kommen, also runter mit den Satteltaschen und die Fahrräder über die einen Meter hohe Absperrung gewuchtet. Die zahlreichen Fußgänger, Jogger und Radfahrer schauten zwar etwas verdutzt, aber keiner sagte etwas.

Auf diesem Radweg fühlte man sich doch gleich viel sicherer und einfacher war es auch. Oben auf dem Scheitelpunkt schossen wir noch ein paar Erinnerungsfotos von uns und dem, was man da von oben sah.

Die Brücke, auf der wir nun standen und die den Cooper River überspannt, wurde nach einem hiesigen Politiker und Geschäftsmann, Mr. Arthur Ravenel Jr., benannt.

Sie ist eine der längsten Hängebrücken der westlichen Hemisphäre mit einer Gesamtlänge von 4,8 Kilometern. Die Spannweite zwischen den Pfeilern beträgt 471 Meter, was sie auch noch zu einer Brücke mit einer der größten Spannweiten Nordamerikas macht.

Nicht nur wegen der mit ihrem Bau verwirklichten hohen Ingenieurskunst, sondern auch durch ihre elegante Silhouette mit den markanten Türmen ist sie zu einem Wahrzeichen und Symbol der Skyline der Stadt geworden.

Von ihr sahen wir auf den Hafen von Charleston herab, einige Containerschiffe und das Museumsschiff, den Flugzeugträger USS Yorktown, der im zweiten Weltkrieg aktiv war.

Die Flugzeuge der USS Yorktown waren dabei maßgeblich an der Versenkung des größten jemals gebauten Schlachtschiffes, der japanischen Yamato, beteiligt.

Nach der Brücke mussten wir uns zuerst ein bisschen orientieren, da die Radwege alle in eine andere Richtung führten. Schnell waren wir wieder auf unserer US17 und weiter gings Richtung Georgetown.

Eine Stunde später dann die erste kleine Pause bei einem Generali mit einem kalten Getränk.

Und weiter gings. Die nächsten rund 80km nach der großen Brücke kam so gut wie nichts, über das es sich zu berichten gelohnt hätte. Nur im Sumpf oder Moor stehender Wald, ab und zu mal eine Wiese, insgesamt waren die vorherrschenden Farben grün und braun.

Das einzige, was uns auffiel, war, dass beidseitig der Straße immer wieder kleine Bäche oder Tümpel auftauchten, die entweder ein ganz braunes oder ein ganz schwarzes Wasser führten.

Nach mehreren Stunden „Pampa" kam dann endlich mal wieder so etwas wie Zivilisation und eine Tankstelle, an der wir wieder rasteten.

Eine Frau kam auf uns zu und sagte „Ihr seid also die beiden verrückten Radfahrer, passt auf Euch auf" - offensichtlich hatte sich das mit uns schon herumgesprochen oder unsere Flyer, die wir nach wie vor fleissig verteilten, hatten ein bisschen Wirkung gezeigt.

Eine Stunde später waren wir dann am Ziel angekommen, in unserer „Econo Lodge" in Georgetown, South Carolina.

Die Dame am Empfang hatte die mit Abstand längsten Fingernägel, die ich in den letzten Jahren gesehen hatte, aber sie klopfte damit so schnell meine Daten in den Computer, dass ich gar nicht mit Schauen hinterherkam.

Das Zimmer war sauber, aber der Geruch abartig, entweder hatte sich da jemand umgebracht oder sie haben Reinigungsmittel verwendet aus der Zeit des Bürgerkrieges.

Mit einem Auto wäre das alles natürlich kein Problem, da fährt man halt schnell mal 50km weiter, wenns sein muss, aber mit dem Fahrrad ist das alles nicht so einfach.

Das Wichtigste für heute war einfach nur, die Nacht gut rumzubringen und morgen ausgeruht in den neuen Tag zu starten.

111 Kilometer waren es heute und dafür brauchten wir 4 Stunden und 15 Minuten.

<u>18. Mai 2024</u>

Die Nacht war mal leider wieder ein Desaster, vernünftiges Schlafen schaut anders aus - die Betten waren so durchgelegen, dass wir jedesmal aufeinander zurollten, wenn sich einer umdrehte. Entsprechend oft waren wir wach und ein bisschen „gerädert" am nächsten Morgen.

Mein kleiner weiblicher Zappelphilipp neben mir war wohl mindestens seit 5 Uhr morgens auf den Beinen bzw. wach - ich sah die ganze Zeit aus dem Augenwinkel, wie sie neben mir saß und mit dem Handy Schach spielte. Ich hatte ihr verboten, vor 6 Uhr mit den Füßen zu scharren, das hatte sie früher immer gemacht und mich damit in meinem Schönheitsschlaf gestört.

Da ja Frühstück im Hotel heute überraschenderweise wieder ausfiel, machten wir uns auf den Weg zu einer nahegelegenen Tankstelle, bei der wir jeder einen großen Kaffee und paar kleine Snacks einkauften.
Ich finde es unmöglich, wenn man ein Hotel bucht und in der Beschreibung steht: „kostenloses Frühstück inbegriffen" - wie heute bei unserem. Beim Einchecken hiess es aber dann, hier werde keins angeboten. Normalerweise müsste man mal richtig Radau machen, aber am Ende sitzt man in irgendeiner Zelle mit drei John Coffey's wie im Film „Green Mile" und hat die Hosen voll. In unserem Zimmer verweilten wir noch ein bisschen,

schliesslich sollten ja auch unsere Kleidung und die Pferdchen etwas von dem wundervollen Geruch abbekommen.

Unser heutiges Ziel war Whiteville in North Carolina.

In einem alten Reiseprospekt habe ich gestern übrigens folgende Zeilen gelesen:

„Wer von Georgetown, South Carolina als Startort nach Norden fährt, der beginnt eine Südstaaten-Odyssee, wo selbst die Eichhörnchen Sonnenbrillen tragen, um den Glanz der Sonne zu geniessen. Bucklige Straßen und endlose und geheimnisvolle Sümpfe begrüßen Dich auf Deiner Reise, als wollten sie sagen: 'Willkommen in der Wildnis des Südens'. Wenn Du nah an den Sümpfen vorbeifährst, pass auf die plappernden Alligatoren auf, die sich ihre neuesten Witze über die Vorbeifahrenden austauschen. Die US701 führt durch malerische Dörfer, wo die Zeit seit dem Jahre 1795 stehengeblieben zu scheint und die Einwohner mit offenen Mündern jeden neuen Besucher begrüßen, als wäre er ein verlorener Cousin. An jeder Kurve gibt es eine neue Geschichte zu entdecken, sei es über alte Südstaatenlegenden oder die jüngsten Eskapaden der örtlichen Waschbärenfamilie."

Glauben Sie, dass es ein solches Reiseprospekt jemals gegeben hat? Ich nicht, das habe ich mir eben ausgedacht.

Allerdings steckt enorm viel Wahrheit in diesen Zeilen, denn seit Tagen erleben wir ziemlich genau das.
Als Radfahrer ist man halt hautnah mit der Natur und den Geschehnissen rundum verbunden und man ist dabei langsam genug, um alles, was einen interessiert, in sich aufzusaugen.
Leider gab es streckenweise nicht viel zum Aufsaugen oder besser gesagt, garnichts.

Dennoch habe ich die Erfahrung gemacht, dass man, je länger man mit dem Fahrrad unterwegs ist, sich immer mehr an den kleinen Dingen der Natur erfreut und jedes noch so kleine Pflänzchen oder Tierchen auf seine ganz eigene Art als ein Wunder betrachtet.

Und noch mehr: in unserer hochindustrialisierten, hektischen Welt bleibt für die kleinen Dinge oft einfach keine Zeit und man verliert den Blick und das Gefühl für das, was eigentlich das Wort Leben ausmacht. Den richtigen Kompromiss zu finden, das ist die große Kunst. Die Vorteile der technischen Entwicklung zu nutzen und sich dennoch ein bisschen Bodenständigkeit, vielleicht sogar konservativen Pragmatismus bewahren.
Ich selbst zum Beispiel bin in einem Land aufgewachsen, das heute nur noch milde belächelt, völlig missverstanden wird oder wurde oder gar verspottet wird. Aber: Auch dort war nicht alles schlecht.

Um kurz nach 8 Uhr machten wir uns bei stark bewölktem Himmel auf den Weg.
Selbstverständlich nicht, ohne noch einmal ein paar Flyer zu verteilen.

Wir blieben eigentlich die ganze Zeit über auf der 701, die stellenweise in den weniger befahrenen Highway 66 überging und hatten immer ein wenig Sorge, dass es gleich zu regnen anfangen könnte.
Das wäre zwar grundsätzlich kein Drama, aber bei Sonnenschein lässt es sich halt einfach viel schöner Radfahren.

Kaum an Regen gedacht, ging es los. Erst ein paar einzelne dicke Tropfen, dann prasselte es nur so herab und wir retteten uns gerade noch so unter das schmale Vordach einer Tankstelle.
Die Temperatur stürzte gleichfalls ab und so standen wir zitternd, dicht an die Wand gepresst, an der Tankstelle und hofften auf rasche Wetterbesserung.

Nach gut 20 Minuten war schon wieder alles vorbei, die Straße dampfte, als wäre sie frisch asphaltiert worden und wir waren relativ trocken geblieben und radelten weiter.

5 Stunden und 134km später kamen wir in Whiteville an und ein etwas genervter schwarzer Bursche händigte uns die Zimmerschlüssel für den zweiten Stock aus.
Auf mein Veto entgegnete er nur knapp, unten wäre nichts frei.
Ich wollte ihm zwar noch etwas nicht so Nettes sagen, konnte mich aber gerade noch beherrschen.
Auch das ist so eine Unsitte in Amerika - kann man denn nicht ein bisschen mehr auf die Bedürfnisse der Mitmenschen eingehen, wenn sie schon um etwas bitten?
Das Hotelgewerbe lebt doch von seinen Gästen und wird über den Service definiert. Aber die Ignoranz und

Oberflächlichkeit kennt manchmal einfach keine Grenzen.

Auch das fällt meiner Meinung unter: Make America Great Again. Es wird Zeit, Donald, dass Du eingreifst - die Uhr tickt...

<u>19. Mai 2024</u>

Ein neuer Tag, eine neue Etappe - das Ziel hiess Clinton, North Carolina.
Der Blick aus dem Fenster verhieß erneut nichts Gutes, es regnete und das nicht zu knapp.

Da warten wir lieber noch eine halbe Stunde, denn laut Regenradar sollte es bald aufhören.
Und bis wir dann unsere Sachen zusammenpacken und die Räder wieder hinunter wuchten würden, vergeht eh noch einiges an Zeit.
Die Temperatur sollte im Moment so bei 20 Grad liegen und es gäbe starken Wind aus Nord, so hiess es im Wetterbericht.
Und so dauerte es nicht lange, bis wir wieder auf der Strecke waren.
Nach rund 25km kam uns der erste Generali entgegen, mein Frauchen wollte eine Pause, sie fror, was bei dem kühlen Gegenwind ja auch kein Wunder war. Sie fährt grundsätzlich in Sandalen und das natürlich ohne Socken, da hat man mitunter schon recht schnell kalte Füße.
Aber es hilft kein Jammern, da müssen wir durch, denn bis zum Ziel sind es noch ein paar Kilometerchen.

Da heute Sonntag war und viele Autofahrer entweder

noch im Bettchen lagen oder beim Sonntagsgottesdienst den Herrn anriefen, hatten wir die Straße meistens für uns allein. Das hielt an bis Mittag und änderte sich danach auch erst langsam.

Vorbei an kilometerlangen Blaubeer- Plantagen ging es immer weiter auf der US701 Richtung Norden.
Leider waren die Beeren noch nicht reif, sonst hätten wir heimlich mal ein paar probiert.

Wir fuhren über eine ganze Reihen von Brücken, unter denen sich ein fast schwarzer Fluss entlang schlängelte und im dichten Wald verschwand.
Das schwarz wirkende Wasser war uns lange Zeit ein Rätsel und erst Tage später las ich zufällig in einem Prospekt, warum das so ist. Denn sowohl die Schwarzfärbung, als auch manchmal die Dunkelbraunfärbung, kommt von den tanninhaltigen organischen Materialien, die sich im Wasser befinden.
Diese Materialien stammen vorwiegend von verrottenden Pflanzen und Bäumen aus den umliegenden Sumpfgebieten.
Die Gegend war jetzt zwar nicht mehr ganz so sumpfig, aber man sah immer wieder mal Bäume im Wasser stehen.
Insgesamt war die Region aber eher ländlich, mit großem Anteil an Wiesen und Weiden, allerdings ohne größere, intensive Feldbewirtschaftung.
Ab und zu sah man ein eher kleineres Feld, auf dem entweder Tabak, Baumwolle oder Erdnüsse angebaut wurden.

Viele Häuser oder Farmen hatten keine Grundstückseinfriedung und immer wieder kamen Hunde aus den Grundstücken gerannt.

Einmal klingelte es ganz wild hinter mir und ich dachte sofort an Reifenwechsel oder ähnliches und bremste ab, um anzuhalten. Mein Frauchen dagegen kam von hinten angeschossen und schrie, ich solle fahren, sonst erwischt er sie.

Erst da sah ich den Pitbull mit gefletschten Zähnen, der in einem Affenzahn hinter uns her rannte. Erst durch lautes Klingeln von uns beiden wurde er langsamer und blieb dann endlich stehen.

Bei Pitbull Terrier oder noch größeren Hunden hat man oft das Gefühl, die wären besonders gefährlich. Allerdings wird da wissenschaftlich sehr kontrovers diskutiert und es gibt in der Tat keine eindeutigen Beweise, dass diese Rasse gefährlicher ist, als andere Hunderassen.

Es ist auch immer ein bisschen von der Sozialisation und dem individuellen Verhalten der Besitzer abhängig. Der von gerade eben hatte sich darüber wohl noch keine Gedanken gemacht.

Mir persönlich - als Hundebesitzer - würde das schon aus mehreren Gründen zu denken geben - zu allererst kommt die Sorge um das Wohlergehen des Mitmenschen, dann aber auch um den Hund selbst, denn sehr oft haben wir gesehen, dass die Hunde aus dem Grundstück herausschiessen wie Torpedos aus dem U-Boot, um dann (natürlich ohne auf den Verkehr zu achten) über eine mehrspurige Bundesstraße zu sprinten, immer mit dem Gevatter an ihrer Seite.

In Elizabethtown hatten wir gut die Hälfte unserer heutigen Etappe geschafft und machten eine wohlverdiente Pause.

In diesem charmanten Örtchen meint man, die Zeit wäre stehengeblieben. Es gibt sehr viele sehr gut erhaltene historische Gebäude aus der Antebellum-Zeit. Das ist die Zeitspanne vor dem Bürgerkrieg, so in etwa von 1820 bis 1860.
Zumeist wurde aus Holz gebaut und in dem typischen Südstaaten-Stil, mit Erkern, mehreren Vordächern, die teilweise um das ganze Haus herumführten und natürlich Schaukelstühlen auf der Terrasse.

Wir saßen, wie üblich, auf dem Bürgersteig vor einem Generali, als ein sehr lauter Pickup herangerauscht kam, dem zwei junge Burschen, noch keine 20, entstiegen. Standesgemäß mit Jeans und Cowboystiefeln - nur in der Frisur hatten sie sich etwas vertan, denn eine Vokuhila, die sieht zwar immer wieder mal ganz lustig aus, aber so eine Frisur ist halt doch schon Jahrzehnte her.
Aber wir wissen ja, erlaubt ist, was gefällt und das gilt ganz besonders für und in Amerika.

Natürlich stiefelten die beiden dann in ein Fast Food Restaurant, das war ja klar. Und zwanzig Jahre später sind sie zuckerkrank oder schauen (viel schlimmer) am Ende noch so aus wie ich.

Nach 94km rollten wir ganz entspannt vor die Lobby unseres heutigen Nachtlagers, dem Days Inn in Clinton, North Carolina.

Die Empfangsdame war sehr freundlich und bemüht, uns ein Zimmer im Erdgeschoss zu geben. Daran sollte sich manch anderer Dödel mal ein Beispiel nehmen.

Dann fragte sie zu unserem Erstaunen noch: „Smoking or Non-Smoking?" Ich sagte: „Nein, gute Frau, wir haben keinen Smoking, wir haben Radlerhosen an".

„Gut" sagte sie, „ dann also Non-Smoking". Ich denke, ich muss das nicht weiter ausführen - Sie wissen, worum es geht.

Trotzdem sind wir immer wieder überrascht, dass es tatsächlich noch Hotelzimmer gibt in den Vereinigten Staaten, in denen geraucht werden darf.

<u>20. Mai 2024</u>

Unser heutiges Ziel ist Wilson, North Carolina, das ca. 95 km entfernt liegt.

In den letzten Tagen und so auch heute, lagen wieder jede Menge Schlangen und auch kleine Schildkröten am Rande der Straße.

Zum Glück konnten wir immer ausweichen. Aber die hätten eh nichts mehr gespürt.

Wir fuhren weiter, diesmal auf der US117, Richtung Norden und auf einmal rauschten wieder Düsenjets über unseren Köpfen hinweg, mit den gleichen ohrenbetäubenden Geräuschen.

In der Nähe befand sich eine weitere Airbase des US Militärs.

Der Wind, unser Freund, war heute eher unser Feind. Er

wollte uns mal so richtig zeigen, wer hier das Sagen hat. Mit voller Kraft kam er direkt von vorne - da hiess es strampeln ohne Ende.

Bei viel Gegenwind ist nicht unbedingt der höhere Kraftaufwand das Problem, sondern der Druck, den der Wind ausübt.

Auch wenn ich im Profil ausschaue wie eine Gazelle, habe ich dennoch eine gewisse Angriffsfläche und das führt dann dazu, dass man ein bisschen fester in den Sattel gedrückt wird, als ohne Wind oder gar mit Rückenwind. Der Allerwerteste ist sehr sensibel, merkt das gleich und lässt es einen am Ende der Tour auch spüren.

In den kleinen Orten, an denen wir vorbei fuhren, waren die Hunde heute etwas zögerlicher, die schauten uns erst an und überlegten, ob sie uns folgen sollten.

Die meisten entschieden sich, nur mal kurz zu bellen und sich dann wieder umzudrehen.

Ich könnte innerlich immer lachen, wenn Hunde in der Größe einer Feldmaus sich aufplustern und dann so bellen, als wären es Rottweiler.

Leider klappt das eher schlecht, denn wenn man ein Stimmchen hat wie eine Bergziege, dann kann man bellen, soviel man will. Trotzdem möchte ich auch keinen der kleineren Gattungen an meiner Wade hängen haben.

An unsere Rast bei einem Generali erinnere ich mich noch genau - wir steckten die Akkus wieder an zum Laden und setzten uns auf den Randstein vom Parkplatz.

Kaum hatten wir die Füße ausgestreckt, kam auch schon ein Mann um die Ecke, der fragte, wohin wir wollen und woher wir kämen. Man hatte Schwierigkeiten, ihn zu verstehen, denn auch ihm fehlten sämtliche Zähne.

Nach ein paar Sätzen Smalltalk wünschte er uns noch
eine gute Fahrt und weg war er.
Freundlich sind sie alle, nur halt sehr oberflächlich, doch
das ist völlig in Ordnung, ich bin ja nicht hier, um mir
neue Freunde zu suchen.

Bei unserer ersten Panne kam ja gleich ein Pickup
angerauscht - leider war das auch der einzige, der Hilfe
angeboten hat. Die meisten schauen nur wie der Ochs
vom Berg, wenns blitzt. Ist aber in Deutschland nicht
anders, daher störte das nicht.

Und ich denke, es fehlt hier wie da einfach das
Verständnis, wie Radfahrer ticken bzw. unter welchen
Umständen sie unterwegs sind. Für einen Autofahrer mal
schnell 50km irgendwohin fahren, ist eine Sache von 30
Minuten - als Radfahrer eine von Stunden.

Das ist nur mal einer der Eindrücke, die uns auffallen in
diesem ach so schönen, großen Land.
Ja, Donald - Du hast wirklich noch einiges an Arbeit vor
Dir.

Im Verlauf der weiteren Strecke fuhren wir an mehreren
riesigen Hühnerfarmen vorbei - der Geruch war schon
präsent, lange bevor man die Farmen überhaupt sah.
In dieser Gegend waren auffällig viele Trucks unterwegs,
die Hühner in halboffenen Aufbauten transportierten.
Man musste immer aufpassen, dass man die Luft anhielt,
wenn einer dieser Trucks zum Überholen ansetzte, denn

Hühnerfedern einzuatmen oder zu verschlucken soll nicht so gesund sein, habe ich mal gehört.

Nach 99km kamen wir dann in Wilson an und die Sonne hatte sich nun auch endlich den Weg durch die Wolken gebahnt.
Wilson ist ja bekannt für seine kurvigen Landstraßen und dafür, dass es mehr Kirchen als Fast-Food-Restaurants gibt. Man munkelt, der Ort sei ein himmlisches Buffet für die Seelen. Im Sommer soll die Hitze so unerträglich sein, dass sogar die Grillen hitzefrei beantragen.
Das war heute aber nicht nötig, denn so heiß war es noch lange nicht.

Unsere heutige Übernachtungsstätte war ein Days Inn, sogar mit Frühstück.
Vor der Pandemie war es um diese Art von Hotels um einiges besser bestellt, aber sobald man die Lobby betrat, wusste man eigentlich ziemlich genau, was geboten wird und was nicht.
Aber es war sauber und das Bett gut, was will man mehr, wir wollen ja hier auch keine Wurzeln schlagen.

21. Mai 2024

Unsere heutige Etappe sollte uns nach Roanoke Rapids führen, das auch etwa 95 km entfernt lag.
Roanoke Rapids, mit seinen knapp 15000 Einwohnern, liegt am Ufer des Roanoke River und ist weit über seine Stadtgrenzen hinaus bekannt für vielfältige Outdooraktivitäten wie Angeln, Bootfahren und Wandern.

Früher kannte man Roanoke Rapids hauptsächlich wegen seiner vielen Textilfabriken, welche die Baumwollernte aus den umliegenden Farmen zu verschiedensten Produkten verarbeiteten, die später auch teilweise auf synthetische Produkte umschwenkten.

Nach unserem Days-Inn-typischen Mager-Frühstück, stehend in der Lobby, gingen wir schnurstracks ins Zimmer, packten unsere Siebensachen und machten uns auf die Reise.

An solchen Übernachtungsstätten, wo man am besten schon um 6 Uhr morgens wieder abreist, an denen man buchstäblich spürt, nur „Mittel zum Zweck" zu sein, müssen wir nicht unnötig lange verweilen.

Oft genug kam es schon vor, dass trotz offizieller Abreiseuhrzeit von 11 Uhr und „Bitte nicht stören"-Aufhänger aussen am Türknauf bereits um 8 Uhr schon an die Tür gehämmert wird und eine laute, quietschende Stimme „Housekeeping" ruft.

Eine absolut geniale Geschäftsidee für derartige Motelbesitzer hätte ich noch: Vermietet doch einfach eure Zimmer und tut dann so, als wäre keiner da, wenn die Gäste anreisen.

Dann könnt ihr euch die Housekeeping-Tante sparen und lauft nicht Gefahr, wegen Schwarzarbeit noch eine Strafe zahlen zu müssen, denn die Housekeeping-Tanten sind ja meist irgendwelche nicht offiziell anwesenden mexikanischen oder - wie in Florida – kubanischen Migranten. Und die danach folgenden zahlreichen negativen Kritiken prallen ja eh an euch ab, so wie alle andere Kritik oder die Bitten der Gäste jetzt auch schon.

Zumindest befand sich der Himmel in einem akkuraten, wolkenlosen Zustand und die Sonne lachte uns nur so ins Gesicht, da macht Fahrradfahren schon viel mehr Spaß. Der Wetterbericht sagte auch noch maximal Seitenwind vorher, das war zu verkraften, sofern er es sich nicht noch mal anders überlegt und dann doch von vorne kommt. Ja, dem Wind kann man nicht trauen, der ist, wie man in Bayern zu sagen pflegt: „A hinterfotziger Hund".

Nach rund einer Stunde die erste Aufregung neben der Straße - eine Wildgänsefamilie hielt wohl gerade ein Treffen ab, sie schnatterten so laut durcheinander, dass man fast sein eigenes Wort nicht mehr verstand.

Wussten Sie eigentlich, dass Wildgänse sehr sozial lebende Vögel sind, die dazu neigen, in großen Gruppen zu leben und zu brüten?
Und dass sie zwischen Brut- und Winterquartieren oft 5000, manchmal 8000km, zurücklegen und dass die charakteristische V-Formation, in der sie fliegen, den Luftwiderstand reduziert und ihnen hilft, Energie zu sparen?
Und dass sie in den menschlichen Kulturen oft eine symbolische Bedeutung haben und sie für Treue, Zusammengehörigkeit und Freiheit stehen. Und nicht zuletzt werden sie in der Mythologie als Boten oder Vermittler zwischen der Welt der Menschen und den Göttern dargestellt.
Wir schauten ihnen eine Weile zu, konnten aber irgendwie keine Struktur oder System in ihren Gesten oder ihrem Geschnatter erkennen, was es aber zweifelsohne geben muss, denn sonst würde das soziale

System dieser Tiere nicht funktionieren. Interessant war noch, als sie uns bemerkten, wurde das Geschnatter zusehends leiser, bis es schließlich ganz verstummte und sie machten sich langsam davon. Vielleicht war die Gattung Radfahrer dann doch ein bisschen zu suspekt.

Weiter auf der 301 North, kamen wir durch Rocky Mount, einem lang gezogenen Ort mit viel Industrie. Früher war hier ein wichtiger Eisenbahnknotenpunkt und ein Zentrum der Landwirtschaft.
Aber immer mehr andere Firmen siedelten sich im Laufe der Zeit hier an, wie der Pharmariese Pfizer oder die Cummins Fabrik für Dieselmotoren.

Bei Pfizer müsste jeder hellhörig werden, zumindest aber die, denen vor 4 Jahren mal eine Nadel mit Impfstoff gegen Covid19 im Arm steckte.
Wussten Sie, dass Pfizer in Rocky Mount eine der größten sterilen Produktionsstätten der ganzen Welt betreibt? Auf sage und schreibe 1,9 Millionen Quadratmetern Produktionsfläche.
Fast 25% aller Injektionspräparate, die in den USA in Krankenhäusern verwendet werden, werden hier in Rocky Mount hergestellt.

Die Cummins Fabrik, als Produktionsstätte für Dieselmotoren, wurde 1980 erbaut und ist zu einem bedeutenden Zentrum für die Herstellung von Motoren für verschiedene Anwendungsbereiche wie schwere Nutzfahrzeuge, Land- und Baumaschinen und Stromaggregate geworden.
Die Fabrik in Rocky Mount zählt zu den hochmodernsten

Fertigungsstraßen in der Motorenherstellung weltweit und ihr Engagement für Qualität, Effizienz und Zuverlässigkeit ist weit über die Landesgrenzen hinaus bekannt.

Zur Firma McDonalds, die rechter Hand an uns vorbeisauste, brauche ich sicher nicht viel zu erzählen. Aber wussten Sie, dass das Geschäftsmodell von McDonalds, Franchise-Nehmern die Möglichkeit zu geben, eigene Restaurants zu eröffnen, dazu geführt hat, dass inzwischen weltweit mehr als 38.000 Filialen existieren?
Und wussten Sie auch, dass es den Big Mac seit 1967 in unveränderter Rezeptur gibt und das Happy Meal Kindermenü seit 1979?
Und ist Ihnen bekannt (was mich am meisten fasziniert), dass McDonalds eine ganz innige Beziehung zur Raumfahrt hat und Astronauten speziell verpackte McDonalds-Produkte gegessen haben und darunter das erste Essen auf dem Mond war, als 1969 Neil Armstrong und Buzz Aldrin dort landeten?

Wir hingegen aßen weder speziell für uns verpackte Produkte, noch irgendwelche anderen Produkte von der Stange - wir hatten gestern noch ein paar Bananen gekauft und machten es uns mit diesen gemütlich an einem Tisch im Freien.

Weiter auf der Strecke kamen wir durch das Örtchen Battleboro, wo ein paar historische Traktoren neben der Straße ausgestellt waren und vor sich hinrosteten.

Ich war gerade während der Fahrt etwas in Gedanken versunken und wunderte mich darüber, dass einer dieser Traktoren noch seinen frei zugänglichen Kupfer-Wasserkühler hatte - ich will ja unsere deutsche Heimat nicht schlecht machen, aber den hätte in Deutschland irgendein Langfinger ganz bestimmt schon vor Jahrzehnten zum Schrotthändler gebracht.

Als ich so dahin sinnierte, gab es auf einmal einen hell-metallisch klingenden Knall.
Keine Ahnung, woher der auf einmal kam, naja, manchmal hat das Fahrrad doch auch ein Eigenleben oder ich hab irgendwas überfahren, was ich nicht gesehen hatte.

Ein paar Kilometer weiter wieder ein metallisches Geräusch, diesmal aber eher ein Rasseln und Klappern. Also angehalten und nachgeschaut...
und...verdammt...eine Speiche war gebrochen und klapperte bei jeder Radumdrehung fröhlich vor sich hin.

Mein Hinterrad hat zwar 48 Speichen, aber meine Wenigkeit und rund 20kg Gepäck sind halt doch eine ganz schöne Last für das Fahrrad und ich weiss nicht, was passiert, wenn eine fehlt.
Rein technisch betrachtet, ist nun das ganze ausbalancierte System aus Druck- und Zugkräften gestört - aber es hilft nix, wir mussten es wagen und weiterfahren.

Es waren noch rund 40km zum Ziel und ich trat so sanft auf die Pedale, als lägen rohe Eier zwischen meinen

Sohlen und den Pedalplatten.

Natürlich kam dann noch eins zum anderen, denn nach ein paar Kilometern war die Straße komplett gesperrt und die Umleitung zwang uns dazu, noch einmal 10km mehr zu fahren.
Die Umleitung war aber sehr entspannt und führte uns durch den sogenannten Halifax-County (Landkreis).

Der Halifax County liegt in der Küstenebene von North Carolina. Die Geographie und Geschichte des Landkreises wurden durch den Roanoke River geprägt, der seine nördliche Grenze bildet.
Die ursprünglich als Grafschaft gegründete Siedlung wurde 1758 aus dem benachbarten Edgecombe County gebildet.
Laut Statistik ist der Halifax County einer der ältesten Countys in North Carolina mit einer reichen Geschichte, die bis in die frühesten Tage der europäischen Besiedlung Nordamerikas zurückreicht. Im Laufe der Jahre hat der Halifax County dem Staate North Carolina mehr Führungskräfte - Gouverneure, Kongressabgeordnete, Generäle - beschert, als jeder andere Landkreis im Bundesstaat.

Ursprünglich lebten auf diesem Gebiet die Tuscarora-Indianer und es wurde dann parallel im frühen 18. Jahrhundert von englischen Kolonisten besiedelt, die aus Virginia und auch aus New Jersey nach Süden einwanderten.
Die Stadt Halifax selbst als Namensgeberin des Countys entwickelte sich am Ufer des Roanoke River und

etablierte sich als Handelszentrum für Waren, die von Siedlung zu Siedlung transportiert wurden.

Der Roanoke River spielte eine wichtige Rolle bei der Entwicklung des Landkreises, sodass der Halifax County sogar als potenzielle Hauptstadt von North Carolina in Betracht gezogen wurde.

Es blieb aber letztlich nur eine wohlhabende Grafschaft, bis die Eisenbahnen den Fluss als wichtigstes Transportmittel ablösten.

Nach 111km kamen wir dann - glücklicherweise ohne weitere Zwischenfälle - in unserer Unterkunft im Baymond Inn in Roanoke Rapid an.

Die Dame am Empfang war überaus freundlich und wir bekamen auch ziemlich schnell unseren Zimmerschlüssel. Als wir unsere Räder ins Zimmer rein schoben, kam es uns allerdings vor, als hätten wir eine Kühlschranktür geöffnet. Die Klimaanlage lief auf höchster Stufe und war auf 15 Grad eingestellt. Es war aber ein sehr schönes Zimmer, unsere Räder fühlten sich sofort wohl und wir natürlich auch.

Meine Hauptaufgabe war es sogleich, ein Fahrradgeschäft zu finden, das solche Speichen, wie ich sie benötigte, auf Lager hat.

Es dauerte eine ganze Weile, dann fand ich ein Geschäft, etwa 40km entfernt, das sogar eine Vertretung von Aventon, unserer Fahrradmarke, hatte und zurückschrieb, sie hätten noch drei Stück meiner Speichen auf Lager. Uns fiel ein Stein vom Herzen.

Die Frage war nur, wie kommen die Speichen zu uns oder anders, wie kommt mein Fahrrad zu den Speichen?

Das Einfachste war, von der im Ort ansässigen Autovermietung „Enterprise" ein Fahrzeug für paar Stunden anzumieten und mit diesem und dem Fahrrad darin in das Geschäft zu fahren.
Eigentlich brauchte ich ja nur das Hinterrad mitzunehmen und buchte daher einen kleinen Wagen für den kommenden Tag um 9 Uhr.

Mein Frauchen sollte derweil bei den Rädern bleiben und müsste für den Fall, dass ich nicht rechtzeitig zurück sein sollte, aus dem Zimmer auschecken und draußen auf mich warten.
Das war der Plan - dann hoffen wir mal das Beste.

22. Mai 2024

Um 6 Uhr morgens waren wir schon wach, gingen aber noch in aller Ruhe zum Frühstücken und dann machte ich mich auf den Weg zur Autovermietung Enterprise in Roanoke Rapids.

Es waren rund 3km Fußweg, die ich in der Vorfreude, auf diese Weise mein Fahrrad schnell wieder repariert zu bekommen, schnell hinter mich brachte.
Die kugelrunde Tante am Schalter fragte nach meinem Begehr und als ich ihr sagte, dass ich bereits online einen Mietwagen reserviert und bezahlt hätte, klopfte sie eine Weile mit ihren abgekauten Fingernägeln auf der Tastatur ihres Computers herum und sagte nur ein einziges Wort:

„Ausweis".

Nicht bitte oder wofür, nur Ausweis. Ich sagte: „Ja, ich habe so einen - du auch, du lahmarschige Tante?" Nein, natürlich dachte ich mir das nur und gab ihr brav meinen deutschen Personalausweis.

Die Dame wurde auf einmal sichtlich nervös und rief eine Kollegin - Tante Nr. 2.
Beide schauten sie wie zwei Vorschulkinder auf meinen Ausweis und rätselten. Ich fragte, ob ich helfen könne. Sie darauf wieder nur ein Wort: „Nein".
Sie griff zum Telefon und rief einen Kollegen.
Dieser - wohl ein Mechaniker - kam mit ölverschmierten Fingern und langte nach meinem Ausweis.
Ich räusperte mich laut und da zuckte er zurück.
Tante Nr.1 fasste sich dann wohl ein Herz und begann zu sprechen.
Was das für ein Ausweis sei, das hätten sie ja noch nie gesehen. Und was bedeute das „D" da vorne drauf, vielleicht Dänemark? Ich sagte ihr, das „D" bedeute, Dumpfbacken wie sie sollen die Finger von meinem teuren und heiligen Ausweis lassen.
Nein, um Gottes willen, ich sagte nur - so wie sie in einem Wort: „DEUTSCHLAND"!

Ah...jetzt bekamen sie große Augen, offensichtlich hatten sie von Deutschland schon einmal etwas gehört.
Jetzt schauten alle drei in den Computer. Und rätselten und tuschelten hinter vorgehaltener Hand.
Hinter mir stauten sich schon langsam die anderen Kunden und begannen, mit kleinen Blitzen auf mich und die drei Ahnungslosen hinter dem Tresen zu schiessen.

Jetzt nahm Tante Nr.2 das Zepter in die Hand und sagte, ich müsse eine Versicherung abschliessen. Meine Gegenfrage war, wofür denn?

Ich hatte ein Vollkaskoversicherungspaket ohne Selbstbeteiligung mit übernommen und bezahlt.

Sie entgegnete, das wäre nicht ausreichend, ich brauche auch zwingend Schutz, falls ein Reifen platzt oder ich den Schlüssel verliere.

Ich sagte ihr, dass ich genau 2x 40km fahre und dann die Kiste wieder bringe.

Und dass die Reifen mit in dem Paket enthalten sind, das ich abgeschlossen hatte.

Darauf sagte sie mit zusammengekniffenen Augen, dass sie kein Auto für mich hätte.

Wie bitte? Weil ich eure drecksverdammte, völlig unnütze, Versicherung nicht abschliesse? Sie bejahte, worauf ich fragte, was in Gottes Namen denn diese Versicherung kosten solle?

Die Antwort war: 49 Dollar für den Schutz der Reifen und 19 Dollar für den Schutz, falls ich den Schlüssel verliere. Dazu noch 10,95 Dollar, wenn ich den Wagen selbst vollgetankt zurückbringe oder 10,95 Dollar pro Gallone, wenn sie ihn volltanken.

Zuzüglich 22 Dollar Bearbeitungsgebühr und natürlich die örtlichen Steuern. (Der Mietpreis für die 4 Stunden, die ich reserviert hatte, betrug 49 Dollar inkl. dem von mir gekauften Versicherungspaket.)

Mit der Mehrwertsteuer wären das bei ihnen dann 121,15 Dollar. Dazu kämen allerdings noch 300 Dollar Kaution, falls ich zum Beispiel etwas beschädige oder das Auto nicht mehr zurückbringe - diese würden innerhalb der

nächsten 5-7 Werktage auf meine Kreditkarte zurückgebucht.
Ich fragte die abgekauten Nägel, ob sie noch ganz dicht sei. Sie darauf ganz lapidar, sie hätte kein Auto für mich. Schäumend vor Wut packte ich meinen Ausweis und stapfte zur Tür hinaus.

Draussen habe ich mich erst mal auf den Bürgersteig gesetzt und eine saftige Beschwerde an Enterprise geschrieben.
Ich darf kurz vorgreifen: Die Antwort darauf war standardisiert und kam 11 Tage später.

Passiert ist weiter nichts, außer, dass es eine weitere schlechte Bewertung über diesen Sauhaufen geben wird, die das aktuelle Ranking von 1,7 (von möglichen 10 Punkten) sicher nicht weiter anhebt.

Missmutig und niedergeschlagen ging ich die drei Kilometer zurück zum Hotel. Mein Frauchen stand schon draussen und dachte, ich hätte mal wieder ein Spässle gemacht. Schön, wenn dem so gewesen wäre.
Nun war guter Rat teuer.

Ich schrieb den Händler an, ob er eine Möglichkeit sehe, mir zu helfen. Er schrieb sehr schnell zurück, ihr Geschäft hätte heute nur bis Mittag geöffnet, dann käme ein Kamerateam und die würden einen Film über seinen Laden drehen.
Mittlerweile war es nach 10 Uhr.
Ich überlegte kurz, das Hinterrad meiner Frau in mein Fahrrad einzubauen und zu dem Händler mit dem

Fahrrad zu fahren, aber das wäre zeitlich sehr knapp und mit verschiedenen Risiken behaftet - zudem hätte ich dann über 80km auf dem Rad und unsere normale Etappe käme ja dann auch noch mit knapp 100km...das würde der Akku nicht hergeben und zum Laden wäre keine Zeit.

Es war zum Verzweifeln. Also schrieb ich dem Händler zurück, wir würden versuchen, mit einem Taxi bis zum Mittag zu seinem Geschäft zu kommen und die Speichen abzuholen.

Mein Frauchen ging schnell zur Lobby, um dort darum zu bitten, mir ein Taxi zu rufen.

Im gleichen Augenblick, als mein Frauchen aus der Lobby zurückkam, schrieb der Händler, wir sollen nicht mit einem Taxi kommen - er schicke einen seiner Mechaniker zu uns. Mir standen die Tränen in den Augen vor Erleichterung. So eine Hilfsbereitschaft hatten wir nicht erwartet.

Er fügte noch hinzu, die Speichen kosten nichts, aber wir sollten bitte seinem Mechaniker eine Kleinigkeit geben für seine Mühe und die 80km, die er für uns zurücklegen würde.

Da wir um 11 Uhr das Zimmer verlassen mussten, setzten wir uns in den schönen Sonnenschein und erwarteten den Mechaniker Gary, der gegen Mittag eintreffen sollte. Da saßen wir nun und warteten und warteten.

Bei jedem Fahrzeug, das in die Straße einbog, hofften wir, dass es Gary wäre.

Um 12:30 Uhr bog ein roter Pickup in die Straße ein und ja, er war es.

Er stieg aus seinem Truck und sagte: „Ich grüße euch, ich

spreche ein wenig Deutsch". Gary war so Anfang 60 und machte sofort einen unglaublich sympathischen Eindruck. Er fragte uns, woher wir kämen, während er nebenbei gleich die Speiche montierte.
Und strahlte bei der Antwort, denn in Bayern war er mit seiner Frau beim Wandern auch schon und er fand es wunderschön.

Die Arbeit war in 20 Minuten erledigt, er schenkte uns noch ein Kettenöl und zwei zusätzliche Speichen, falls mal wieder was passieren sollte.

Ich war so gerührt von dieser Herzlichkeit und der angenehmen, liebenswerten Art von Gary. Wir bedankten uns tausendmal, gaben ihm ein gutes Trinkgeld und waren froh, dass jetzt wieder alles in Ordnung war.

Danach sattelten wir sofort unsere Räder und machten uns auf den Weg nach Petersburg.

Da der Wetterbericht einen sehr heißen Tag vorhersagte, war es zwar nicht optimal, so kurz nach Mittag zu starten, aber wir lieben ja die Sonne und flogen nur so dahin, befreit von der Last, die mich die letzten fast 24h zu Boden gedrückt hatte.
Und alles wegen eines Teils, das nicht einmal zwei Dollar kostet.

Nach kurzer Zeit durchfuhren wir den Ort Weldon, ein Ort, der viel zu erzählen hat. Von kriegerischen Auseinandersetzungen, von verlassenen Textilfabriken bis hin zu alten Mühlen, die jetzt so nach und nach wieder aufgebaut und anderen Zwecken zugeführt wurden.

Eine davon ist die Schnapsbrennerei Weldon Mills, die 2022 und 2023 als beste Brennerei des Jahres in ganz Amerika ausgezeichnet wurde. Unter der Leitung der beiden Erfolgsträger Bruce Tyler und Michael Hinderliter hat sich die Weldon Mills Destillerie (WMD) zum Ziel gesetzt, die erfolgreichste Brennerei in North Carolina zu werden und auf Augenhöhe mit den langjährigen Legenden dieser Spirituosenwelt zu stehen.
Der Wunsch, etwas Anderes zu schaffen, zu destillieren und zu liefern, ist die treibende Kraft von WMD. Es gibt viele alternative Zutaten, die diese Brennerei im Roanoke River Valley benutzt.
Zum Beispiel eine natürliche schöne Umgebung, unberührtes Flusswasser und Menschen mit einem unstillbaren Wunsch nach Erfolg.

Nach 40km legten wir eine erste kleine Pause ein, es gab Essen aus der Dose und wir machten es uns vor einem Geschäft gemütlich, wo wir unsere Akkus nachladen konnten und auf einem Stapel Hundefuttersäcke saßen und kalte Bohnen mit Speck und Eintopf aßen.
Eine Frau mit ihren drei Kindern ging an uns vorbei, um einzukaufen.
Da griff einer ihrer Söhne (so um die 15) in seine Tasche und bot uns eine Flasche Sprite an - wahrscheinlich haben wir ihm so leidgetan auf unseren Hundefuttersäcken oder wir sahen so armselig aus, dass er einfach nicht anders konnte.
Wir bedankten uns völlig perplex und gerührt über diese nette Geste, aber lehnten ab, denn wir hatten ja alles, was

wir brauchten.

So, weiter geht's - noch ungefähr 20km bis zum Ziel, Petersburg, Virginia.

Petersburg hat eine reiche historische Architektur und afroamerikanische Geschichte.
Die Stadt war früher ein Knotenpunkt auf der Underground Railraod, die Sklaven half, in die Freiheit zu entkommen.
Heute spiegelt sich diese Vielfalt vor allem in der Küche, der Musik und der Kunst wider.

Kurz vor Petersburg war die Beschilderung mal wieder ein wenig unklar. Die Amerikaner haben es nicht so wie wir in Deutschland mit unserem Schilderwald, aber wenigstens ein paar der wichtigsten Informationen könnte man schon an die Straße nageln.
Ich finde es zum Beispiel unmöglich, wenn an Kreuzungen kein Wegweiser steht, sondern - im besten Falle - nur die Nummern der Straßen. Was weiss denn ich als Fremder, wohin die Straße US 31 North führt, wenn ich an einer solchen riesigen Kreuzung stehe? Was ich allerdings als absolut perfekt empfinde ist, dass sich die Ampeln immer hinter der Kreuzung befinden. Man braucht sich also als einer der ersten vor einer roten Ampel nicht immer den Hals zu verrenken, um zu sehen, wann endlich grün geworden ist.

In unseren Fall ist es so, dass ich immer am Vortag die Route mit den wichtigsten Abbiegungen und den dazu passenden Kilometerangaben auf einen kleinen Zettel notiere und vorne an meiner Lenkertasche befestige.

Auf meinem heutigen Zettel stand nun: Bei Kilometer 89,5 links abbiegen auf die US301 Richtung Norden.

Gesagt getan, aber irgendetwas stimmte da nicht, die Fahrzeuge kamen alle ziemlich schnell an uns vorbei, einer hupte ganz wild.
Also kurz das Handy raus geholt und google.maps bemüht. Und siehe da, wir waren auf der Interstate (Autobahn) gelandet.
Aber das ist in Amerika kein Drama, wir drehten einfach um und fuhren entgegen der Fahrtrichtung wieder zurück und die Auffahrt hoch und bogen 100m weiter in die richtige Straße ein.
Ein paar Autofahrer, die uns in diesem Moment entgegenkamen, schauten zwar etwas verdutzt, aber vermutlich dachten sie, dass wir Engländer oder Australier wären und halt einfach mal auf der gewohnten Spur unterwegs sind.

Nach 95km kamen wir dann wohlbehalten in Petersburg, VA, in unserer Unterkunft an.

23. Mai 2024

Heute ist der letzte Tag, an dem ich zusammen mit meinem Frauchen Fahrrad fahre. Und zwar für einen längeren Zeitraum, denn mein Frauchen fliegt am Sonntag nach Hause.
Ich jedoch werde weiter meinen Kurs beibehalten und alles versuchen, mein großes Ziel nicht aus den Augen zu

verlieren.

Nach einer unruhigen Nacht voller abstrakter Traumfetzen aus vergangenen Jahren, machten wir uns auf den Weg Richtung Richmond.

Wir durchfuhren den Ort Petersburg, der ziemlich langgezogen war.

Petersburg ist eine Stadt im US-Bundesstaat Virginia. Sie ist eine sogenannte „Independent City" und damit keinem County zugeordnet.

Bei der Volkszählung im Jahre 2020 wurde eine Einwohnerzahl von 33.458 ermittelt. Die Stadt liegt am größten Wasserfall des Flusses Appomattox.

Durch die guten Geschäfte der einheimischen Farmer und Betriebe und den damit verbundenen städtischen Steuereinnahmen konnten bereits im Jahre 1851 Gaslaternen zur Straßenbeleuchtung und 1857 ein Abwasserkanal gebaut werden.

Wenn ich so etwas recherchiere, stoße ich immer wieder darauf, in welch kurzer Zeitspanne in Amerika die technisch-industrielle Entwicklung stattgefunden hat. Viele der größten und erfolgreichsten Städte oder Regionen der Vereinigten Staaten sind teilweise gerade mal 200 Jahre alt.

Natürlich profitierten diese von den technischen Innovationen, die vorrangig die Einwanderer, unter ihnen viele Deutsche, mit über den Atlantik brachten, aber natürlich gab es von Anbeginn auch hier viele äusserst kluge Köpfe, die stets die richtigen Entscheidungen trafen und das immer noch tun. Stimmts, Mr. President?

Weiter auf der US60 North kamen wir nach etwa 55km in

den Außenbezirken von Richmond an. Richmond, die Hauptstadt von Virginia, zählt zu den ältesten der großen Städte Amerikas.

Patrick Henry, einer der Gründerväter der USA, verkündete hier im Jahre 1755 an der St. John's Church "Gebt mir Freiheit oder gebt mir den Tod", was zum Ausbruch des Revolutionskriegs führte.

Das White House of the Confederacy, in dem Jefferson Davis, der Präsident der Konföderierten Staaten, während des Bürgerkriegs lebte, ist heute ein Museum in Court End, einem Viertel, das speziell für seine Villen im föderalen Stil bekannt ist.

Die Straßen in Richmond sind ziemlich eng und auch in einem sehr schlechten Zustand, man musste permanent versuchen, immer eine durchgehende Spur auf dem Asphalt zu finden, um nicht in einem Loch zu verschwinden.

Dagegen war die Altstadt nach Überqueren des James Rivers, der hier ungefähr die Größe der Donau in Regensburg hat, wunderschön – mit einer gelungenen Mischung aus vielen historischen Gebäuden und modernen Architekturen.

Die Region um Richmond bietet jede Menge Möglichkeiten zu Outdooraktivitäten, wie Radfahren, Wandern oder Kanufahren.

In wirtschaftlichen Belangen ist Richmond ein wichtiges Zentrum in den Bereichen der Finanzen und des Gesundheitswesens.

Seit vielen Jahren wird zudem stetig investiert in die Riverfront Entwicklung, um das teils karge und von abbruchreifen Gebäuden gesäumte Ufer des James Rivers

mit einer Neugestaltung der Wasserfront durch Anlegen von Parks, Restaurants und Erholungsgebieten in eine Oase des Genusses und der Entspannung umzuwandeln.
Das schmale Zentrum der Stadt liegt nahe des Flusses und ist relativ eben, aber alles andere rundherum ist sehr hügelig, fast schon bergig.
Wir hatten unser Hotel im Ortsteil Sandston gebucht, das war in der Nähe des Flughafens.
Durch das ständige Auf und Ab knackste es gleich wieder in meinen Ohren - in den Wochen davor waren es überwiegend flache Wege, da spürte ich nichts.
Ich kämpfe aktuell immer noch mit einer etwas verschleppten Innenohrentzündung und hoffe, die kommenden vielen sonnigen Tage würden zur Genesung beitragen.

Nach knapp 60km sind wir dann relativ entspannt in unserer Unterkunft angekommen und suchten nun noch eine Storage (Lagerhaus) für die Fahrräder.
Ab jetzt gibt es für mich erst mal 3 Tage Ruhepause - die ich mir auch redlich verdient hatte, nach 18 Tagen Radfahren.

Wir fanden in der „Blue Gray Self Storage" im Ort Sandston eine für unsere Zwecke gut geeignete und bezahlbare Lagerbox für unsere Fahrräder.
Ob diese sicher genug ist oder hinter dem Zaun wieder irgendwelches Diebespack lauert, wie vor einigen Jahren in Las Vegas, werden wir wohl erst in frühestens zwei Monaten feststellen.

Die Managerin der Storage, eine freundliche schwarze

Dame um die 60, war angesichts meiner/unserer Pläne ziemlich überrascht und begierig, mehr darüber zu erfahren.

Sie versicherte uns, ihr Lager wäre „safe" - ausserdem haben wir eine Versicherung abgeschlossen für den Fall der Fälle.

Wir bezahlten für zwei Monate und vereinbarten, dass wir die Fahrräder am kommenden Morgen bringen würden.

Danach machte ich mich zu Fuß zum nahegelegenen Richmond Airport auf, um unseren Leihwagen abzuholen, mit dem ich mein Frauchen nach Boston zum Flughafen bringen werde.

Diesmal hatten wir nicht bei Enterprise, sondern dem bedeutend renommierteren Anbieter Hertz gebucht - da sollte eigentlich alles passen.

Die Abholung klappte auch ganz flott und ich war schnell wieder bei meinem Frauchen im Hotel, die in der Zwischenzeit in der hoteleigenen Wäscherei unsere Kleidung wieder auf Vordermann gebracht hatte.

Der Rest des Tages verging wie im Flug und wir sanken recht bald erschöpft in unser Bett.

Fahrt nach Boston zum Flughafen und Ruhetage (24.- 26. Mai 2024)

Nach einem eher bescheidenen Frühstück - wie wir es halt von indischen Hotelpächtern oder -inhabern gewohnt sind - machten wir uns gleich frühmorgens auf den Weg und brachten unsere Fahrräder in die Storage. Als wir zurück gingen zu unserer Unterkunft, sahen wir einen Lidl Markt - den in Amerika zu finden, ist im Vergleich zum ALDI eher schwer.

Wir schauten uns ihn gleich einmal etwas näher an und tatsächlich, es gab Brote und Semmeln nach deutscher Rezeptur, genau das, was es bei uns in Deutschland auch gibt.

Und konnten es kaum glauben, das erste Mal, dass wir so eine Art Brot in den USA kaufen konnten.

Und es war wirklich Brot, das einfach nach Brot schmeckt und nicht nach zu weich gewaschenen Handtüchern oder lapprigem, weissem Toast oder dem ganzen anderen Zeug, das die Amerikaner als Brot bezeichnen.

Natürlich kauften wir uns gleich einen ganzen Laib und ich knabberte gleich noch im Geschäft an der ersten Scheibe.

Unsere Sachen waren danach recht bald verstaut und so machten wir uns auf den Weg ins rund 800km entfernte Boston in Massachusetts.

Vielleicht fragt sich zwischenzeitlich der eine oder andere Leser, warum wir die etwas komplizierte Variante mit der Fahrt nach Boston, vor allem durch so infrastrukturell verzwickte Ballungsgebiete wie Washington, DC oder Philadelphia und New York, wählten.

Die Antwort ist leicht und dennoch komplex.

Wir konnten bei der Planung der Tour ja noch nicht wissen, wie weit wir beide zusammen mit den neuen Fahrrädern kommen würden.

Da wir ganz im Süden Floridas begannen und mir eine Umrundung der Vereinigten Staaten vorschwebt, ist der nächste Abbiegepunkt nach Westen für mich irgendwo im Nordosten und wegen der einfachen Rückflugmöglichkeit für mein Frauchen (kurzer Direktflug) bot sich Boston an.

Vom Startpunkt in Florida bis Boston wären es allerdings rund 2400km gewesen.

Dass wir das nicht schaffen würden, in der uns zur Verfügung stehenden Zeitspanne zu zweit, war von vornherein ziemlich klar.

Um Boston mit dem Fahrrad zu erreichen, hätten wir täglich im Schnitt gut 140km fahren müssen.

Da hätte das Fahren viel weniger Spaß gemacht und wäre wohl eher zu einer Tortur geworden. Und das wollten wir uns beide nicht antun - vor allem ich aber meinem Frauchen nicht. Es war auch so anstrengend genug. Schliesslich haben wir in den gemeinsamen 18 Tagen stolze 1712km geschafft.

Ich finde, dass ist eine bemerkenswerte Leistung und ich bin glücklich, dass ich dies mit meinem Frauchen erleben durfte und voller Stolz, dass sie das mitgemacht und vor allem, klaglos durchgehalten hat.

Nun sind wir auf der Interstate 95 und fahren immer gen Norden, unserem ersten Zwischenstopp in Allentown, Pennsylvania entgegen.

Mein Frauchen braucht noch einen Koffer, also halten wir bei einem Walmart und schauen, was der so im Angebot hat. Sie kann ja schlecht mit ein paar Plastiktüten aus dem Supermarkt in den Flieger steigen und einen Koffer auf dem Fahrrad mitzuführen von Florida bis Richmond, wäre auch etwas schwierig geworden.

Die Strecke in den Norden zieht sich wie ein alter Kaugummi an der Schuhsohle und es war spät abends, als wir Allentown erreichten und ins Bett fielen, als hätten wir 150km auf dem Fahrrad absolviert.

Während der Fahrt begann auf einmal die hintere Bremse des Mietwagens zu schleifen, der Bremsbelag war abgeschliffen.

Es wurde immer schlimmer und ich kontaktierte den Autovermieter, um den Wagen zu reparieren oder umtauschen zu lassen.

Keiner reagierte. Ich versuchte es am Telefon und verbrauchte rund 60 Euro mit dem Anhören von Warteschleifenmusik, aber kein greifbares Ergebnis war in Sichtweite. Also sind wir ganz vorsichtig weitergefahren und haben es tatsächlich bis Boston geschafft und konnten dort anstandslos das Auto umtauschen.

Bei der Einfahrt ins Parkhaus von Hertz gab es gleich großes Geschrei, denn der Wagen gab Geräusche von sich wie ein alter Schleifstein.

Um es vorwegzunehmen: Ich habe mich danach noch einmal bei Hertz beschwert, wie man so etwas übersehen kann, denn schlechte Bremsen sind lebensgefährlich. Wissen Sie, was dabei rausgekommen ist? Nichts. Soviel zum Thema „Hoher Qualitätsstandard" bei Mietautos. Alles nur heisse Luft.

Und auch heute wieder die Frage: Wo ist Donald Trump? Ich hätte Deine Hilfe gebraucht, Du hättest ein Machtwort sprechen sollen. Auch hier ist einiges an Arbeit angesagt, lieber Mr. President. Lass nicht zu, dass Dein wundervolles Land durch zweifelhafte Südstaatenmentalitäten noch weiter heruntergezogen wird. Erinnere Dich an die Werte, die Zielstrebigkeit und die Neigung zur Perfektion Deiner Vorfahren. Nur so machst Du Amerika wieder groß.

Mein Frauchen wäre unter anderen Umständen vielleicht auch länger bei mir in den Vereinigten Staaten geblieben, aber sie wird daheim die Stellung halten und muss die bereits angesprochenen familiären Verpflichtungen wieder aufnehmen bzw. übernehmen.

Wenn ich meine Tour beendet habe, kommt sie allerdings zurück nach Florida und wir verbringen noch zwei entspannte Wochen am Strand.

Die Fahrt nach Boston hatte ich deshalb in drei Etappen geteilt, weil ich ursprünglich unterwegs in Washington, New York oder Boston selbst noch ein bisschen was anschauen wollte, doch der Verkehr war mal wieder eine Steigerung von schlimm und so waren wir jeden Abend froh, es überhaupt bis zum jeweiligen Hotel geschafft zu haben.

Der Tag des ersten richtig langen Abschieds von meinem Frauchen, die mir nun 22 Jahre durch jedes Tal und über jeden Berg und das ohne längere Trennung gefolgt war und die mir die letzten 18 Tage unerschrocken über Stock und Stein nachfuhr, war hart und jedesmal, wenn ich daran denke, schnürt es mir wieder die Kehle zu.
Ich dachte eigentlich, der Abschied würde leichter fallen und obwohl ich weiss, dass ich schnell sentimental werde, hatte ich nicht mit so viel Emotionen gerechnet. Ja, man kann sich auch mit Mitte 50 immer noch in sich selber täuschen.

Während der letzten Kilometer zum Flughafen sprachen wir nicht mehr viel. Über uns lag die unsichtbare Last der

bevorstehenden Trennung, die sich wie ein dunkler Schatten über all unsere zärtlichen Momente der vergangenen Jahre gelegt hatte. Die kurzen Blicke meiner Frau, erfüllt von Liebe und Sehnsucht, aber gleichzeitig auch von Sorgen und Angst, sprachen Bände.
Sie hielt während der letzten Meter meine Hand mit einer Intensität, als könne sie dadurch die Zeit aufhalten. Jeder Moment erschien kostbarer als der vorherige und unsere nicht ausgesprochenen Worte waren wie Juwelen, die in den Ozean der Erinnerung geworfen wurden, um dort für immer zu glänzen.

Als dann die Zeit des Abschieds kam, fand ich keine Worte mehr, nur stumme Tränen, die ich verzweifelt versuchte, zu verbergen.
Doch besser hätte ich meine Gefühle nicht ausdrücken können. Der Moment des Loslassens war eine Symphonie aus gebrochenem Herzen und wie ein Tanz zwischen Hoffnung und Verzweiflung. Mit einem letzten flüchtigen Kuss und dem Versprechen auf ein gesundes Wiedersehen trennten sich unsere Wege.
Hinter mir reihten sich schon mehrere Taxis auf und ich hatte leider keine Zeit mehr, lange über diese kostbaren und ergreifenden Momente nachzudenken.
Ein paar hundert Meter weiter kam ein etwas breiterer Randstreifen, da überkamen mich meine Gefühle und die Tränen flossen, wie bei einem kleinen Kind.

Mein Frauchen und ich haben schon immer eine ganz besondere Beziehung, die kein Außenstehender so richtig nachvollziehen kann.
Wir verständigen uns oft ohne Worte und haben teilweise

eine eigene Sprache, die vielleicht mitunter etwas kindlich wirkt, aber unser beider Herzen auf eine ganz besondere Weise berührt.

Wenn wir zum Beispiel an einem schönen Ort waren, in Verbindung mit einer kleinen Reise oder einem kurzen Ausflug und es regnet bei der Abfahrt, dann sagt mein Frauchen oft: „Schau, der Himmel weint, weil wir wegfahren müssen". Das ist genau die Sprache, die mich anspricht und mein Herz berührt.

Und abgesehen davon haben wir zwei in den letzten 22 Jahren soviel erlebt, wie manch andere in ihrem ganzen Leben nicht. Wochen und Monate voller Angst, Leid, Schmerz, Sorgen, Niedertracht, Glück, Freude und Anspannung - es war alles vertreten und das immer reichlich.

Wir haben schmerzvoll lernen müssen, wie es sich anfühlt, wenn man sich selbst von nahen Verwandten trennen muss, wenn die einem nicht gut tun.

Aber auch das gehört zu dem, was ich als Leben bezeichne.

In den Stunden nach unserer Trennung hallte die Stille des Abschieds weiter unaufhörlich durch meine Gedanken, während mein Herz wie ein verlorener Wanderer in der Wüste der Einsamkeit umherirrte. Während die Nacht hereinbrach und ich während der Fahrt Richtung Süden meinen Gedanken nachhing, fand ich Trost in der Erinnerung an die Liebe meines Lebens, die stark genug sein wird, um selbst die größte Entfernung zu überwinden.

Und so begann, ohne dass ich es anfangs bewusst wahrnahm, meine Reise durch die Tage der Trennung, getragen von der Gewissheit, dass unsere Liebe uns in wenigen Wochen oder Monaten wieder zusammenführen wird, unter dem Himmel Floridas, der keine Grenzen kennt.

<u>27. Mai 2024</u>

Nach drei Tagen Pause gibt es nun den Re-Start der großen Tour.

Da ich gestern von Boston nur bis Wilmington gefahren war, musste ich heute morgen die restlichen knapp 400km bis Richmond noch hinter mich bringen.

Leider war wieder überall Stau auf der Interstate 95 und das (oder gerade) weil heute Feiertag ist (Memorial Day). Die Rückgabe des Fahrzeuges am winzig kleinen Airport von Richmond verlief problemlos, der junge Mann hätte gar nicht gemerkt, dass es ein anderes Fahrzeug war, wenn ich ihn nicht darauf hingewiesen hätte.

Vom Airport zurück fuhr ich mit dem Stadtbus, der gerade mal einen Dollar gekostet hat. Da hätte ich vor 3 Tagen nicht zu Fuß 3km laufen müssen.

Aber mir schadet bisschen zusätzlicher Sport ja nicht (und auch deswegen sind wir ja schliesslich hier) - denn wie sagte meine Schwester vor einiger Zeit einmal sehr charmant zu mir: „Bruder, Du schaust aus wie eine Kugel".

Möglicherweise wäre zwar die rollende Fortbewegungsart um einiges effizienter, aber soweit lassen wir es lieber nicht kommen.

Kurz nach 13 Uhr war ich dann in der Storage und begann, mein kleines Hab und Gut, das mich auf die weitere Reise begleiten sollte, zu sortieren und in meine Satteltaschen zu packen. Trotz, dass wir gemeinsam schon gut vor - und aussortiert hatten, waren meine Satteltaschen schwer wie Blei.

Ich schätze mal das Gesamtgewicht vom Gepäck auf 35kg. Mein Fahrrad sah aus, wie ein Packesel.

Das ganze Einräumen dauerte einige Zeit und umziehen musste ich mich auch noch, daher wurde es nach 14 Uhr, bis ich mit meinem Fahrrad von der Storage starten konnte.
Irgendwie war ich noch nicht so recht in Stimmung.
Der Abschied gestern und das Wissen um die längste Trennung von meinem geliebten Frauchen hing mir immer noch schwer auf der Seele, gerade erst hatte ich noch 400km stressige Autobahnfahrt hinter mir und nun sollte ich mich innerhalb kürzester Zeit fokussieren auf die nächste, die eigentliche Aufgabe, die ich mir selbst gestellt hatte und die es unfallfrei galt, durchzuführen.
Als ich dann unendlich lange Minuten später mit meinem Schwerlastrad an den langen Reihen der einzelnen Lager vorbei und zum Torcodekasten fuhr, war ich immer noch nicht richtig in meiner neuen, vielleicht 2 oder 3 Monate andauernden, Welt angekommen.
Aber nun ist es, wie es ist - kein Jammern bitte und auf geht's. Je schneller ich meine Traumtour „abarbeite", desto eher liege ich wieder mit meinem Frauchen am Strand in Florida.

Die Strecke nach Fredericksburg, anfangs auf der US 1, war wie ein Waschbrett: 100 kleine Wellen hoch und wieder runter. Zum Glück mit gutem Rückenwind.

Es gibt nicht sonderlich viel zu berichten über diese Etappe, viele kleine Farmen am Wegesrand, abartig viel Verkehr auf dem Highway, aber es ging alles gut, ich hatte keine Probleme.

Fredericksburg liegt ungefähr in der Mitte zwischen Richmond, Virginia und Washington, DC.

Die Kleinstadt hat etwa 28.000 Einwohner und einen großen historischen Hintergrund, denn das Schlachtfeld von Fredericksburg war Schauplatz einer der blutigsten Schlachten des Bürgerkriegs, bei der Tausende Soldaten starben.

Heute ist die Stadt eine Art Mekka für Geschichtsinteressierte, die das ehemalige Schlachtfeld besuchen und die reiche Geschichte der Region erkunden möchten.

Der Name Fredericksburg ehrt übrigens den deutschen Prinzen Friedrich von Preußen, der im 18. Jahrhundert einen großen Einfluss auf die amerikanische Unabhängigkeitsbewegung hatte.

Obwohl es nur ungefähr 100km waren bis zu meinem Etappenziel, brauchte ich inklusive Pausen rund 5 Stunden und kam erst gegen 19:30 Uhr im Days Inn in Fredericksburg an.

Mein Fahrrad hat gut durchgehalten, es war zwar bedeutend schwieriger zu fahren, als auf den Etappen mit meinem Frauchen, aber auch daran muss ich mich gewöhnen und vielleicht kann ich das Gepäck ja noch um den einen oder anderen Gegenstand reduzieren.

28. Mai 2024

Guten Morgen lieber Leser,
die Nacht im Days Inn Fredericksburg ist vorüber, aber sie war nicht sehr erholsam - ich tüftelte die ganze Zeit immer noch an allen möglichen Optionen, was beispielsweise Gepäck und Streckenführung anbelangte. Entsprechend erschlagen war ich dann, als die ersten Sonnenstrahlen durch die Gardinen lugten.
Kurze Nächte sind leider so ganz und gar nicht das Meine.
Zum Thema Streckenführung hatte ich mir gedacht, den ganz nordöstlichen Zipfel der Vereinigten Staaten wegzulassen.
Eine komplette Umrundung war zwar geplant, aber natürlich nicht zu 100% genau an den Aussengrenzen, denn das war geographisch schon gar nicht möglich, denke man nur mal an die großen Seen - oder soll ich zum Beispiel vier der fünf großen Seen (bis auf den Lake Michigan), die zur Hälfte in Kanada liegen, mit einem Ruderboot überqueren?
Ich bin mir sicher, keiner der Leser dieses Buches oder der Homepage, wird mir solche Entscheidungen übelnehmen. Und wenn doch, dann schreiben Sie mir all Ihre Gedanken zu diesem Thema und ich werde mich sehr gerne mit Ihnen austauschen.

Das Frühstück in einem Days Inn besteht eigentlich nur aus Kaffee und - mit etwas Glück - Müsli oder dem sogenannten Quäker-Meal, das sind verschiedenartig vorbereitete Haferflockenmahlzeiten, die man wie ein Müsli essen kann, kalt oder warm. Es gibt mehrere Geschmacksrichtungen, süss oder leicht salzig und mit Zimt oder Apfelstückchen.

Die Quäker-Meals haben eine sehr lange Geschichte und sind eine etablierte Marke in den USA, was Vertrauen bei den Verbrauchern schafft.

Wussten Sie eigentlich, dass die Quäker, auch bekannt als religiöse Gesellschaft der Freunde, im 17. Jahrhundert in England als christliche Glaubensgemeinschaft entstanden?

Und wussten Sie, dass sie strikt formelle Rituale und Gottesdienste ablehnen und stattdessen an die direkte Kommunikation mit Gott durch Stille und innere Erfahrung glauben?

Die Quäker sind absolut pazifistisch, sie betonen soziale Gerechtigkeit, Gewaltlosigkeit und Gleichberechtigung aller Menschen, unabhängig von Rasse, Religion oder Geschlecht.

Und sie sind in der Regel in die moderne Gesellschaft integriert und leben nicht - so wie die Amish People - in abgeschlossenen Gemeinschaften.

Mein Quäker-Meal mit Apfelstückchen als heutiges Frühstück war hervorragend - da kenne ich mich bestens aus, denn ich bin ja mit Haferflocken groß geworden und hätte anhand der Mengen, die ich in meinen ersten 15 Lebensjahren vorgesetzt bekam, auch gut und gerne ein Pferd werden können und stieg mit diesen Gedanken auf mein zweirädriges Pferdchen.

Es war ein heisser Morgen hier im Westen Virginias, anfangs ging es genauso wellenartig weiter, wie es gestern aufgehört hat. Einziger Unterschied: Der Wind kam heute von vorn und der war nicht ohne (mit Spitzen bis 40kmh).

Nach ungefähr einem Drittel der Strecke sah man in der Ferne das erste Mal die Appalachen und schon änderte sich das Streckenprofil - aus den kurzen Wellen wurden längere Rampen, die mich und das Fahrrad gleichermaßen zum Schwitzen brachten.

Falls Ihnen, lieber Leser, zu den Appalachen gerade nichts einfällt, lassen Sie mich kurz etwas dazu sagen: Die Appalachen sind ein beeindruckendes Gebirgssystem in Nordamerika, das sich über rund 2400 Kilometern erstreckt und dabei etwa 20% des östlichen Kontinents bedeckt.
Der Gebirgszug reicht von Neufundland in Kanada bis nach Alabama in den USA und ist einer der ältesten Gebirge dieser Erde (480 Millionen Jahre alt). Eines der Merkmale sind die dichten Wälder, die bis in die größten Höhen hinaufreichen sowie die spektakulären Schluchten und vielen sanften Hügel.
Die größte Höhe erreichen sie mit dem Mount Mitchell und 2.037m.
Bemerkenswert sind noch die sehr vielen Steinkohlevorkommen und die Art, wie diese abgebaut werden.
Denn die Kohle wird nicht wie in anderen Lagerstätten der Welt untertage gewonnen, sondern hier werden die Bergkuppen, unter denen sich die Steinkohle befindet,

weggesprengt und abgetragen, um dann die Steinkohle im Tagebau zu gewinnen. Insgesamt spricht man von mehr als 450 Bergkuppen, die auf diese Weise abgetragen wurden und somit eine gravierende Veränderung der Landschaft bewirkten.

Desweiteren sind die Appalachen natürlich auch immens bekannt durch den Fernwanderweg „Appalachian Trail", der sich am Verlauf dieses Gebirges orientiert und der auf seinen rund 3500km Wegstrecke nicht nur ein physisches Abenteuer darstellt, sondern auch reichlich Möglichkeiten zur Selbstreflexion und dem Eintauchen in die Natur bietet.

Nach dem Überqueren des sicherlich allseits bekannten Shenandoah Rivers hätte man sich auch gut und gerne im Bayerischen Wald wähnen können, wären da nicht die Trucks mit den langen Schnauzen gewesen, die mit 120kmh an einem vorbeirauschten.

Kurz vorm Hotel fuhr ich durch Winchester, ein altes, in englischem Touch angehauchtes, Städtchen mit vielen klitzekleinen Häuschen und einer langen und interessanten Geschichte.
Ich möchte Sie allerdings nicht mit endlosen Details langweilen, daher nur ein - meiner Meinung nach - bemerkenswerter Fakt zu diesem Ort: während des amerikanischen Bürgerkrieges (1861-1865) lag Winchester im umkämpftesten Gebiet und wechselte innerhalb dieser Kämpfe 72 Mal den Besitzer.

Ich für meinen Teil wechsle heute höchstens noch meine

Unterwäsche und nach knapp 130km in diesem welligen Gelände war ich froh, nicht mehr weiterfahren zu müssen...

<u>29. Mai 2024</u>

Die Nacht in Winchester war etwas unangenehm, es wurde in den frühen Morgenstunden mal richtig kalt, ich wollte mir eine Decke aus dem Schrank holen, aber es war keine da.
Daher freute ich mich auf einen heissen Kaffee und ein kleines Frühstück - denn auf den Bildern, die im Internet auf der offiziellen Webseite dieses Hotels zu sehen waren, sollte es schon etwas mehr geben, als nur Müsli.
Die Ernüchterung kam alsbald, denn es gab nichts. Eine Kanne Kaffee stand zwar da, aber die war leer.
Es war um 7 Uhr morgens und kein Kaffee mehr da - aber die Putzkolonne rollte mit ihren Wagen bereits in den Gängen umher und klopfte laut an jede Tür.
Das ist ein unmögliches Geschäftsgebaren und sollte bestraft werden.
Aber wen wundert das eigentlich - denn wollen Sie wissen, wer vorne in der Lobby hinterm Tresen saß? Ein kleines Menschlein mit tiefschwarzen Haaren, dunklen Augen und einem roten Punkt mitten auf der Stirn. Noch Fragen?

Der heutige Radltag begann stark windig (natürlich von vorn) und auf regennassen Strassen.

Nach einigen Kilometern waren überall Obstplantagen zu sehen und die Farmen wurden etwas größer. Je weiter ich

Richtung Nordwesten fuhr, desto wärmer wurde es zum Glück und der Wind legte sich nach und nach auch.
Die Sonne wärmte mir den Rücken, da machte die Fahrt richtig Spass.
Aus den vielen kleinen Hügeln von gestern wurden noch mehr kleine Hügel, die allerdings zu immer längeren Rampen und, wie bei einer Skisprungschanze, nach oben hin immer steiler wurden.

Ich hatte heute zum wiederholten Male das Gefühl, als würde der Motor von meinem Fahrrad nicht kontinuierlich Leistung abgeben.
Meistens, wenn es leicht, aber lang bergauf ging.
Das war schon ein paarmal der Fall und ich hatte eigentlich auf den Akku getippt.
Denn nach einem Akkutausch war das zumeist etwas besser, so zumindest mein subjektives Gefühl.

Die steilen Skisprungschanzen gefielen meinem Fahrrad immer weniger.
Am Anfang fuhr ich noch jedesmal fröhlich mit rund 30kmh in den Berg hinein, aber je weiter es nach oben ging, umso langsamer wurde das Fahrrad, egal, wie stark ich mittrat.
Der Motor machte inzwischen den Eindruck, als wäre er völlig überlastet. Wenn ich es dann über die jeweilige Kuppe geschafft hatte, ging es wieder einigermaßen. Bis zum nächsten Berg.

Und auf einmal war das Display rot. Anzeige: Fehler E26 – Overheat Protection (Überhitzungsschutz) und der Motor war aus.

Und das an einem richtig steilen Stück.

Da hilft wohl nur eine kleine Pause, denn meist kühlen Elektromotoren recht schnell ab und verrichten dann wieder ihren Dienst.

Nach einer Viertelstunde des Wartens probierte ich es wieder und siehe da, das Fahrrad war wieder bereit und schnurrte nur so vor sich hin.

Leider aber wieder nur bis zum nächsten Berg.

Und immer das gleiche Spiel. Anhalten, warten, weiterfahren.

Das Ganze wiederholte sich in immer kürzeren Abständen. Also machte ich mal eine etwas längere Pause, denn auch die Aussentemperatur lag bei annähernd 30 Grad und tat ein Übriges dazu, um das Problem noch zu verschärfen.

Nach einiger Zeit kam die Grenze zu West Virginia und etwas später dann die zu Maryland. Die Hügel nahmen kein Ende.

War ja auch irgendwie logisch, denn ich befand mich inzwischen inmitten der Appalachen, die an dieser Stelle rund 450km breit sind.

Ich fuhr bis zum Ort Cumberland immer auf der US51 Richtung Nordwesten und ab dem Ort Frostburg auf der US40 Alt.

Kurz hinter Cumberland begann ein sehr langer Anstieg mit ungefähr 12km, auf dem ich 8x stehen bleiben musste.

Die Unterbrechungen kamen in immer kürzeren Abständen, nur zeigte das Display nicht mehr nur E26, sondern auch noch E30 (Kommunikationsfehler) an.

Ich quälte mich weiter den ewig langen Berg hinauf, machte in Frostburg noch einmal eine etwas längere Pause und kurz nach dem Ort (es ging natürlich wieder permanent bergauf) dann der Supergau: Motor komplett tot von meinem Fahrrad und keine Anzeige mehr auf dem Display, es liess sich auch gar nicht mehr einschalten.

Laut google.maps waren es noch 6,9 Meilen bis Grantsville, dem Ort mit der nächsten Übernachtungsmöglichkeit - also rund 11km. Und das Streckenprofil sah aus wie ein Sägeblatt.
Ich wollte bei diesem Hotel anrufen und um Hilfe bitten, es ging aber keiner ans Telefon.

Also fasste ich mir ein Herz und wollte jemand mit einem Pickup, der auch mein Fahrrad hätte transportieren können, anhalten, aber es kamen kaum Autos vorbei und wenn, dann war es kein Pickup.
Was also tun?
Wie immer hilft in solchen Situationen nur die Flucht nach vorn, was in meinem Fall bedeutete: Wer sein Fahrrad liebt, der schiebt.
Die ungefähr 10 fiesen Rampen auf den folgenden 11km schob ich das schwere Fahrrad unter Aufbietung aller Kräfte hinauf - zumindest konnte ich auf der anderen Seite dieser Rampen wieder hinunterrollen. Während ich die Hügel hinaufschob, kamen auch immer wieder mal ein paar Hunde aus den Grundstücken gerannt, aber ich muss wohl so grimmig ausgeschaut haben, dass die bei meinem Anblick gleich wieder kehrt gemacht haben.

Kurz vor dem einzigen Hotel in Grantsville kam noch einmal ein Berg, da war ich richtig verzweifelt.

Ich konnte das Rad einfach nicht mehr schieben, meine Beine zitterten, ich hatte Krämpfe im Rücken und ich war von oben bis unten schweißüberströmt.

Man darf nicht vergessen, allein das Fahrrad wiegt ungefähr 30kg, dann etwa 35kg Gepäck und eine Gallone Wasser hatte ich auch noch gekauft, da muss man schon ordentlich schieben.

Normalerweise wären die 11km mit den (ich habe nachgerechnet) gut 700 Höhenmetern als normale Wanderung ohne Last schon anstrengend genug gewesen.

Irgendwann bin ich dann doch angekommen im Casselman Inn, so hiess das urige Hotel, und stand tropfend vor Schweiß in der Lobby und bat um ein Zimmer.

Das bekam ich zum Glück auch und nachdem ich meinen zweirädrigen Patienten ins Zimmer geschoben, mich lange unter die Dusche gestellt hatte, habe ich erstmal ein halbes Stündlein geschlafen.

Die 137km heute mit ihren fast 2600 Höhenmetern waren anstrengender, als jede Radtour zuvor, die ich in meinem Leben gemacht hatte, Ötztaler Radmarathon eingeschlossen.

Nach meiner kurzen Ruhepause überlegte ich, was ich tun könne, damit die Tour nicht hier in Grantsville, Maryland zuende ist.

Denn der Ort Grantsville ist sehr überschaubar, es gibt

nur ein Hotel, einen Generali, eine Tankstelle und ein paar Dutzend Häuser.

Das einzige, was mir irgendwie Hoffnung machte: Fast alle Einwohner in Grantsville und der Umgebung hatten deutsche Vorfahren.

Vielleicht ein sehr naiver Gedanke, aber in diesem Moment machte er mir etwas Mut.

Zusammen mit meinem Frauchen versuchte ich an diesem Abend noch alle Optionen auszuloten, damit mein Fahrrad schnell wieder auf die Straße kommt. Da in Florida die gleiche Uhrzeit war, wie hier, hab ich zuerst unseren Händler angeschrieben, ihm die Situation erklärt und versucht, deutlich zu machen, dass so etwas bei einem nagelneuen Fahrrad nicht vorkommen dürfte, verbunden natürlich mit der höflichen Bitte, mir zu helfen.

Er schrieb auch umgehend zurück, wenn ich mein Fahrrad zu ihm bringen könne, wäre das Problem schnell beseitigt. So ein Witzbold!

Er wusste genau, dass ich über 2000km entfernt bin und in der Pampa festsitze.

Also recherchierte ich selbst weiter und stellte über die Homepage des Herstellers fest, dass in ungefähr 45km Entfernung eine Werkstatt existiert, die auch Fahrräder der Marke Aventon verkauft und repariert.

Ich schrieb diesen auch gleich an und fragte, ob er eine Möglichkeit sähe, das Fahrrad abzuholen.

<u>30. - 31. Mai 2024 Zwangspause in Grantsville, MD</u>

Am kommenden Morgen schaute ich gleich meine Emails

an, aber es hatte sich noch nichts getan. Auch der Hersteller Aventon liess sich Zeit mit seiner Antwort, obwohl sein Stammsitz in Kalifornien in der Zeit noch mal drei Stunden zurückliegt und es gestern Abend bei meinem Kontakt dort erst halb 5 war.

Dafür zeigte sich mein Händler in Florida bemüht und schickte mir ebenfalls die Adresse der Werkstatt, die 45km entfernt lag und die ich bereits selbst angeschrieben hatte.
Er machte mich zudem darauf aufmerksam, dass es sehr wichtig sei, einen sogenannten „Warranty Case" - also Garantiefall bei Aventon zu eröffnen, damit die entstehenden Kosten auch getragen werden.

Da es nicht den Anschein hatte, dass eine rasche Lösung um die Ecke kam, musste ich zuerst jedoch mein Hotel um (vorerst) eine Nacht verlängern.
Ich ging zum Hauptgebäude (die Motelzimmer waren in einem Nebengebäude etwas abseits) und klingelte an der Rezeption.
Eine ältere Dame um die 80 in einem langen schwarzen Kleid, mit weissem Schurz und weissem Häubchen, kam aus der Küche.
Ich bat sie, mein Zimmer um vorerst eine Nacht verlängern zu dürfen.
Sie wollte meinen Ausweis sehen und sprach auf einmal deutsch mit mir.
Johanna war ihr Name, sie gehörte zu den Amish People und ihre Eltern waren in der Zeit des zweiten Weltkrieges hierher ausgewandert.
Sie sprach das sogenannte „Pennsylvania Dutch", das war

eine Mischung aus Pfälzisch und Hochdeutsch. Ihre bescheiden-zurückhaltende, aber hilfsbereite Art, machte Eindruck bei mir. Selbstverständlich verlängerte sie meinen Aufenthalt und wünschte mir noch alles Gute.

Ich kannte die Amish People bislang nur aus dem Fernsehen und konnte mir nicht wirklich vorstellen, dass sie immer noch so leben, wie vor 150 Jahren.
Erst als ich einige Stunden später sah, wie sie von einem Mann um die 50 - vielleicht ihrem Sohn - mit einem einspännigen, offenen Pferdewagen abgeholt wurde, dämmerte es mir. Solche Menschen gibt es wirklich.

Obwohl die Amish People - im Gegensatz zu den Quäkern - hauptsächlich aus dem deutschsprachigen Raum und der protestantischen Tradition entstammen und bereits vor über 250 Jahren begannen, große Teile vom jetzigen Pennsylvania zu besiedeln, grenzen sie sich strikt von der modernen Welt ab und leben in größeren Gemeinschaften, die meist handwerklich oder landwirtschaftlich geprägt sind.
Sie glauben an eine einfache Lebensweise, trennen sich von moderner Technologie - sofern diese überhaupt schon bei ihnen Einzug gehalten hat - und bevorzugen traditionelle Werte und Bräuche. Ihr starker Zusammenhalt und Gemeinschaftssinn ist einzigartig.
Ein wenig gedankenverloren ging ich zurück in mein Zimmer. Ich hätte gerne mehr erfahren über diese Menschen, doch mir fehlte schlichtweg die Zeit und der Mut, mir diese zu nehmen.
Ausserdem glaube ich nicht, dass sie innerhalb ihrer eigenen Gemeinschaft einen völlig Fremden willkommen

geheissen hätten.

Kurz darauf meldete sich auch die andere Werkstatt. Das war der Rockwood Bikeshop und der Inhaber, Mr. Lynn Sanner, schrieb, dass ich selbstverständlich mein Fahrrad bringen dürfe, er selbst aber keine Möglichkeit sähe, es zu holen.
Naja, zumindest ein kleiner Lichtblick. Auf meine Nachfrage, ob er auch das mit dem „Warranty Case" erledigen würde, schrieb er: „natürlich".
Jetzt hiess es als nächstes, zu überlegen, auf welchem Wege das Fahrrad zu ihm käme.

Eine Option war, ohne jegliches Gepäck mit dem Fahrrad selbst dorthin zu fahren, was ich aber sogleich wieder verwarf, als ich sah, dass auf der 45km langen Strecke auch wieder 1000 Höhenmeter zu bewältigen waren.
Es gibt weder öffentliche Verkehrsmittel in Grantsville, noch Taxi oder Uber oder ähnliches. Die nächste Autovermietung war in Cumberland, MD - also wieder rund 27 Meilen zurück. Dorthin mit dem Fahrrad, selbst ohne Gepäck wäre möglich, aber auch da hätte ich rund 850 Höhenmeter bewältigen müssen.
Da blieb nichts anderes übrig, als jemanden zu fragen. Ich ging als erstes noch einmal zur Rezeption meines Hotels, aber Johanna war gerade nicht zu sprechen. Die andere Dame, ebenfalls offensichtlich den Amish angehörend, gab mir zu verstehen, dass es schwer werde, hier jemanden zu finden und ob nicht die Autovermietungen den Wagen bringen würden.
Ja, diese Möglichkeit besteht durchaus, allerdings nur in Großstädten oder Ballungsgebieten, wo die

Autovermieter mit kleinem Aufwand eine „schnelle Mark"
verdienen können.
Ein wenig bedrückt ging ich durch den Ort. Ich fragte im
Generali, aber auch da konnte niemand helfen, dann in
der Tankstelle und zuletzt in der Bank. Keine wusste etwas
oder keiner wollte etwas wissen.

Noch ein wenig mehr bedrückter ging ich gerade am
Hauptgebäude des Motels vorbei, als ein älterer Mann
auf mich zukam.
Er wäre im Restaurant beim Altennachmittag gewesen
und hätte von dem Deutschen gehört, der Hilfe bräuchte.
Er könne mich fahren, aber ich müsse morgen um 7 Uhr
draussen stehen. Ich fragte ihn, was es kosten würde bis
Cumberland. 1 Dollar pro Meile, so seine Antwort.

Mir fiel ein halber Berggipfel vom Herzen. Super, das
machen wir, fest zugesagt!

Jetzt erst fiel mir auf, dass es bereits nach dem Mittag war
und ich noch gar nichts gegessen hatte, denn Frühstück
wurde im Casselman Inn nicht angeboten.
Also stiefelte ich noch einmal zum Generali und kaufte
mir ein paar Müsliriegel und etwas zum Trinken. Mit ein
paar Emails, dem Weiterschreiben von diesem Buch hier
und einem langen Telefonat mit meinem Frauchen liess
ich dann den Tag ausklingen.

31. Mai 2024 – verlängerte Zwangspause in Grantsville,
MD

Der ältere Herr ist super pünktlich und ich steige um 7

Uhr morgens in seinen Minivan. Draussen scheint die Sonne, aber es ist bitterkalt, die Wiesen im Schatten sind weiss, voller Raureif.

Auch er spricht Pennsylvania Dutch, allerdings bei weitem nicht so gut, wie die Johanna von gestern. Aber wir verstehen uns auf jeden Fall.

Er erzählt von seinem Bruder, der letztes Jahr verstorben ist und dessen Frau, einer gebürtigen Deutschen, namens Ruth. Er selbst hat in vier Wochen Geburtstag und würde 90.

Die meiste Zeit sei er im Auto und fahre die „Amish People" von A nach B.

Er fährt recht flott und seine Hände zittern stark - die ersten schlimmen Anzeichen von Parkinson sind deutlich erkennbar, was bei mir als Beifahrer immer dazu führt, dass ich hinterher entweder schweißgebadet aus dem Auto flüchte oder Türgriff und Halteschlaufe über der Tür doppelt so lang sind als vorher.

Als wir beim Autovermieter ankommen, ist der Abschied trotzdem herzlich, als würden wir uns 20 Jahre kennen und er nimmt nur 25 Dollar, obwohl er wegen einer Baustelle über 30 Meilen fahren musste. Er sagte: „Davier kennscht Du jo nischts" und brauste wieder davon, denn um die Amish People Frau abzuholen, die zum Zahnarzt nach Frostburg musste, war er eh viel zu spät.

Die Dame in der Hertz Autovermietung Cumberland ist wohl noch nicht richtig wach, denn sie hat Probleme, meine - wiederum vorausbezahlte - Reservierung aufzurufen und mit den ihr vorliegenden Daten abzugleichen.

Sie nimmt meinen Führerschein und dreht ihn hundert

Mal um, nimmt ihr Handy und beginnt zu googeln. Ganz vorsichtig frage ich - von Enterprise noch gebrandmarkt - ob ich helfen kann.

Total erleichtert schaut sie mich an und fragt, ob das ein deutscher Führerschein ist und wo man das Ablaufdatum sehen kann, denn das braucht sie, sonst geht das Formular auf Error.

Aha, denke ich mir, gut zu wissen. Ich erkläre ihr, so gut ich kann, dass mein deutscher Führerschein kein Ablaufdatum hat, nur die Berechtigung, größere LKW zu fahren, ist mit meinem 50. Geburtstag erloschen, denn ich habe die dafür notwendigen Nachprüfungen nicht mehr gemacht.

Dass ich irgendwann in den nächsten Jahren meinen Führerschein umtauschen muss und dieser dann wohl auch ein 15-jähriges Ablaufdatum bekommt, sage ich lieber nicht, sonst verwirre ich sie noch gänzlich.

Eine halbe Stunde später sitze ich in einem frisch gewaschenen GMC - SUV und fahre genau die gleiche Strecke, die ich vorgestern Abend mit dem Fahrrad zurückgelegt hatte.

Ich erinnere mich noch gut an den armen Maulbeerbaum, den ich angebrüllt hatte, weil genau darunter mein Fahrrad ausging und ich beim Absteigen nicht gesehen hatte, dass der Boden übersät war mit reifen Maulbeeren, die übrigens unseren Brombeeren sehr ähnlich sehen, nur etwa doppelt so lang sind.

Erst als ich unter diesem Baum stand, sah ich mein Beine, die voller blauschwarzer Spritzer waren durch die vielen reifen Maulbeeren, die ich in den Stunden davor überfahren hatte.

Und das Unterrohr von meinem Fahrrad sah aus, als hätte es jemand mit blauschwarzem Spritzbeton beworfen.

Natürlich trifft den armen Maulbeerbaum keine Schuld - aber hätte er nicht einfach irgendwo anders stehen und seine Beeren abwerfen können?

Die 27 Meilen bis nach Grantsville sind vorüber in Nullkommanix und schon habe ich mein Fahrrad im Kofferraum und das Gepäck eingeladen. Bin gespannt, was Mr. Lynn Sanner vom Rockwood Bikeshop herausfindet.

Die Fahrt dorthin ist wirklich hoch interessant, denn ich fahre voll durch die Amish-Siedlungen.

Kein Haus hat einen Stromanschluss und so wie bei uns die Autos vor den Häusern oder Garagen stehen, sieht man dort die Kutschen oder Pferdewagen stehen.

Aber ausnahmslos jedes Haus ist sehr gepflegt, vom untersten Fundamentstein bis zur obersten Dachspitze. Es liegt kein Müll herum (wie in Amerika sonst oft üblich), auch die Nebengebäude sind wirklich top in Schuss und überall Wäscheleinen mit Kleidern, Tüchern und Latzhosen, so wie es bei uns vor 50 Jahren üblich war.

Die Männer mit ihren Hüten und den 50 Zentimeter langen Bärten arbeiten auf den Feldern oder an den Häusern.

Ich habe gelesen, dass die größeren Gemeinschaften völlig autarke Selbstversorger sind. Jeder Mann hat einen anderen Beruf oder ein anderes Talent und so hilft man sich gegenseitig, ohne dafür zu bezahlen.

Wer zum Beispiel Schreiner ist und bei seinem Nachbarn die Haustüre repariert, bekommt als Lohn dafür einen

Krug voll Milch, ein frisch geschlachtetes Huhn und 12 Eier. Bemerkenswert.

Und auf den Straßen sieht man keine schwarzen Spuren von Autoreifen - nein, die Straßen sind übersät von schmalen Längsrillen, welche die stahlbereiften Wagenräder der Pferdegespanne bei den heissen Sommertemperaturen in den Asphalt gegraben haben.

Kennen Sie eigentlich die Geschichte von Sarah Schmitt? Sarah Schmitt war eine junge Frau, die um das Jahr 1880 im ländlichen Pennsylvania in einer kleinen Amish-Gemeinde lebte und stark von unerschütterlichem Glauben an Gott und dem Mitgefühl für andere geprägt war. Sie war erst 23 Jahre alt und da ihre Mutter vor einigen Jahren verstorben war, führte sie an ihrer Stelle das bescheidene Leben des weiblichen Familienoberhauptes, getragen von den Werten ihrer Gemeinschaft, die sich der Einfachheit und Tradition verpflichtet fühlten. Sie zog ihre drei kleineren Geschwister groß und kümmerte sich um den Haushalt. Keine Aufgabe war ihr zu schwer, denn die Liebe zu ihrer Familie liess sie jede schwere Stunde überstehen. Eines Tages wurde auch ihr Vater schwerkrank und so wie es ausschaute, blieb ihm nicht mehr viel Zeit. Obwohl es gegen die Glaubensprinzipien der Amish war, beschloss sie, die moderne Medizin zu konsultieren, um ihm zu helfen.
In einem großen emotionalen Konflikt, getragen von der Liebe zu ihrer Familie und der Güte ihres Herzens, brach sie mit ihrer Gemeinschaft, um die lebensrettende Behandlung ihres Vaters zu ermöglichen.

Trotz des Bruches mit den Amish-Peoples fand Sarah Trost und Unterstützung bei ihrer Familie und den Menschen ausserhalb der Amish-Kultur, die ihr halfen, für das Leben ihres Vaters zu kämpfen.

Letztendlich überlebte der Vater dank der modernen Medizin und Sarah erkannte, dass Liebe und Mitgefühl keine Grenzen kennen.

Obwohl sie nie wieder in ihre ursprüngliche Gemeinde zurückkehrte, fand sie Frieden in ihrem Herzen, wissend, dass sie das Richtige getan hatte, um die Person, die sie über alles liebte, zu retten.

Einige Zeit später wurde auch Sarah krank und sie starb trotz aller Bemühungen der modernen Medizin. Ihre letzten Worte richtete sie an ihren Vater und sagte ihm, dass sie davon überzeugt wäre, nur aus einem Grund auf der Welt gewesen zu sein und zwar, um ihm mit ihrer Entscheidung das Leben zu retten.

Vor lauter Schauen und Nachdenken wäre ich fast am Rockwood Bikeshop vorbeigefahren.

Mr. Sanner nahm sich sofort Zeit für mein Fahrrad, testete dies und das und probierte einiges aus.

Nach einiger Zeit, die Feststellung, dass der Controller mit der Steuerplatine defekt war und nebenbei das Display auch noch „umgebracht" hatte.

Er müsse erst mit Aventon klären, wie lange die Lieferzeit sei und auf welchem Wege ich am schnellsten wieder zu meinem Fahrrad käme. Könnte aber einige Zeit dauern.

Das war für mich allerdings kein Problem, denn mein Frauchen von der bayerischen Basisstation hatte den

Mietwagen so gebucht, dass ich ihn im etwa 85 Meilen entfernten Pittsburgh am Airport abgeben konnte. Und ein Motel ganz in der Nähe des Airports, um schnell reagieren zu können, wenn notwendig.

Lynn Sanner versprach, sich so schnell wie möglich zu melden und so trennten sich vorerst unsere Wege und ich begab mich auf den Weg nach Pittsburgh und bezog ein Zimmer im wohl schäbigsten Motel der ganzen Stadt. Heruntergekommen, stinkend und draussen am Gebäude lungerten ständig irgendwelche dubiosen Typen rum. Mein Zimmer und das Bad waren so dreckig, dass sogar die Kakerlaken mit FFP3-Masken herumliefen.
Kein Witz.

1.-3. Juni 2024: Zwangspause in Pittsburgh, PA

Ich verbrachte die Tage in Pittsburgh zumeist im Motel - nur ab und zu ging ich kurz an die frische Luft, um etwas Sauerstoff in meine Lungen zu bekommen.

Es war in Bezug auf dieses Büchlein hier genug aufgelaufen, das bearbeitet werden wollte. Mein Frauchen hatte während unserer 18-tägigen gemeinsamen Reise immer am Abend die Erlebnisse des Tages zusammengetragen und ich brachte sie nun in die Endform und -fassung und zu Papier.

Pittsburgh war übrigens im 19. und frühen 20. Jahrhundert ein Zentrum der Stahlindustrie. Für mich ganz besonders interessant, komme ich doch aus der gleichen Branche.

Die Stadt war bekannt für die zahlreichen Stahlwerke und Bergbauunternehmen, die als Gründung für die damalige wirtschaftliche Blüte angesehen werden können.

Die deutschen Einwanderungswellen spielten eine große Rolle bei der Entwicklung der Stahlindustrie in Pittsburgh. Viele deutsche Ingenieure, Techniker und Unternehmer brachten ihr Fachwissen und ihre Erfahrung mit und trugen zu einer explosionsartigen technologischen Weiterentwicklung bei.

Mit dabei waren auch deutsche Großindustrielle wie die Krupps, die eng mit der Entwicklung der amerikanischen Stahlindustrie verbunden waren und in amerikanische Unternehmen investierten oder gar eigene Tochtergesellschaften vor Ort gründeten.

Die Technik und die Methoden der deutschen Stahlproduktion beeinflussten die amerikanische Industrie nachhaltig.

Der Austausch von Know-how zwischen den deutschen und amerikanischen Ingenieuren trug maßgeblich zur Effizienzsteigerung bei und führte zu einer rasenden Entwicklung neuer Produktionsverfahren.

Die Stahlindustrie von Pittsburgh war auch für die Modernisierung der Infrastruktur der gesamten Vereinigten Staaten entscheidend - Stahl aus Pittsburgh wurde landesweit für den Bau von Eisenbahnen, Brücken, Wolkenkratzern und anderen wichtigen Strukturen verwendet.

Im Laufe der zweiten Hälfte 20. Jahrhunderts erlebte die Stahlindustrie jedoch einen Niedergang, der auch den fehlenden Impulsen aus Deutschland als Nachwirkung des zweiten Weltkrieges zugeschrieben wird sowie durch technologische Veränderungen, mangelnde Investitionsbereitschaft und internationale Konkurrenz. Dennoch blieben viele deutsche Firmen in der Region präsent und die historischen Beziehungen zwischen Deutschland und Pittsburgh sind bis heute spürbar. Heute erinnern nur noch Museen und Denkmäler an die einstige Blütezeit der Stahlindustrie und die Rolle der deutschen Einwanderer und Unternehmen in dieser Ära.

Und Sie glauben nicht, wie schnell zwei Tage Zwangspause vorüber sein können, auch wenn ich sie natürlich lieber auf dem Fahrrad und das am liebsten mit meinem Frauchen verbracht hätte.

Am Abend des 1. Juni schrieb Mr. Sanner noch, dass die zur Reparatur meines Fahrrades benötigten Teile aktuell eine Lieferzeit von mindestens 4 Wochen hätten. Ich fiel aus allen Wolken, denn ich konnte doch nicht 4 Wochen in dieser Bude hocken!

Wenige Momente später - ich hatte noch gar nicht darauf geantwortet - schrieb Mr. Sanner noch folgendes: Er wolle mir helfen, denn er verstehe, dass ich nicht wochenlang auf Teile warten könne.
Er würde diese aus einem nagelneuen Fahrrad seines Bestandes ausbauen und wollte (aha, ein Schlitzohr) als Entschädigung dafür, dass er dieses Fahrrad nun wochenlang nicht verkaufen könne, 250 Dollar von mir. Das Geld bekäme ich ja von Aventon zurück. Natürlich habe ich dem sofort zugestimmt und freute

mich über die Tatsache, bald wieder auf die Strecke zu dürfen.

Mr. Sanner schrieb, er melde sich, sobald das Fahrrad fertig wäre. Ich jubelte innerlich und schrieb das gleich meinem Frauchen.

Am nächsten Morgen erreichte mich dann die Nachricht, das Fahrrad sei fertig.

Allerdings hätte es noch ein nagelneues Hinterrad inkl. Nabenmotor gebraucht, da bei meinem irgendwelche Widerstände durchgebrannt wären.

Naja, dachte ich mir, ein neues Hinterrad mit einem neuen Motor kann ja nicht schaden und fragte vorsichtig nach, ob es denn bei den 250 Dollar bliebe. Die Antwort kam prompt: „leider nein", schrieb Lynn Sanner, nun wären es 350 Dollar.

Ich schluckte, aber es half ja nichts. Mr. Sanner hatte offensichtlich meine Not zu seiner Tugend gemacht und war gerade dabei, sich einen schnellen „Extrabonus" zu verdienen.

Abholen könne ich das Fahrrad aber erst morgen nach dem Mittag. Er selbst sei nicht da, aber ein Mechaniker und seine Frau und ich solle nach 14 Uhr kommen.

Ok, das passte - damit hatte ich noch genügend Zeit, das zur Abholung benötigte Mietauto zu buchen und alle anderen Vorbereitungen zu treffen, um am Tage darauf wieder erneut mit der Tour starten zu können.

Zu den anderen Vorbereitungen gehörte übrigens auch, einen kleinen Fahrradanhänger zu besorgen, der gerade noch rechtzeitig im Hotel eintraf. Ich wollte mal probieren, ob es für das Fahrrad schonender sein würde, mit einem Anhänger zu fahren, damit nicht mehr die volle Last des Gepäcks und meiner Wenigkeit nur auf dem Hinterrad ruht.

Denn rein technisch sind Nabenmotoren in gebirgigem Gelände den Mittelmotoren unterlegen und tun sich mit langsamen Geschwindigkeiten = hoher Stromaufnahme und gleichzeitig schlechterer Kühlung bedeutend schwerer.
Ausserdem hatte mein Aventon nur eine 8-fach Kettenschaltung. Das Problem wäre weniger gravierend, wenn Aventon vorne ein zweites Kettenblatt montiert hätte. Dann könnte der kleine Nabenmotor trotzdem schnell genug drehen und das mit geringerer Belastung von vorn. Naja, dem war leider nicht so und das komplette Fahrrad umzubauen, hätte einen weitaus größeren Aufwand mit sich gebracht.

Der nächste Morgen kam und angesichts des wundervollen Sonnenscheins war die schnelle Idee geboren, vom Motel zur Autovermietung am Flughafen zu Fuß zu gehen (knapp 11km).
Damit hätte ich mal wieder etwas Bewegung und würde nebenbei auch noch das Geld für den Uber sparen, denn ein Bus kam bei mir nicht vorbei.
Also stiefelte ich um halb 8 morgens und frohen Mutes los.
Der erste Teil meiner kleinen Wanderung führte gegenüber dem Motel über einen großen Parkplatz und dann durch ein kleines Wäldchen bis zur Bundesstraße, auf deren Standspur ich dann bis zum Flughafengelände

hätte gehen sollen. Leider führte durch das kleine Wäldchen kein Weg und es war dicht wie ein Urwald und nachdem ich mich bis zur Hälfte durchgekämpft hatte, stand ich vor einem 3m hohen Maschendrahtzaun.

Verdammt, was zum Teufel haben die von „google.maps" nur wieder gesoffen, dass die einen Weg einzeichnen, wo gar keiner ist?

Also wieder zurückgerobbt durch den kleinen Urwald und gleich zur Bundesstraße gegangen. Während der nächsten paar Kilometer hatte ich ausreichend Gelegenheit, mir eine Zecke nach der anderen von der Haut zu kratzen und ein paar Käfer aus den Schuhen zu schütteln.
Mich hätte interessiert, was die zahlreichen Autofahrer, die mich überholten, in diesem Moment gedacht haben. Wahrscheinlich hat der Jack zu seiner Frau gesagt: „Schau mal Debbie, der arme Kerl mit dem Tourette-Syndrom muss auf der Bundesstraße laufen".

Doch die angetrunkenen Jungs von google.maps hatten noch nicht genug, denn nach zwei weiteren Kilometern ging meine Bundesstraße in eine Autobahn über, die ausdrücklich für Fußgänger gesperrt war.
Also über die Leitplanke und den Hang hoch gekrabbelt zu einer Wartungsstraße vom Flughafen.
Aber nach 7,5 Kilometern stand ich vor einem Stacheldrahtzaun in der Nähe der Rollbahn und es war keine andere, auch nur annähernd nutzbare bzw. erlaubte, Möglichkeit in Sicht.
Die Schilder, die einen Durchgang verboten, waren so

groß, die hätte auch ein Blinder gesehen.

Also, leicht genervt und schweißgebadet, wieder zurück
zur Bundesstraße und doch einen Uber gerufen. Half ja
nichts.
Der Uber-Fahrer, ein junger Asiate, liess nach meinem
Einstieg sofort die beiden vorderen Scheiben herunter
und fächerte verstohlen mit einer Karte vor seiner Nase
herum.
Erst später fielen mir die 5 großen Zehen Knoblauch
wieder ein, die ich gestern Abend in meinen Nudeltopf
geschnitten hatte.
Das Leihauto war schnell übernommen - an
Flughafenstationen haben die Angestellten bei den
Autovermietungen sehr viel mehr Erfahrung mit
ausländischen Dokumenten und so begab ich mich auf
die Fahrt zum Rockwood Bikeshop.

Auch diese Strecke zur Werkstatt war wieder
hochinteressant, denn seit dem Urteil gegen Donald
Trump in der letzten Woche steht das ganze Land
buchstäblich in Flammen.
Ausnahmslos jedes Haus hatte US-Flaggen gehisst und
jedes zweite Haus „Trump 2024-Flaggen". Sogar an einem
großen Autohaus war ein 20m großes Banner mit „Trump
2024" aufgehängt. Vielleicht haben die amerikanischen
Bürger nun doch endlich die politischen Winkelzüge der
aktuellen Regierung durchschaut und stehen nun (wieder)
hinter einem Präsidenten, der alles für sein Volk gibt.
Lieber Mr. President Donald Trump, ich bin gerührt und
gleichermaßen fasziniert, mit welcher Leidenschaft die
amerikanischen Bürger Dir die Treue halten. Offensichtlich

hast Du in den 4 Jahren Deiner ersten Präsidentschaft alles richtig gemacht. Und ich wünsche Dir von Herzen, dass es auch diesmal klappt und werde weiterhin unsere Flyer verteilen, um auch ein bisschen dazu beizutragen, dass mit Dir Amerika wieder „Great Again" wird und mit ihm auch ein bisschen der Rest der Welt. Und dass es Dir gelingen möge, diese sinnlosen Kriege, die aktuell in Europa und auf der Welt wüten, schnell zu beenden.
Mit diesen Gedanken waren die 85km bis zur Fahrradwerkstatt schnell abgespult und ich stand vor meinem Pferdchen.

In der Werkstatt gab es allerdings gleich ein paar Unstimmigkeiten.
Der Mechaniker hatte die Anweisung, mir 350 Dollar abzunehmen. Ich sagte ihm, dass ich eine Rechnung möchte.
Er hatte keine. „Dann ruf Deinen Chef an", sagte ich. Er probierte es, aber der ging nicht ans Telefon.
Ich sagte ihm, dass ich ohne Rechnung nicht wieder fahre. Also ging der Mechaniker ins Nebengebäude und kam mit der Frau Sanner zurück. Diese - eine große stämmige Frau mit dem Gesicht von „Bernd das Brot" - sagte weder Hallo, noch etwas ähnliches, sondern fragte gleich in barschem Ton, was denn los sei, als ob sie das nicht ganz genau wüsste.
„I need a invoice" (ich brauche eine Rechnung) sagte ich mit der grimmigsten Miene, die ich aufzusetzen in der Lage war und hauchte noch ganz dezent, aber tief aus der Lunge, ein bisschen Knoblauchduft in ihre Richtung.

Sie nahm mit einen seltsamen Nasenrümpfen das Telefon

und rief ihren Mann an.

Bei ihr ging er ran und sagte, ich könne eine Rechnung haben, aber dann käme halt noch die Steuer drauf.

Aha...ein kleiner Steuerbetrüger ist er auch noch, der Lynn Sanner, das wird ja immer schöner.

Vermutlich hatte Frau Sanner an meiner Miene gesehen, was ich gerade dachte und schrieb mir schnell mit der Hand eine Rechnung. Insgesamt waren es dann 371 Dollar.

Und sie wollte diese in bar. Zum Glück war ich gestern noch auf der Bank und hatte soviel dabei. Bei 370 zögerte ich kurz, aber nein, sie wollte den einen Dollar auch noch, das gierige Brot.

Beim Einladen des Fahrrades ins Auto bemerkte ich, dass man den Schlüssel vom Akku nicht abziehen konnte. Er liess sich gar nicht komplett umdrehen, wie es normalerweise richtig gewesen wäre.

Also wieder zurück zur Werkstatt und nachgefragt. Frau Brot probierte es auch und war ratlos.

Noch einmal den Ehemann angerufen und der sagte allen Ernstes, er hätte mit dem Akku gar nichts gemacht. Wie in drei Teufels Namen hatte er denn dann den Controller mit der Steuerplatine ausgetauscht, der direkt unter dem Akku im Rahmen montiert ist? Er nuschelte irgendetwas in der Richtung, dass ich halt das Rad noch einmal da lassen müsse, bis er wiederkommt.

Ich sagte zu seiner Frau, dass das auf keinen Fall passieren wird, nahm mein Fahrrad, lud es ins Auto und brauste vom geschotterten Parkplatz davon, dass die

Staubwolken nur so aufstiegen.

Im Hotel angekommen, probierte ich gleich einige
Sachen aus und stellte fest, dass man den Schlüssel
umdrehen und abziehen konnte, wenn der Akku
ausgebaut war.
Aha, da kommen wir der Sache schon näher. Doch bevor
ich da weiter spiele, musste ich zuerst das Leihauto
wieder abgeben und diesmal fuhr ich gleich mit einem
Uber zurück zum Hotel.
Der Fahrer, ein älterer Herr mit Turban, bog seine lange
Nase auffällig oft zu mir nach hinten - ich denke, dem
habe ich mit meinen 5 Zehen Knoblauch heute ein paar
glückliche Momente beschert.

Zurück im Zimmer fand ich heraus, dass die Platte im
Rahmen, in die der Akku einrastet, etwas zu hoch war,
sodass am oberen Ende des Akkus, wo das Schloss
befestigt ist, sich der Schlüssel nicht komplett umdrehen
liess.
Ok, das bekomme ich hin, dachte ich mir, baute aber
zuerst den kleinen Anhänger zusammen, der am Morgen
in der Lobby angekommen war. Als ich die
Anhängerkupplung ans Fahrrad schrauben wollte, traf
mich der Schlag.
Das Loch in der Kupplung hatte 8mm und meine Achse
13mm. Materialstärke 5mm. Was tun?
Zuerst mal den Blutdruck wieder runter bekommen und
dann bin ich mit meinem Fahrrad zum 5km entfernt
gelegenen Walmart gefahren, um eine Rundfeile zu
kaufen, mit der ich dann verzweifelt versuchte, das Loch
gross genug zu feilen, was aber nicht gelang, denn das

Metall war auch noch gehärtet. Ich war am Verzweifeln.

Also noch einmal zum Walmart, die Feile wieder zurückgegeben, was beim Walmart recht einfach funktioniert und eine kleine Akkubohrmaschine gekauft und einen Kegelbohrer.
Mit diesem schaffte ich es in einer halben Stunde, das Loch groß genug zu bohren, damit ich die Kupplung ans Rad anbauen konnte. Nun noch ein drittes Mal zum Walmart und auch die Bohrmaschine wieder zurückgegeben.
Ich hoffe nur, dass die Housekeepingperson am nächsten Tag die ganzen Metallspäne aus dem Teppich herausbekommen hat, die ich im Schweiße meines Angesichts dorthin verfrachtet hatte.

Auf jeden Fall steht mein Pferdchen jetzt wieder neben meinem Bett und lächelt glücklich. Ich selbst ein wenig gequält, denn auf so einen Stress hätte ich am letzten Abend gerne verzichtet.

4. Juni 2024

Nach einem nervenaufreibenden gestrigen Tag stehe ich nun mit meinem frisch reparierten Fahrrad vor dem Hotel und bin startklar.
Es ist gegen 9 Uhr und schon richtig warm. Ich bin gespannt, ob es wirklich besser ist, mit dem kleinen Anhänger zu fahren, um das Fahrrad damit mehr zu entlasten und fahre frohen Mutes, dass doch noch alles gut geworden ist, von meinem leckeren Motel weg.

Leider stellte sich die Idee mit dem Anhänger als völliger Trugschluss heraus, denn es war viel schwieriger zu fahren.

Der Anhänger zerrte bergauf wie ein Verrückter, kam bergunter ins Schleudern und die Ladeanzeige vom Akku sank im Minutentakt.

Nach 5 Kilometern hatte ich schon 25% verbraucht, da käme ich auf eine Reichweite von 20km pro Akku (normal sind mindestens 50km).

Und ein paar Kilometer weiter musste ich schon wieder schieben - der Motor war für diese steilen Rampen einfach zu schwach.

Ich schrie ins Gebüsch, was für eine Sch...ich da am frühen Morgen schon wieder erdulden müsse. Das Gebüsch raschelte zwar dezent zurück, gab aber sonst keine hilfreiche Antwort.

Also musste ich mich nach rund 10km leider wieder von meinem Gefährten am Hinterrad trennen - der kleine Anhänger wohnt jetzt auf einer Farm nahe Pittsburgh.

Wer Pittsburgh kennt, der weiss, die Straßen, egal in welche Richtung, sind brutal. Hoch, Schlagloch, runter, eng, dreckig, Schlagloch, hoch und runter, Schlaglöcher. Nach rund 30km wurde es dann etwas gemässigter und nach knapp 50km war die Strecke kurzzeitig eben und dann kam der Ohio River und mit ihm die urigen Städtchen Chester und East Liverpool und zum Schluss ging es in Sachen Höhenmetergewinnung noch einmal richtig zur Sache.

Die Steigungen nahmen kein Ende und aller 2-3km brauchte mein Fahrrad wieder eine Pause. Während das

Fahrrad pausierte, bestrafte ich mich selbst und schob es immer ein Stückchen die Berge hinauf.

Dafür der ganze Aufwand mit der Reparatur? Hätte ich mir sparen können, denn es hat nicht
viel gebracht.
Ich schwor mir, wenn das so weitergeht, schmeiss ich alles hin.
Irgendwann wurden dann die Steigungen zwar flacher, hörten aber bis zum Schluss nie auf. Zumindest lachte die Sonne den ganzen Tag - ob sie mich anlachte oder auslachte, werden wir wohl nie erfahren.

Nach 140km mit fast 1700 Höhenmetern und etwas über 6 Stunden Fahrtzeit kam ich dann in Kent, Ohio - einem Vorort von Akron und rund 50km südlich des Erie-See's an und fiel erschöpft auf mein Bett.

5. Juni 2024

So, genug ausgeruht - auf geht's in die zweite Etappe nach der langen Zwangspause.

Wollen wir mal hoffen, dass es heute besser läuft mit meinem Fahrrad, denn wenn nicht, dann dauerts nicht mehr lange und ich bring es zum Schrotthändler.
Bei leicht bewölktem Himmel und frühlingshaften 24 Grad strampelte ich von meinem Days Inn, in Kent, Ohio weiter, immer Richtung Westen.

Gleich zu Beginn kamen wieder die Hügel und mit ihm die Sorge, ob mein Fahrrad das verträgt. Ich hatte mir heute eine andere Strategie zugelegt: 25km fahren, dann mindestens 15 Minuten Pause, vielleicht auch 30 Minuten, je nach Aussentemperatur.

In dieser Zeit, so hoffte ich, würde der Motor genug abkühlen.

In der ersten größeren Stadt - Akron in Ohio – waren die Hügel wieder heftig, ein sich schnell abwechselndes Hoch und Runter, aber mein Fahrrad war brav.

Akron, eine Stadt im Nordosten des Bundesstaates Ohio, hat ungefähr 190.000 Einwohner und wird als Gummihauptstadt der Welt bezeichnet.

Hier wurden die Reifenhersteller Firestone, General Tire, BF Goodrich und im Jahr 1898 die Goodyear Reifenfabrik gegründet, welche bis heute ihren Hauptsitz hier in Akron hat.

Goodyear ist sicherlich allen in Verbindung mit Autoreifen bekannt, aber wussten Sie, dass Goodyear auch ein traditionsreiches Unternehmen im Luftschiffbau war (und noch ist) und in den Jahren von 1917 bis 1995 fast 350 große Luftschiffe (Zeppeline) gebaut hat?

Im Jahre 1924 wurde zusammen mit der deutschen „Luftschiffbau Zeppelin GmbH" die „Goodyear Zeppelin Corporation" gegründet. Bis zum Jahre 1941 hatte dieses Unternehmen eine Flotte von 11 zivilen Prallluftschiffen mit Hüllenvolumen von je 5200 Kubikmetern aufgebaut, die jeweils bis 10 Passagiere befördern konnten.

Zwischen 1925 und 1941 beförderten diese Luftschiffe bei 152.000 Fahrten in über 90.000 Fahrtstunden auf einer Strecke von 6,75 Millionen Kilometern unfallfrei über 400.000 Passagiere und jede Menge Fracht.

Die Goodyear-Zeppelin Luftschiffe verfügten damals schon über bewegliche Leuchtreklamen am Rumpf und dienten auch der Verkehrsüberwachung oder wurden zur Lokalisierung und teilweisen Löschung von Waldbränden eingesetzt.

Im Jahre 1928 erhielt die Firma den Auftrag zum Bau von zwei Großluftschiffen im Wert von 8 Millionen Dollar. Diese (die USS Akron und die USS Macon) gehörten der Marine und hatten fast 240m Länge und einen Durchmesser von 40m.

Das Füllgas war Helium und als Antrieb dienten 8 innen liegende Maybach-Motoren mit zusammen über 4500 PS. Leider gingen beide dieser riesigen Luftschiffe bei schweren Stürmen über dem Meer verloren.

Mit diesen Gedanken strampelte ich einen Hügel nach dem anderen hinauf, aber zum Glück waren diese nicht mehr ganz so steil und auch relativ kurz.

Akron war flächenmäßig viel größer, als gedacht und so brauchte ich fast 1,5 Stunden, bis ich diese Stadt durchquert hatte.

Danach wurde es zum Glück beschaulicher und einige kleinere Städte zogen an mir vorüber. Medina, New London und Attica zum Beispiel.

Zwischen den letzten beiden Städtchen wurde es innerhalb von wenigen Minuten auf einmal stockfinster und ein Gewitter sauste in Windeseile auf mich zu. Die Strecke war offen und frei, nur Wiesen und Felder - keine Möglichkeit zum Unterstellen.

Als die anfangs vereinzelten, kirschgroßen Tropfen sich zu

einem regelrechten Schwall verbündeten, suchte ich Schutz neben einem kleinen Minibagger, der bei einer Straßenbaustelle stand.

Dieser Schutz hatte zwar eher symbolischen Charakter, aber es war besser als nichts. Ein Weiterfahren wäre ohnehin nicht möglich gewesen, denn die Sicht betrug vielleicht noch 2m.

Sämtliche Autos, die sich noch auf der Straße befanden, blieben stehen - ich denke mal, die kannten solche Ereignisse schon. Das Wasser lief am Nacken unter die Kleidung und quoll aus den übervollen Turnschuhen wieder heraus. Zum Glück waren wenigstens die Blitze weit genug entfernt, so dass sie keine Gefahr darstellten. Die letzten 30km kam ich mir vor wie ein alter Wischmop, den man tropfnass auf ein Fahrrad gesetzt hatte.

Anfangs dachte ich mir noch, vielleicht werde ich ja sogar wieder trocken bis zum Hotel, aber das war auch wieder nur ein frommer Wunsch, denn kurz vorm Ziel kam der nächste Donnersturm und füllte meine Wasservorräte in den Turnschuhen wieder auf.

Nach 168km mit 800 Höhenmetern stand ich schliesslich abends um 7 Uhr tropfend nass und zitternd in meinem Days Inn in Tiffin, Ohio und war froh, dass Kreditkarten aus Plastik sind, denn Bargeld hätte ich wohl erst trockenbügeln müssen.

Apropos Bügeln: Nachdem mein Fahrrad, das übrigens super durchgehalten hat, immer wieder mal als Kleiderständer herhalten muss, heute aber für die ganze Wäsche etwas zu klein war, habe ich das im Zimmer vorhandene Bügelbrett auch noch vor der Heizung aufgestellt, um meine Kleidung zu trocknen.

Dieses war damit aber wohl nicht einverstanden, denn mitten in der Nacht gab es ein fürchterliches Getöse und das Bügelbrett brach beleidigt in sich zusammen.

<u>6. Juni 2024</u>

Bis auf die Schuhe und Socken war am Morgen alles wieder einigermaßen trocken und so ging ich mit quietschenden Füßen in den Frühstücksraum, der so groß war wie eine mittelgroße Produktionshalle der BMW AG in Regensburg.
Vom Kaffeeautomaten bis zum Müslispender brauchte man locker eine Viertelstunde und wenn man etwas in die andere Richtung des Raumes rief, kam nach ungefähr 3 Minuten das Echo zurück.

Als Ausgleich für eine wirklich ruhige und erholsame Nacht hatte der indische Besitzer drei Fernsehgeräte mit jeweils 3m Bildschirmdiagonale aufgehängt und auf jedem ein anderes Programm eingeschaltet und das in ziemlich gut hörbarer Lautstärke.

Ich konnte mit dem linken Auge Joe Biden zuschauen, wie er dem hartnäckigsten und dreistesten Bettler dieser Welt (Selenskyj) die Hand schüttelt, mit dem rechten Auge den Stau auf der Interstate 94 Richtung Chicago verfolgen und von hinten kamen die ultralauten Gesänge aus einem Fußball- oder Baseballstadion.

Wussten Sie eigentlich, dass dieser obengenannte Bettler, der ukrainische Präsident, Wolodymyr Selenskyj, in dem inzwischen verbotenen Dokumentarfilm „Offshore 95" zu den dort benannten 35 hochrangigen Politikern gehört, die in den sogenannten „Pandora Papers" aufgeführt sind?

Darin wird nachweislich enthüllt, dass diese Politiker Offshore-Konten in Übersee besitzen mit teilweise dreistelligen Millionenbeträgen und sogar Aufschluss geben über die Machenschaften und geheimen Geschäfte dieser Personen.

Die Pandora Papers sind eine der bedeutendsten Enthüllungen von vertraulichen Finanzdokumenten, die von über 600 Investigativjournalisten aus 117 Ländern zusammengetragen wurden.

Sie beleuchten auf eindrucksvolle und zugleich beschämende Weise die Verflechtungen von Geldströmen und Machtstrukturen im globalen Kontext.

Und natürlich geben auch wir gerne Millionen über Millionen für undurchsichtige und teilweise nicht nachvollziehbare Zwecke - zum Beispiel mit vollen Händen aus den Rentenkassen - sollen die deutschen Rentner doch nur weiter Flaschen sammeln. Das nur mal so nebenbei.

Doch zurück zu unseren lieben Mitmenschen mit dem Punkt auf der Stirn: Ich lasse mir ja eine gewisse Multi-Tasking-Fähigkeit eingehen und dass die Inder den Ruf haben, eine überdurchschnittliche Technikaffinität zu besitzen, aber das mit den Fernsehern war wirklich übertrieben.

Zum Thema Technikaffinität noch schnell eine kleine Geschichte: Zumeist in von indischen Besitzern geführten Motels werden Mikrowellen aufgestellt, die kein Mensch bedienen kann, nicht mal mein Frauchen und die beisst sich wirklich an kniffligen Dingen fest wie ein Rottweiler an einer Radfahrerwade.

Diese Dinger haben dann ungefähr 200 Tasten, die aber alle nicht reagieren, wenn man sie drückt.

Auf der Hälfte dieser Tasten sind Symbole aufgezeichnet von Lebensmitteln und auf der anderen Hälfte irgendwelche Zahlencodes und Hieroglyphen. Das einzige, was dann meistens funktioniert, ist die Taste zum Erwärmen von Babymilch mit einer Dauer von 15 Sekunden bei 10 Watt, wodurch man gezwungen ist, den Nudeltopf, den man sich zum Abendessen zubereiten möchte, mindestens 200x in der Mikrowelle mit diesem Programm durchlaufen zu lassen.

Und die Fernbedienungen in solchen Motels haben vorn und hinten jeweils 125 Tasten und auf der Vorderseite kann man noch einen Deckel hochschieben, unter dem dann auch noch mal 60 Tasten sind.

Meine lieben indischen Hotel- und Motelbesitzer, lasst euch mal von einem etwas gesagt sein, der viel in Hotels oder Motels übernachtet: Weniger ist oft mehr.

Gut gestärkt, aber dafür taub auf beiden Ohren, schlenderte ich zurück in mein Zimmer. Ich hatte zwar kurzzeitig mit dem Gedanken gespielt, mir angesichts der Größe des Raumes einen Uber zu rufen, aber ein bisschen Wandern am Morgen soll ja den Kopf frei machen.

Für alle, die Uber nicht kennen: Uber ist ein im Jahre 2009 gegründetes Technologieunternehmen aus San Francisco, Kalifornien, das eine per App gesteuerte Plattform anbietet für Transportleistungen, Fahrgemeinschaften und Essenslieferungen. Wer sich die App auf sein Smartphone lädt, kann in fast jeder großen Stadt weltweit sehr einfach eine Art Taxifahrt buchen und das zu weitaus günstigeren Preisen als herkömmliche Taxiunternehmer.

Beim Zusammenpacken meines kleinen Hab und Guts liess ich mir heute etwas mehr Zeit, auch wenn die Strecke noch einmal über 160km lang werden sollte. Mir steckten die 168km von gestern noch ein bisschen in den Knochen und ein paar - hier nicht näher bezeichnete Stellen - waren durch die nasse Kleidung etwas stärker in Mitleidenschaft gezogen worden, als üblicherweise vertretbar.

Als ich dann auf meiner Straße Richtung Westen war, kam mir auch schon ein ziemlich forscher Wind entgegen, der mich den ganzen Tag ein bisschen ärgern sollte.
Zuerst war er wie ein Hauch, leicht säuselnd wehte er um die Ohren und lies meine gelbe Regenjacke, die ich wegen der frischen Temperaturen angezogen hatte, fröhlich flattern.
Dann wurde er zusehends stärker und aufgrund des offenen Geländes hatte ich nirgendwo Windschatten. Die ersten Strohbüschel rollten über die Straße, eine Stunde später kamen Äste und Zweige geflogen. An einem Generali machten drei der gelben Einkaufswagen einen Ausflug aufs Nachbargrundstück, ohne dass sie eine Menschenhand führte.
Weiter ging es, doch der Wind war jetzt schon ein richtiger Sturm, er pfiff so in den Ohren, dass ich mir aus Papiertaschentüchern kleine Ohrenstöpsel baute, damit ich da nicht wieder Probleme bekam. Der Wetterbericht

hatte Sturm bis 65kmh und Böen bis zu 85kmh vorhergesagt und das glaubte ich ihm aufs Wort.
Meine Fahrt ging immer Richtung Westen und genau aus dieser Richtung blies es wie verrückt.

Ich strampelte wie wild, kam aber auf maximal 15kmh mit der 3. Unterstützungsstufe, mehr wollte ich nicht riskieren, denn sonst hätten die Akkus nicht mal für 100km gereicht, geschweige denn, für die gut 160km, die eigentlich für heute geplant waren.

Eine große Mülltonne polterte über die Straße, dicht gefolgt von ein paar Benzinkanistern aus Plastik. So machte das keinen Spaß und noch weniger Sinn. Ich hatte zum Glück absichtlich noch kein Hotel gebucht für heute - denn von dem starken Wind hatte ich bereits vor Tagen gelesen und mir gedacht, je nachdem, wie weit ich komme, buche ich auf der Strecke.

Ich sah auf die Karte und das Hotel, das ich eigentlich anfahren wollte, war noch 40 Meilen (64km) entfernt und ich hatte bereits fast 130km auf dem Tacho. Das war nicht zu schaffen, nicht bei diesem Wind.
Ich hielt bei einem Generali, steckte meine Akkus an zum Laden und schrieb meinem Frauchen, ob sie auch mitschauen könne, ob vielleicht ein Hotel oder Motel etwas näher liegt.
Wir tüftelten beide hin und her - das, was am nächsten lag, war 22 Meilen, also 35km entfernt, aber sehr teuer. Es war ein Hotel der etwas gehobeneren Klasse und hätte mit 135 Euro annähernd doppelt soviel gekostet, wie die Buden, in denen ich sonst abstieg. Ich sagte meinem

Frauchen, sie solle das bitte buchen, der Preis war mir gerade egal.
Der Wind war einfach zu stark und die ersten Gewitter zogen auch schon wieder auf.
Also weiter geht's, Akkus abgesteckt und auf die Pedale.
Zum Glück musste ich heute soviele kleine Pausen machen, dass mein Motor gar keine Zeit hatte, heiss zu werden und das Fahrrad klaglos durchhielt.
Ich kämpfte wie ein Wilder und schaffte die 35km tatsächlich in 2 Stunden. Akkustand 4%.

Mit etwas zittrigen Knien, roten Backen wie der Nikolaus und ein wenig zerzaust, kam ich dann bei meinem Howard Johnson Hotel an und stolperte in die Lobby, wo ein unverkennbar auf feminin gestylter junger schwarzer Typ gerade telefonierend und mit übereinandergeschlagenen Beinen in knallengen roten Leggins auf dem Schreibtisch lümmelte und mir mit dem Zeigefinger zeigte, ich solle bitte kurz warten.

Nach 5 Minuten räusperte ich mich laut und er verdrehte die Augen.
„Honey, wait a moment", säuselte er in den Hörer, was so etwas wie „Schatz, warte einen Moment" bedeutet und sah mich vorwurfsvoll an.

Ich habe ja absolut nichts gegen Leute vom anderen Ufer, zumeist sind das hochsensible, feine und anständige Menschen, aber wenn sie es übertreiben, ist bei mir gleich der Ofen aus.

„Kollege", sagte ich, „ich möchte bitte einchecken. Ich bin

müde, habe Hunger und brauche eine Dusche".
Er sah mich mit seinen schwarzen Kulleraugen an, als
spräche ich klingonisch.
Dann knallte er mir wortlos einen Zettel auf den Tisch
und meine Zimmerkarte. Darauf las ich 309.
Also 3. Etage.
Und das, obwohl wir wie immer beim Buchen um ein
Zimmer im Erdgeschoss bitten. Ich sagte ihm das, aber er
war schon wieder am Telefonieren.
„Hallo, du blöder Wischmob" (denn so sah seine Frisur
aus) „ ich brauche ein Zimmer im Erdgeschoss". Er
verdrehte die Augen und sagte, das kann einige Zeit
dauern, er müsse erst fertig telefonieren.
Zu seinem Glück sah ich gerade an der Wand ein großes
goldenes Schild mit „Elevator", also Aufzug. „Passt schon",
sagte ich zu ihm, ging nach draussen und rollte unter
seinen großen Augen mein Fahrrad an ihm vorbei zum
Elevator, der mich dann recht schnell zum dritten Stock
beförderte.

Das Zimmer war piekfein, ich traute mich fast gar nichts
anzufassen.
Nach einer langen, heissen Dusche wollte ich mir einen
Kaffee zubereiten mit der wundervollen, sauteuren
Kapselmaschine, aber die funktionierte nicht. Ließ sich
einfach nicht einschalten.
Na toll, dachte ich mir, dann koch ich halt Wasser in der
Mikrowelle und kratze die aufgestochene Kapsel aus und
irgendwie wird das schon noch ein Kaffee werden. Als das
Wasser kochte, entnahm ich der Maschine die Kapsel,
hatte aber nicht gesehen, dass die inzwischen auf beiden
Seiten Löcher hatte und die hochkonzentrierte, wertvolle

Kaffeesoße lief schön an meinem Arm entlang, um schliesslich auf den hellgrauen Teppich zu tropfen. Verdammt, warum passiert immer mir so etwas? Während der Rest aus der Kaffeekapsel mein heisses Wasser gerade mal rehbraun färbte, vergnügte ich mich zähneknirschend und auf Knien eine Viertelstunde mit dem Fleck auf dem Teppich, den ich zum Glück fast komplett herausbekam.

Leicht angesäuert setze ich mich mit meiner hellbraunen Kaffeebrühe aufs Bett und wollte für morgen mit dem Laptop die beste Strecke raus suchen und meinem Frauchen die Fotos und den Textblock für unsere Homepage schicken.

Aber ich kam nicht ins Internet.
Das Netzwerk, das auf der Schlüsselkarte verzeichnet war, gab es nicht. Weder auf dem Laptop, noch auf dem Handy.
Nur ein Zugang wurde angezeigt und zwar der für Club-Mitglieder des Hotels. Also raus aus dem Strampel, wieder in die normalen Sachen rein und runter zur Lobby. Der Typ am Tresen telefonierte immer noch.
Seine Augen rollten, als ich ihm mein Begehr mitteilte. Er meinte sinngemäß, da könne er jetzt auch nichts machen, dass ich kein Mitglied bin, sei ja schliesslich nicht seine Schuld. Ich sagte ihm, dass die Kaffeemaschine auch nicht funktioniert, worauf er mich fragte, ob er vielleicht ausschaut, wie ein Handwerker?

„Nein", sagte ich, „denn Handwerker sind anständige Leute, die helfen, wenn es notwendig ist und sind nicht solche verzogenen Rotzbengel wie Du." Und ging zum Elevator.

Ja, es ist halt nicht alles Gold, was glänzt. Auch in einem Howard Johnson ist es nur poliertes Messing.
Wobei das natürlich auch seinen Wert hat - wir wollen das liebe Messing mal nicht beleidigen.

Zumindest war das Bett ausgezeichnet und mit einer guten Tempur-Matratze, die mich am nächsten Morgen gar nicht mehr loslassen wollte und das Frühstück war wirklich erstklassig - ich habe soviel gebratenen Schinken mit Rührei gegessen, dass ich danach erst mal eine halbe Stunde ausruhen musste auf meiner Tempur-Matratze.

Lieber Mr. President Trump, eine Frage hätte ich noch: Wenn es so einen großen Unterschied gibt zwischen einem Howard Johnson Hotel und den Inderbuden, in denen ich sonst so absteige - wie groß ist dann der Unterschied zwischen einem Hotel im Trump Tower und einem Howard Johnson? Funktioniert in Deinem Hotel die Kaffeemaschine und hat man Internet? Gibt es vielleicht eine Möglichkeit, dass ich das mal teste?

Im übrigen hatte ich gestern für die 163km fast 8 Stunden gebraucht. Ja, der Wind kann einen fertig machen.

7. Juni 2024

Nach dieser angenehmen - wenngleich viel zu kurzen - Erholung von dem anstrengenden Frühstück packte ich in Ruhe meine Siebensachen, kontrollierte noch einmal die

Qualität der Kaffeefleckbeseitigung und zelebrierte mein schwer bepacktes Fahrrad in den dafür eigentlich etwas zu kleinen Aufzug.

In Etage 2 machte es Kling, der Aufzug hielt, die Tür ging auf und 6 Chinesen zwängten sich auch noch hinein.
Sie müssen sich vorstellen, der Aufzug hatte eine Größe von etwa 1x2m, darin stehe ich mit meinem vollgepackten Reiserad.
Und die 6 Chinesen (drei Paare) können nicht warten, bis ich weg bin und der Aufzug frei ist. In diesem Moment bedauerte ich sehr, gestern Abend keinen Knoblauch mehr gegessen zu haben.
Aber für die 6 laufenden Meter aus dem Land der aufgehenden Sonne war das mit dem extrem knappen Platz offensichtlich ganz normal, sie schnatterten fröhlich durcheinander.
Ich vermute, bei der riesigen Anzahl von Menschen in ihrem Heimatland fühlten sie sich hier angesichts des Platzes im Fahrstuhl vielleicht sogar ein bisschen verloren. Ich selbst stand auf jeden Fall luftanhaltend in die Ecke gepresst wie ein Bleistift da und schaute immer wieder mal aus den Augenwinkeln zur weissen Schlaghose einer der Damen und erwartete jeden Augenblick, dass sie ein schönes schwarzes Muster meiner Fahrradkette mit nach Hause nimmt. Zu ihrem Glück und meinem Bedauern kam ihre weisse Hose ungeschoren davon.
Ursprünglich wollte ich an der Rezeption angesichts des frechen Zausels von gestern Abend noch ein bisschen rumpöbeln, aber es stand ein altes, von der Last des Lebens nach vorn gebeugtes, Mütterchen hinter dem Tresen, die auch noch so ergreifend freundlich lächelte,

dass ich ein wenig beschämt wegen dieses Gedankens und mit gesenktem Kopf und unverrichteter Dinge nach draussen rollte.

Als ich dann mein Pferdchen in Fahrtrichtung drehte, konnte ich vor lauter Wind gar keine Luft holen. Ich hatte zwar beim Frühstück auf dem Fernsehbildschirm (wohlgemerkt nur einem) gesehen, dass er wieder aus Westen kommen sollte und eine Warnung ausgesprochen wurde, aber da kein Ton dabei war, wusste ich nicht ganz genau, was es damit auf sich hatte.
Nun dämmerte es mir langsam - die Warnung war ganz offensichtlich an Radfahrer gerichtet, die Richtung Westen wollten.

Aber was sollte ich machen? Mich flach auf die Straße legen und hoffen, dass der Wind irgendwann schwächer wird?
Da ich ja gestern Abend etwa 15km vor Fort Wayne meine Tour beendet hatte, musste ich heute als erstes durch diese Stadt.
Fort Wayne in Indiana hat ungefähr 270.000 Einwohner und ist die zweitgrößte Stadt im US-Bundesstaat und Sitz der Countyverwaltung. Die Stadt feiert dieses Jahr ihr 330-jähriges Bestehen.

Anfang des 19. Jahrhunderts wurden, als mit dem Bau des Kanals, der den Eriesee mit dem Wabash-River verbinden sollte, begonnen wurde, viele europäische, vor allem aber deutsche, Einwanderer mit extrem niedrigen Preisen für große Landparzellen und hohen Löhnen für ihre Arbeiten sozusagen „herübergelockt".

Die großen Wellen von Einwanderern führten immer wieder zu Streitigkeiten und so stand zeitweise sogar die Einweihung des Kanals auf dem Spiel.

Da ausserdem viele der deutschen Einwanderer Lutheraner, aber die Kirchen mit Pfarrern notorisch unterbesetzt waren, reiste der deutsche Missionar Friedrich Wyneken zurück nach Deutschland, um Hilfe zu holen. Seinem Ruf folgten viele deutsche lutheranische Pfarrer und die kirchliche Betreuung in Fort Wayne, Indiana war wieder gesichert.

Die erstarkte Kirche setzte sich auch für die Bildung der Neuankömmlinge und natürlich auch der Einheimischen ein und so entstand in Fort Wayne ein bedeutendes Zentrum für Bildung und beheimatet heute das 2Indiana Institute of Technology" sowie die „Purdue University" Fort Wayne.

Von all dem bekam ich erst einmal relativ wenig mit, denn ich strampelte schon wieder wie ein Verrückter und kam mir vor wie Don Quijote, als er gegen die Windmühlen kämpfte.
Und wie in dem Roman von Miguel de Cervantes komme auch ich mir ebenfalls vor wie einer, der einen aussichtslosen Kampf gegen übermächtige Gegner vor sich hat.
Ich hoffte nur, dass mich keine dieser Windmühlen von meinem Pferd wirft und wenn doch, dass dann sogleich ein freundlicher Sancho Panza kommt und mir wieder hilft, aufzustehen.

Bei einem Generali stellte ich mich in den Windschatten des Gebäudes und studierte den Wetterbericht in der Region. Die starken Westwinde breiteten sich über eine Fläche von 500x800km auf und schienen von unsichtbaren Propellern gespeist zu werden, denn sie dauerten schon einige Tage und sollten noch eine ganze Woche anhalten.

Ich näherte mich schliesslich auch Stück für Stück dem Lake Michigan und damit Chicago, das offensichtlich nicht ohne Grund „Windy City" genannt wird.

Was viele nicht wissen (und ich bis vor kurzem auch nicht): Der Name „Windy City" wurde nicht ursprünglich wegen der starken Winde vergeben, sondern zum Ende des 19. Jahrhunderts, als die Stadt ein wichtiges Zentrum für politische Versammlungen und hitzige Wahlkämpfe war.

Die damaligen Politiker waren wegen ihrer langatmigen und windigen Reden im ganzen Land bekannt und deshalb wurde die Stadt irgendwann als eben diese „Windy City" bezeichnet. Heutzutage ist das weitestgehend unbekannt und tatsächlich bringt fast jeder das Wetter und die hier vorherrschenden stürmischen Winde mit dem Namen der Stadt in Verbindung. Ich für meinen Teil auf alle Fälle und das auch zu Recht.

Nach Fort Wayne benutzte ich wieder die US30 Richtung Westen, denn ich hatte in den letzten zwei Tagen mit den ganz kleinen Landstraßen keine so guten Erfahrungen gemacht.

Die US30 war autobahnähnlich aufgebaut mit einem 4m breiten Randstreifen und es machte richtig Spass, dort entlang zu fahren, denn die riesigen Trucks, die mit

120kmh und mehr an mir vorbeirauschten, erzeugten einen solchen Sog, dass ich jedesmal regelrecht nach vorn katapultiert wurde.

Aufgrund der vorgenannten Einwandererwellen kam ich auch ständig an Wegweisern zu Orten vorbei mit eindeutig deutscher Vergangenheit, wie Frankfort, Leipsic oder Bremen, aber auch Namen wie Warsaw oder New Paris konnte ich lesen.

Mich hätten solche Dinge noch viel mehr interessiert und ich hätte gerne mit Menschen gesprochen, deren Vorfahren ursprünglich aus solchen deutschen Orten stammen, aber die versteckten sich wieder mal sehr gut und ich hatte aufgrund meiner Zwangspausen in Grantsville und Pittsburgh leider viel zu wenig Zeit, denn ich möchte ja auch irgendwann mal wieder nach Hause und vorher (ganz wichtig) treffe ich mich ja Ende Juli mit meinem Frauchen in Florida.
Nach 125km war dann für heute Schluss und ich bezog mein Zimmerchen im Days Inn in Plymouth, Indiana. Wollen Sie raten, was der junge Mann am Empfang auf der Stirn hatte? Richtig, einen roten Punkt. Punkt.

8. Juni 2024

Ich habe beschlossen, dass ich heute keine so lange Etappe fahren werde, denn der Wind lässt einfach nicht nach.
Ich habe einige Probleme beim Sitzen seit der Regenfahrt vor ein paar Tagen, da hatte sich das Sitzpolster meiner Radhose ein bisschen falsch gefaltet und der starke Wind

in den Tagen danach drückte mich mit solcher Kraft in den Sattel, dass dieser mich gestern schon darauf ansprach und fragte, ob ich vielleicht zugenommen hätte. Ich denke mir auch oft, vor allem, wenn ich nicht im Sattel sitze, das bisschen Wind ist ja nicht schlimm. Aber wenn der dir mit 60kmh oder mehr entgegen bläst und du selber auch nur 20kmh schnell bist, summiert sich das schnell zu einem richtigen Sturm.

Wir waren ja vor 5 Jahren auf einer Tour in Westtexas und da war der Wind so stark, dass wir nur noch 5kmh fahren konnten, also kurz vorm Umfallen waren. In dem Moment, in dem man anhielt und nicht gleich auf die Pedale drückte, schob der Wind einen rückwärts. Ganz so schlimm ist es diesmal zwar noch nicht, aber nahe dran. Vor zwei Tagen übrigens sprach mich ein älterer Herr an vor einer Tankstelle, dass er mich hätte fahren sehen und ich ihm leidgetan hätte und warum ich nicht in die andere Richtung fahren würde. War nett und lustig gemeint, nur wusste ich in diesem Moment gar keine Antwort - schliesslich wollte ich nicht unhöflich sein. Aber ich hätte zum Beispiel zurückfragen können, warum der Wind bei ihm nicht aus Osten kommt, sondern immer nur aus Westen?

Zu meinem heutigen Ziel hatte ich Merrillville auserkoren, eine mittelgroße Stadt etwa 15km südlich des Lake Michigan und 50km südöstlich von Chicago.
Merrillville entstand zwar schon um das Jahr 1830 durch Gründung einer Siedlung von den Brüdern Merrill, wurde aber erst 1971 offiziell zur Stadt ernannt.
Durch seine Nähe zur Interstate 65, die eine schnelle Anbindung nach Chicago im Norden und Indianapolis im

Süden ermöglicht, ist Merrillville sehr attraktiv für Pendler und dementsprechend teuer.

Ich benutzte auch heute wieder die US30, die hatte mir gestern schon irgendwie ganz gut gefallen.
Allerdings war es heute genauso anstrengend, obwohl der Wind nicht mehr ganz so stark wehte und stellenweise sogar von der Seite kam.
Aber die letzten Tage hatten einfach ein bisschen Substanz gefordert.
Bereits gestern, heute aber noch viel mehr, hörte ich immer ein seltsames Klingen aus der Ferne, so ähnlich, wie es sich anhört, wenn Bahngleise zu singen anfangen, sobald sich ein Güterzug nähert.

Doch plötzlich wurde es richtig laut und am Boden lagen tausende geflügelte Tierchen, schauten fast wie übergroße Hummeln aus. Jetzt fiel es mir wieder ein, das waren die Zikaden, von denen bereits in Florida berichtet wurde.
Sie sollen momentan zu Abermilliarden aus dem Boden kommen und das tun sie nur nach einer bestimmten Anzahl von Jahren. Und zwar pünktlich, da wird nicht um ein Jahr „beschissen" oder so, die Tiere wissen ganz genau, wann ihre Stunde gekommen ist.
In den Sträuchern und Bäumen entlang der Straße surrte, rasselte und rumorte es, dass mir richtig die Ohren pfiffen.

Es gibt von diesen sogenannten periodischen Zikaden zwei Arten, welche, die aller 13 Jahren aus dem Boden kommen und die, die es aller 17 Jahren tun.

Sie leben als Nymphen unter der Erde und kommen nur an die Oberfläche, um sich zu paaren, Eier zu legen und ihren Lebenszyklus wieder fortzusetzen. In diesem Jahr ist wieder das Jahr des periodischen Auftretens.

Die Forschung, warum das so ist, steckt allerdings noch in den Kinderschuhen und bislang hat auch keine einzige Zikade freiwillig das große Geheimnis gelüftet. Es wird auf jeden Fall angenommen, dass diese lange Dauer ein evolutionäres Anpassungsmerkmal ist, das ihnen hilft, sich gegen Räuber und andere Bedrohungen zu verteidigen, indem sie ihr Massenauftreten synchronisieren und so ihre Überlebenschancen maximieren.
Sie ernähren sich hauptsächlich von Pflanzensäften und können damit aber auch unabsichtlich große Schäden an den Pflanzen verursachen.
Erwachsene Zikaden leben nur 4-6 Wochen, paaren sich, legen Eier in die Zweige von Bäumen und sterben. Die Nymphen unter der Erde werden, wie schon genannt, 13 oder 17 Jahre alt, je nach Art.

Auf jeden Fall ist das massenhafte Auftreten von periodischen Zikaden ein faszinierendes Phänomen der Natur, das aufgrund seiner Synchronizität und seiner ungewöhnlich langen Lebenszyklen sowohl bei Wissenschaftlern, als auch Naturbeobachtern, im allgemeinen großes Interesse geweckt hat.

Bei mir haben sie das zwar auch, aber ich muss zugeben, dass ich mir wieder aus Papiertaschentüchern zwei Ohrenstöpsel gebaut habe, denn diese Tiere haben einen weitaus größeren Lärmpegel verursacht, als alle Trucks und Pickups zusammen, die mich auf meiner US30 überholten.

Zu dem Lärm kam dann auch immer wieder, dass die Zikaden von den Bäumen herunterfielen und mir nicht nur einmal in mein Shirt oder die Öffnungen im Helm hinein und ich somit immer wieder gezwungen war, herumzuwedeln oder gar anzuhalten.
Unterm Strich sind es trotzdem faszinierende Geschöpfe. Das andere faszinierende Geschöpf, das auf meinem Fahrrad, näherte sich schön langsam dem Tagesziel, welches es nach ziemlich genau 90km erreichte.

Kurz vor dem Zieleinlauf allerdings durchfuhr ich noch ein nicht enden wollendes Industriegebiet, ein Superstore und eine Mall kam nach der anderen und linker Hand sah ich eine riesige Fabrik mit einem Fabrikverkauf, vor dem die Menschen Schlange standen.
Ich las etwas von „Albanese" und das kam mir irgendwie bekannt vor. Genau, jetzt fiel der Groschen. Das war doch der amerikanische Haribo, der Gummibärchenfabrikant.

Albanese Candy wurde erst im Jahre 1983 gegründet und hatte 1995 gerade mal 10 Mitarbeiter.
Allerdings entwickelte Albanese immer wieder neue Technologien, die den Geschmack verstärken sollten und die irgendwann einschlugen wie eine Bombe.
Mittlerweile beschäftigt das Werk um die 700 Mitarbeiter und produziert unter anderem 140.000kg Gummibärchen jeden Tag.
Albanese ist immer wieder für neue, teilweise abstrakte,

Ideen gut - er brachte zum Beispiel 690mm lange bunte Gummischlangen auf den Markt, stellte im Jahre 2003 Gummibärchen in Soldatenform her, verschiffte sie in den Irak und verteilte sie dort an die im Einsatz befindlichen amerikanischen Soldaten. Nachdem das publik wurde, zeigte sich die US Air Force beleidigt und so entwickelte Albanese Gummibärchen in der Form von verschiedenen Kampf-Jets.

Das Gebäude, an dem ich gerade vorbeifuhr, hat eine Fläche von 33.000 Quadratmetern und in der Eingangshalle befindet sich der größte Schokoladenbrunnen von ganz Amerika, mit 9,80m Höhe. Den hätte ich ganz gerne auch gesehen und vielleicht heimlich mal den Zeigefinger reingesteckt, aber ich las erst später davon und so fuhr ich schnurstracks zu meinem wunderschönen Super 8 Motel in Merrillville.

9. Juni 2024

Trotz eindeutiger Herkunft der Pächter aus einem Land sehr weit östlich, hatte ich eine ruhige Nacht.
Bis auf einen Umstand: Meine Toilettenspülung funktionierte nicht. Zum Glück bemerkte ich das bereits bei einem kleinen Geschäft, gleich nach Ankunft im Zimmer.
Ich musste daher die allgemeinen Toiletten benutzen, aber das war nicht weiter schlimm.
Wohl aufgrund dessen fiel mir mitten in der Nacht ein Witz ein, den wir uns als Kinder vor einem halben Jahrhundert schon in der Schule erzählt hatten.
Und der geht so: „Wo haben die Inder ihre Toiletten?"

Antwort: „Am Ende des Ganges."

Keine Ahnung, was mein Gehirn dazu gebracht hat, solche alten Sachen hervorzukramen.

Aber lustig ist es schon, finde ich. (Für alle, die jetzt immer noch auf dem Schlauch stehen - der Ganges ist ein Fluss in Indien und für dieses Wortspiel geradezu prädestiniert.)

Was wohl passiert wäre, wenn ich den auf Englisch übersetzt und der indischen Big-Mama in der Lobby erzählt hätte?

Das wollte ich lieber nicht wissen, denn man sollte sein Glück ja niemals überstrapazieren.

Womit wir schon beim nächsten Thema sind.

Chicago.

Ein Ort, um den sich viele Mythen ranken und der in der Kriminalstatistik recht weit die Nase vorn hat.

Merrillville war für mich in Sachen Kriminalität schon bisschen ein heisses Pflaster, denn hier zeigten sich neben dem Gewimmel und Gewusel zwischen den Häuserblocks auch vermehrt Fahrzeuge mit riesigen verchromten Felgen, die Fahrzeuge waren meist aus den 70ern oder 80ern, die oft auch zum sogenannten „Lowrider" umgebaut waren und Musikanlagen hatten, dass der Asphalt vibrierte.

Die Insassen hätten allesamt Brüder von „50 Cent", „Kendrick Lamar" „Ice Cube" oder „Snoop Dogg" sein können, so cool saßen sie auf jeden Fall in ihren fahrenden Blechdosen.

Lowrider sind übrigens Autos, bei denen man das Fahrwerk oder auch einzelne Radaufhängungen anheben kann, oft einen halben Meter hoch.

Schaut meist ganz lustig aus, hat aber keinen wirklichen Sinn, ausser vielleicht, um rappermäßig ein bisschen damit anzugeben.

Allerdings tauchen diese Lowrider oft im Dunstkreis großer Städte auf. Und große Städte beherbergen auch immer wieder mal schlechte Menschen, das haben wir leidvoll schon mehrfach am eigenen Leibe erfahren müssen.

Und da die Metropolregion Chicago fast 10 Millionen Einwohner hat und Merrillville schon sehr dicht dran liegt, kann man fast von einem Chicagoer Vorort mit den entsprechenden Auswirkungen sprechen.

Deshalb hatte ich für mich beschlossen, nicht näher an diese riesige Stadt ran zu fahren und einen dezenten Bogen um „Windy City" zu machen, denn ich möchte ungern in ein Feuergefecht zwischen rivalisierenden Drogenbanden geraten.

Als Fahrradfahrer ist man halt ziemlich schutzlos, da sind die Fahrzeuge der anderen Verkehrsteilnehmer oft schon Waffe genug, auf die es aufzupassen gilt.

Mit derlei Gedanken im Kopf sattelte ich etwas nachdenklich mein Pferdchen und machte mich auf den Weg, wieder in Richtung meiner US30, die mich immer weiter Richtung Westen, später dann Richtung Norden zu meinem Tagesziel, Aurora, Illinois führen sollte.

Mein Super 8 Motel war etwas versteckt hinter dem Highway und ich musste ein paar Mal abbiegen und hatte mir keinen Zettel geschrieben, wie sonst üblich, denn ich wusste, ich brauchte ja nur die US30 zu finden, denn das war meine Straße für den Rest des Tages.

Irgendwann las ich dann US30 und schon war ich drauf und gab Gas. Komisch, ich hatte zwar gestern Abend noch etwas von dem gleichen starken Wind mit bis zu 61kmh gelesen, aber jetzt hatte ich auf einmal Rückenwind.
Ich sauste nur so mit gut 40kmh dahin und musste mich dabei fast gar nicht anstrengen. Im Kopf begann ich schon zu rechnen, wie schnell ich in Aurora sein würde, wenn das so weitergeht.
Die Fahrt war berauschend und machte richtig Spass. Seit Tagen mal wieder. Ich fuhr und fuhr und freute mich wie ein kleines Schnitzel, bis ich rechter Hand ein großes rotes Schild sah, auf dem stand „Albanese".
Oh nein, verdammt, das kann doch wohl nicht wahr sein! Bin ich doch tatsächlich über 5km in die falsche Richtung gefahren. Mann war das ärgerlich!

Ich drehte bei der nächstbesten Gelegenheit um und fuhr nun in die richtige Richtung, kleinlaut vor mich hin starrend und mit knapp 20kmh, obwohl ich in die Pedale trat wie Jan Ullrich zu seinen besten Zeiten.
Als ich Merrillville hinter mich gebracht hatte, liess der Wind ein wenig nach und wurde zudem noch durch die Bäume und kleinen Wäldchen gebremst, die immer wieder mal am Straßenrand auftauchten.
Das Fahren war nicht mehr ganz so extrem und anstrengend.
Extrem allerdings wurde bald die Straße selbst. Ich holperte von einem Schlagloch zum anderen und musste stellenweise sogar absteigen, um mein Rad um die Löcher

168

herum zuschieben.

Weiter und immer weiter Richtung Westen, bald näherte sich mit Chicago Heights der nächste Vorort von Chicago. Dort wurde mir das erste Mal auf meiner Tour ein bisschen mulmig. Schlechte Straßen in düsteren Vororten, unbewohnte, teils schon eingefallene Häuserzeilen, Schlaglöcher, aus denen die Armut regelrecht brüllte und jeden Menge Menschen in Lumpen, die Einkaufswagen voll mit irgendwelchem Kram vor sich herschoben und Menschen in Grüppchen - zumeist schwarz - , die in dunklen Ecken standen und mit einer Mischung aus Neugier und Argwohn zu mir herüberschauten. Ich fühlte regelrecht, wie ich gescannt wurde, wohl ob es sich lohnt, mich zu überfallen oder nicht.

Manchmal kamen Fahrzeuge sehr, sehr nahe, denn ein Randstreifen oder eine Standspur war nicht vorhanden.

Diese Fahrzeuge hatten sogar die vorderen Scheiben getönt, so dass man nicht sehen konnte, wer die Insassen waren und natürlich auch keine Mimik und keine Gesten und schon gar nicht mögliche Waffen.

Auffällig war auf jeden Fall, dass keine der Straßenlaternen über mir intakt war, ausnahmslos alle hatten zerbrochene Leuchtmittel oder zerschlagene Scheiben. Das ist in Großstädten immer ein Indiz für stark erhöhte Kriminalität, vor allem nach Einbruch der Dunkelheit.

Davon war ich zum Glück aber noch weit entfernt. Chicago Heights zog sich in die Länge, auch weil ich relativ langsam war wegen der extrem schlechten Straßenverhältnisse.

Endlich sah ich die ehemalige Ford Fabrik, das ist so eine Art Umkehrpunkt. Danach sollte statistisch gesehen die Gegend ein wenig sicherer werden.

Die Ford Fabrik in Chicago Heights wurde 1923 aufgrund der Expansionsbemühungen des Ford Konzerns, die rasant steigende Nachfrage an Automobilen, vor allem in Chicago, zu bedienen, gegründet.

Sie spielte eine sehr wichtige Rolle in der amerikanischen Automobilindustrie des 20. Jahrhunderts und schuf viele Arbeitsplätze und kurbelte die lokale Wirtschaft enorm an.

Leider schloss der Ford Konzern dieses Werk bereits im Jahre 1957 wieder, was einen starken Einfluss auf Chicago Heights und die umliegenden Ortschaften hatte, da viele Arbeitsplätze verloren gingen und die wirtschaftliche Dynamik stagnierte.

Heute erinnern nur noch ein paar wenige historische Marker und die Gebäude, die nun anderen Bestimmungen dienen, an dieses große Werk mit seiner Präsenz.

Und es war tatsächlich so, einige Kilometer hinter dem Ford-Werk wurde die Region spürbar sauberer, die Häuser deutlich gepflegter mit schönen Vorgärten und die Geschäfte hatten wieder vertrautere Namen und hiessen nicht Bubbas Schnapsladen oder Onkel Toms Barbershop.

Auch die Infrastruktur war in Ordnung, die Schlaglöcher verschwanden, es gab Rad- und Fußwege und intakte Straßenbeleuchtungen.

Das Städtchen Joliet, Illinois, welches ich bald darauf durchquerte, war wunderschön anzusehen, mit vielen historischen Gebäuden.

Es trägt den (leicht abgeänderten) Namen des französischen Entdeckers, Louis Jolliet, der diese Region im 17. Jahrhundert erkundete.

Joliet ist Heimat des Joliet Junior College, des ältesten, öffentlichen Community Colleges der USA, gegründet im Jahre 1901. Es hat die Bauform eines alten Schlosses und schaut ein bisschen aus, als wäre es einem „Harry Potter"-Film entsprungen.

Wenn sie raten müssten, was glauben Sie, war jemals der größte Arbeitgeber der Stadt?

Nein, nicht das College und auch nicht das Krankenhaus - es war das Joliet Correctional Center, eine sehr große Strafanstalt.

Diese wurde im Jahre 1858 mithilfe von Häftlingen für 75.000 Dollar errichtet und konnte bereits damals über 750 Gefangene aufnehmen. Die meisten Häftlinge waren im Jahre 1990 hier untergebracht (1900 an der Zahl). Hier wurden übrigens die meisten Hinrichtungen des Staates Illinois durchgeführt und auch die allererste Hinrichtung auf dem elektrischen Stuhl.

Seit der Schliessung im Jahre 2002, aber auch schon Jahre davor, diente das (nun ehemalige) Gefängnis oft als Filmkulisse, zum Beispiel für die Filme „Blues Brothers" oder „Red Heat" oder für die Fernsehserie „Prison Break".

Und mit diesen Gedanken im Kopf kam ich nach 116km dann in Aurora, einem interessanten alten Ort, am Fox

River gelegen, an.

Was mir in den letzten Tagen immer wieder aufgefallen ist und ich mich deshalb ständig frage: Warum sind junge Menschen - besonders in Amerika - von Lautstärke so angetan?
Vor allem in den Städten.
Fahrzeugauspuffe: Laut. Autoradios: Laut. Mit anderen telefonieren: Laut. Aus Autofenstern Radfahrer anschreien: Natürlich laut. Ist es nicht eigentlich viel angenehmer, leise unterwegs zu sein?

Lieber Donald Trump, Du bist ja nun bald wieder Herrscher in diesem wunderschönen Land. Warum ist „laut zu sein" bei Euch so ausgeprägt?
Das ist doch beileibe kein Zeichen von Stärke oder Macht, laut ist nur der, der leise nichts zu sagen hat. Denn selbst meine Oma sagte bereits vor Jahrzehnten: „Wer anfängt zu schreien, hört auf zu denken" und sie hatte recht, denn sie war eine kluge Frau.
Das nur mal so am Rande.

Und eine kleine, aber eindringliche, Bitte an die Autofahrer von Chicago hätte ich auch noch: Lasst euren Frust nicht an harmlosen Radfahrern aus.
Es hat mit Spaß nichts zu tun, wenn man an sie heranfährt, dass eure Seitenspiegel deren Ellbogen berühren oder man vor Schreck fast umfällt, weil ihr genau neben dem Radfahrer eure sicherlich schweineteure Musikanlage aufdreht, dass einem fast die Ohren platzen.
Und Glasflaschen vor Radfahrern auf der Straße

zersplittern lassen, geht schon mal überhaupt nicht!
Wenn ihr mit eurem Leben unzufrieden sein - ändert es.
Als ersten Anfang empfehle ich euch, wählt im November
Donald Trump und ihr werdet sehen, alles wird besser.

10. Juni 2024

Guten Morgen nach Deutschland und dem Rest der Welt,
heute bin ich den 7. Tag unterwegs, seit der Reparatur
meines Fahrrads. Mit etwas Fingerspitzengefühl, vielen
kleinen Pausen und guter Pflege hat es bislang ganz gut
durchgehalten.

Da bin ich selbst schon etwas lädierter, denn mittlerweile
600km Gegenwind der ganz fiesen Sorte (mit 40-60kmh)
haben einige Spuren hinterlassen.
Doch wir wollen nicht klagen, denn mit so etwas muss
man rechnen. Trotzdem lege ich morgen einen Ruhetag
ein, vielleicht dreht ja auch der Wind in der Zwischenzeit
um.

Mein heutiger Startort Aurora liegt ja etwas westlich von
Chicago, aber immer noch unverkennbar im Dunstkreis
dieser riesigen Stadt. Trotzdem fühle ich mich sicher
genug, um die Beschreibung eines US-Amerikanischen
Stand-Up-Komikers wiederzugeben, die er über Chicago
(das übrigens seine Heimatstadt ist) verfasst hat:

„Chicago, Illinois - die Stadt, wo die Winter so kalt sind,
dass selbst die geschmeidigsten Schnurrbärte einfrieren
und die Sommer so heiß, dass es regelmäßig vorkommt,
dass die Tauben gebraten auf Deiner Veranda landen.

Hier sind die Straßen so voller Schlaglöcher, dass Du denkst, Du wärst auf einer Expedition durch den Grand Canyon.

Die Architektur ist atemberaubend, aber vergiss nicht, dass Wolkenkratzer auch als Windtunnel dienen können, um Dir Deine Sonnenbrille oder Dein Toupet zu entführen oder auch beides. Die Restaurants sind mega lecker, so lange Du bereit bist, Dich durch italienische Pizzakrusten zu kämpfen, die dicker sind, als die letzten fünf Bücher zusammen, die Du gelesen hast.

Und die Kriminalitätsrate ist so hoch, dass die Ratten in der Kanalisation inzwischen sogar Handys besitzen, um den Notruf wählen zu können, wenn Du mit einer Schussverletzung blutend auf dem Bürgersteig liegst.

Trotz all dieser Herausforderungen und Hürden ist Chicago allerdings eine Stadt, die Dich entweder zu einem echten Stadtbewohner macht oder Dich dazu bringt, einen Bären zu adoptieren, um mit ihm in den Wäldern von Wisconsin zu leben."

Ja, so ähnlich waren meine Eindrücke schon von den Chicagoer Vororten auch und ich war froh, ungeschoren davongekommen zu sein und nicht unbedingt bestrebt, einen Bären zu adoptieren.

Meine heutige Etappe sollte auch wieder etwas kürzer ausfallen - aber nicht, weil ich keine Lust mehr hatte, sondern weil ich auf dem „Sprung" war.

Denn der Wetterbericht hatte über Wisconsin und Minnesota eine Schlechtwetterfront vorhergesagt mit einstelligen Temperaturen, Starkregen und Winden bis zu 80kmh.

Das waren genau diese beiden Bundesstaaten, die ich in den nächsten Tagen hätte durchqueren wollen und nach einer kurzen Beratung mit meiner bayerischen Basisstation haben wir beschlossen, dass ich mir das nicht antue, sondern dieses Schlechtwettergebiet einfach überspringe.

Lieber Mr. President, ich muss Dir das hier beichten, aber ich denke, Dir wird es egal sein, wie ich meine 10000 Meilen absolviere, ob auf dem Fahrrad, zu Pferde, laufend, schwimmend oder kriechend oder mit dem Auto. Aber möglicherweise wirst Du auch nie davon erfahren, dass es mal einen verrückten Deutschen gab, der diese Idee ersonnen hatte.
Ungeachtet dessen halte ich natürlich weiter an meinem Plan fest, die Strecke mit dem Fahrrad zu absolvieren - Voraussetzung ist natürlich, das gute Stück hält durch bis zum Schluss. Und wenn wider Erwarten nicht, ist es mir persönlich wichtig, zumindest an dem Motto festzuhalten: „10000 Meilen für Mr. President". Auf welchem Wege auch immer.

Kurz hinter Aurora kam wieder der Wind auf und der Himmel war nicht mehr ganz so lückenlos azurblau, wie in den letzten Tagen, denn inzwischen hatten sich zu den einzelnen Schäfchenwolken, die sich beim Blick aus dem Motelfenster am frühen Morgen am Himmel zeigten, ganze Schafherden gesellt und die bestanden vorwiegend aus schwarzen Schafen.

Das waren dann wohl die Vorboten der Schlechtwetterfront aus Wisconsin und Minnesota.

Am Anfang führten die kleinen Straßen, die ich heute benutzte, durch winzige Örtchen, die sich malerisch in kleinen Wäldchen versteckten und ab und zu an größeren, akkurat gepflegten, Farmen vorbei und tendenziell immer leicht bergauf.

Die Straße begann sich wohl an die Pennsylvanischen Hügel zu erinnern, die mir und meinem Fahrrad so gut gefielen und wollte uns damit einen besonderen Gefallen tun. Aber wir liessen uns nicht einschüchtern, wir blieben bei der bewährten Strategie, dem Mix aus Fahren und Pausieren.

Die erste größere Pause machte ich in St. Charles, einem Städtchen mit gut 30.000 Einwohnern, das ebenfalls (so wie Aurora) am Fox River liegt und - mitten im Ort - die gleiche schöne Stromschnelle aufzuweisen hatte, wie Aurora auch.

St. Charles hiess ja früher Charleston, wurde aber auf Betreiben des Rechtsanwaltes S.S.Jones im Jahre 1839 in St. Charles umbenannt. Was diesen dazu veranlasst hat, entzieht sich leider meiner Kenntnis.

Auf jeden Fall ist der Ort durch das sogenannte „Wild Rose House" regional sehr bekannt, denn dieses Gebäude diente als Schutzhaus der sogenannten „Underground Railroad", das war ein Schleusernetzwerk, das versklavten Afroamerikanern die Flucht aus den Südstaaten in die bedeutend sichereren Nordstaaten ermöglichen sollte. Außerdem erlangte dieses Gebäude Bekanntheit durch die Behauptung, Al Capone hätte hinter dem Haus jemanden umgebracht, denn angeblich würde man die Einschusslöcher heute noch in der rückseitigen Hauswand sehen.

In ungefähr der Hälfte der Strecke durchfuhr ich dann den Ort Burlington mit seinen vielen schönen Backsteinhäusern, von denen die Hälfte allerdings leer stand - vermutlich hatten die Besitzer in Chicago oder einer anderen größeren Stadt einen Neustart versucht oder es waren ehemalige, versklavte Afroamerikaner, denen es hier oben einfach zu kalt ist und die wieder in die viel wärmeren Südstaaten umgesiedelt sind oder - ganz lapidar: Sie wurden hinter ihren Häusern von Al Capone erschossen.

Die letzten 25 Kilometer waren dann leider wieder viel, viel schlechter zu fahren, denn die Straße (die Cherry Valley Road) war aus Betonplatten mit vielleicht 6x6m Seitenlänge zusammengesetzt, die sich aber alle unterschiedlich abgesenkt hatten, die eine stand 5cm höher als die davor und die nächste 5cm tiefer.
Sie können sich vorstellen, was das für ein Gehoppel war. Nach den 25km war mein Hinterteil völlig taub und ich hätte erfolgreich an jedem Bullenreiten teilnehmen können, ohne Gefahr zu laufen, irgendetwas zu spüren.

An meinem Tagesziel in Rockfort angekommen, fuhr ich gleich zu der Autovermietung, bei der wir einen motorisierten, vierrädrigen Untersatz für mich und den Sprung durch die Schlechtwetterfront gebucht hatten. Zwei junge Burschen saßen in einem kleinen Häuschen, das in eine riesige, leere Lagerhalle eingebaut war und bedienten darin Kunden der Budget und AVIS Autovermietung.

Meine Buchung konnten sie zwar finden, aber nicht zuordnen, es kam immer wieder eine Fehlermeldung. Abgesehen davon hatten auch diese Jungs wieder Probleme zu erkennen, aus welchem Land auf dieser Erde mein Führerschein stammt.

Ich hatte mir zwar ursprünglich als sogenannten Running Gag überlegt, ab sofort in solchen Fällen mit ausgestrecktem rechten Arm und in teutonenhafter Stimmlage und rollendem „R" zu fragen, woher denn ein FÜHRER-Schein wohl stammen könne, aber ich dachte mir, lieber nicht, denn obwohl die Amerikaner unglaublich tolerant sind und die Zeit in Deutschland zwischen 1933 und 1945 inzwischen eher belächeln und als die Tatsache ansehen, sich als heldenhafte Erretter präsentiert zu haben (was zugegebenermaßen ja auch größtenteils zutrifft) bin ich und das möchte ich hier ganz deutlich klarstellen, natürlich kein Nazi und habe meinen Running Gag auch unterlassen.

Trotzdem bin ich teilweise immer wieder mal etwas stolz auf mein Vaterland, natürlich aber nicht auf diese politischen Fehlgeburten, die es in jüngster Vergangenheit hervorgebracht hat (um Gottes Willen, nein), sondern eher auf das, was es zwischen den Jahren 1800 und 1950 in der Welt erreicht hat.

Wieviele kluge und mutige Menschen aus Deutschland haben in fremden Ländern auf der ganzen Welt (ich spreche hier nicht ausschliesslich von Amerika) Großes geleistet und den jeweiligen Ländern mit den deutschen Tugenden zu dem verholfen, was sie jetzt sind. Ob das jetzt im Nachhinein immer positiv zu bewerten ist, sei mal dahingestellt.

Aber, wenn man auf die Landkarte schaut, und feststellt, wie klein eigentlich Deutschland ist im Vergleich zu vielen anderen Ländern, ist der Verdienst der deutschen Menschen, die sich in völlig fremden, oft auch feindselig gesonnenen, Ländern angesiedelt hatten, umso höher zu bewerten.

Während ich hier ein bisschen abschweife, waren die beiden Jungs von der Autovermietung völlig verzweifelt und wussten nicht mehr weiter. Gemeinsam hatten wir zwar inzwischen festgestellt, dass ich aus Deutschland stamme, einen deutschen Pass, Führerschein und Ausweis habe und eine Fahrzeugbuchung, die von mir im Voraus bezahlt wurde an die deutsche Vermittlungsagentur Check24, aber irgendetwas stimmte einfach nicht.

Einer der Burschen rief seine Hotline an und nach einigem Hin- und Her rieten sie mir, die deutsche Buchung zu stornieren und eine neue bei ihnen abzuschliessen.

Mir war das inzwischen relativ egal, Hauptsache, ich musste nicht mehr hinter deren Tresen stehen wie so ein Volltrottel mit taubem Hinterteil.

Nach geschlagenen zwei Stunden war es dann vollbracht und ich konnte mein Fahrrad endlich in einen schönen Chrysler Minivan einladen, um mich damit in aller Ruhe auf den Weg Richtung North Dakota zu machen, welches ich auch mit einer Übernachtung auf halber Strecke am Nachmittag des nächsten Tages erreichte.

<u>11. Juni 2024</u>

Heute gibt es nicht viel zu berichten, ausser dass ich eine längere, aber entspannte, Autofahrt hinter mir habe. Entspannt deshalb, weil man ja in den Vereinigten Staaten nicht sonderlich schnell auf der Interstate = Autobahn fahren darf, in meinem Falle maximal 70 Meilen pro Stunde, was ungefähr 112kmh entspricht.

Beim Fahrradfahren sage ich zwar immer, je schneller man fährt, desto kürzer muss man sitzen - das gleiche trifft natürlich auch auf das Autofahren zu. Aber man kann natürlich die erlaubte Höchstgeschwindigkeit nicht ändern und auch mit 70 Meilen kommt man irgendwann ans Ziel.
Dieses hiess in meinem Fall Fargo in North Dakota und das Wetter war prächtig.

Unterwegs hatte ich zwar ein paar Mal Angst, mein Auto würde entweder untergehen in den von dem vielen Regen angestauten Wasserpfützen oder von der Fahrbahn gespült oder vom Wind auf die Gegenfahrbahn geblasen, was auch nicht sonderlich lustig wäre, aber zum Glück traf nichts von alledem ein.
Hier in North Dakota strahlte der Himmel wie sonst eigentlich nur in Florida und nur ganz wenige kleine Mini-Schäfchen, natürlich in reinweiß, tollten in diesem wunderschönen Blau umher.
Allerdings war der Wind - wie immer aus Westen - so stark, dass ich beim Aussteigen zuerst gar nicht die Autotür öffnen konnte und dachte, da steht ein kleiner

Indianer dahinter und hält sie fest.

Ich werde jetzt auf jeden Fall zuerst mal in Ruhe meine Sachen sortieren, die Taschen neu packen, das Fahrrad gut durchschauen und die Kette ölen und mich dann auf morgen freuen, wenn es bei tollem indianischen Frühsommerwetter weiter geht zur nächsten Etappe.

<u>12. Juni 2024</u>

Nun sitze ich hier in meinem Hotel in Fargo, North Dakota, und draussen schneit es.

War natürlich nur ein kleiner Spass, aber ich hätte gerne ihr Gesicht gesehen. Nein, bereits am frühen Morgen, als ich einen kleinen Blick aus dem Fenster wagte, strahlte die Sonne und warf mir ein paar ihrer Strahlen rüber, als wolle sie sagen: „Komm raus, Du Langschläfer, draussen ist es viel schöner, als in Deiner stickigen Bude."

Womit sie natürlich völlig recht hätte.

Das Frühstück war nicht unbedingt der Brüller, aber ich hatte schon schlechtere bzw. gar keins. Mir ist immer wichtig am Morgen, dass es Kaffee gibt. Ich könnte auf alles verzichten, nur nicht auf Kaffee. Hab ich den mal nicht, bleibe ich den ganzen Tag über unausgeschlafen, leicht reizbar und grantig.

Meine Strecke heute war denkbar einfach - immer geradeaus nach Norden und nur ganz am Schluss kurz links abbiegen. Sollte machbar sein. Ich musste nur aufpassen, dass ich die Abbiegung am Schluss nicht verpasse, denn sonst würde ich am Ende noch in Kanada landen. Es spricht natürlich nichts gegen Kanada, aber das war ja nicht der Plan.

Draussen vorm Motel standen ein paar Männer mit Hüten

und Cowboystiefeln und beluden ihre riesigen, zwillingsbereiften Pickups - es schaute fast aus wie die Truppe um Kevin Costner aus der Filmreihe „Yellowstone", aber sie waren es nicht und wären auch sicher nicht in einem solchen Etablissement abgestiegen, wie ich. Denn bei 800.000 Dollar Gage pro Folge wohnt der liebe Kevin bestimmt in irgendeinem Trump Tower und lässt sich mit dem Hubschrauber zum Drehort fliegen.

Aber das ist nicht meine Liga und ich bin froh, nicht deren Sorgen zu haben. Die Sorgen aus meiner Welt reichen da schon völlig aus.

Langsam trat ich in die Pedale und rollte etwas gedankenverloren auf dem grauen Asphalt dahin und hatte irgendwie gerade das Gefühl, wieder ein kleiner Junge zu sein. North Dakota, was für ein Name und welch eine Vergangenheit!

Wieviele indianische Menschen lebten hier Ewigkeiten lang glücklich, auch wenn das Leben hart und entbehrungsreich war, die Winter grausam kalt und die Sterblichkeitsrate unter den Säuglingen hoch. Sie hatten ihr eigenes Ökosystem und weder von den Sorgen der sogenannten zivilisierten Welt, noch deren kommenden Auswirkungen auf sie, eine Ahnung.

Die Indianerstämme von North Dakota lebten autark und in völliger Harmonie mit der Natur, deren unendliche Weite und Schönheit ihr Leben prägten. Ihre Tage waren durchzogen von tiefem Respekt für das Land und seinen Gaben, die sie in rituellen Zeremonien ehrten.

Die Familien lebten in engen Gemeinschaften, wo jedes Mitglied eine bestimmte Rolle und Verantwortung inne hatte, die den Zusammenhalt noch weiter stärkte. Die Jagd auf Büffel war von zentraler Bedeutung, da die Büffel nicht nur Nahrung, sondern auch Kleidung, Unterkunft und Werkzeuge lieferten.

In den Sommermonaten durchzogen sie die Prärien, während sie in den Wintermonaten in festen Siedlungen blieben. Die Stämme hatten klar definierte soziale Strukturen und Hierarchien, die auf Respekt vor den Ältesten und Weisen basierten. Ihr Leben war geprägt von Spiritualität und vielen alten Geschichten, die von Generation zu Generation weitergegeben wurden und die Identität und Historie der einzelnen Stämme bewahrten.

Doch mit dem Vordringen der europäischen Siedler, änderte sich ihr Leben dramatisch. Die Ankunft der Weißen brachte Krankheiten und Konflikte mit sich, die die Gemeinschaften dezimierten und destabilisierten. Verträge wurden mit den Weißen geschlossen und wieder gebrochen, was zu immerwährenden kriegerischen Auseinandersetzungen, Landverlusten und später gar Zwangsumsiedlungen in Reservationen führte.

Diese Reservationen wurden irgendwann notgedrungen zu neuen Zentren des Lebens, wo sie um ihre kulturelle Identität bangten. Bis heute kämpfen die Stämme um ihre Souveränität und um den Schutz der heiligen Stätten und Ressourcen.

Das Erbe der Indianer von North Dakota ist sehr reich an Geschichte und Spiritualität und es erinnert uns daran, dass das Leben und die Kultur dieser Menschen tief mit den Bergen und weiten Ebenen verwurzelt ist, die sie seit Jahrtausenden bewohnt hatten.

Bevölkerungsmäßig liegt North Dakota mit 779.000

Einwohnern an viertletzter Stelle der 50 einzelnen US-Amerikanischen Bundesstaaten.

Laut American Community Survey stammt die Bevölkerung in North Dakota von folgenden Ländern ab: 44% Deutsche, 25% Norweger, 7% Iren, 4 % Engländer, 4% Schweden und der Rest von 16% hat indianische Gene.

Wer hätte das gedacht? Unter den Deutschen sind allerdings viele Russlanddeutsche, die etwa wiederum 20% der deutschstämmigen Bevölkerung ausmachen. Wir sprechen hier aber nicht von den Einwanderern, die Ende des 20. Jahrhunderts hierher gezogen sind, sondern von denen, die sich vor 150 und mehr Jahren auf die lange Reise machten.

Wenn ich es so recht bedenke, frage ich mich schon langsam, warum wird hier in diesem riesengroßen Land eigentlich nicht deutsch gesprochen?

Ich liess meine Gedanken noch ein bisschen schweifen und schaute in die Gegend, die an und für sich nicht viel Spektakuläres zu bieten hat. Aber vor meinem geistigen Auge sprachen die Landstriche Bände und ich habe auch in meinem fortgeschrittenen Alter noch genügend Fantasie, um mir die Straßen und die wenigen Fahrzeuge wegzudenken und stattdessen eine große Herde Büffel, denen eine Handvoll Indianer nachjagt.

Ich war rund 130km unterwegs heute und ich glaube, mich haben keine 10 Autos überholt. Ich konnte sogar mein Pferdchen mittig auf den Highway stellen, um es zu fotografieren.

Bei all dem, was mich gerade so beschäftigt hatte, hab ich

doch glatt den Wind vergessen. Nein, nicht vergessen zu spüren, sondern nur vergessen, zu erwähnen.

Erst kam er moderat (das heisst in North Dakota mit rund 30kmh) schräg von hinten, etwas später dann ein bisschen stärker von der Seite (hab bislang gar nicht gewusst, dass mein Vorderrad Panflöte spielen kann) und wenig später dann mit Vollgas von vorn, was in North Dakota auch ungefähr 60kmh bedeutet.

Als ich mich danach in meinem Knights Inn Motel im Spiegel sah, wurde mir schlagartig klar, warum die Indianer immer Rothäute genannt werden.

Es war ein schöner Tag mit vielen Gedanken an vergangene Zeiten und trotz aller Anstrengung hatte ich noch Kraft und Muße, zum 2km entfernten Walmart zu schlendern, um für morgen noch Wasser zu kaufen und eine kleine Tube Zahnpasta. Ja, Zähneputzen muss auch mal sein.

13. Juni 2024

Die erste Nacht in North Dakota war ein wenig unruhig, denn in einem der Nachbarzimmer wohnte ein Hund und der war entweder besonders nachtaktiv oder einfach nicht gut erzogen. Auf jeden Fall jaulte und bellte er immer in dem Augenblick, in dem ich gerade einschlafen wollte.

Aber hilft ja nichts und die Etappe heute ist mit knapp 100km auch nicht allzu lang, das wird schon gehen, auch wenn der Wind die ganze Nacht an den Ecken des Motels

sein Liedchen gepfiffen hat, wie eine alte
Dampflokomotive.

Wegen der nicht übermäßig langen Strecke hatte ich es
auch nicht besonders eilig und dachte mir, um 10 wäre
eine gute Zeit, um von hier abzuhauen.
Das tat ich dann auch und stellte mich mutig dem Wind,
der sich mir mit einer Intensität in den Weg stellte, dass
ich bestimmt wieder mit 5 oder 6 Stunden für die knapp
100km zu rechnen hätte.
Aber die Sonne meinte es wieder gut mit mir und wärmte
mir den Rücken, denn ab heute geht es erst mal für rund
1000km immer Richtung Westen.

Nach nicht einmal 10 Minuten entwickelte allerdings der
Motor von meinem Fahrrad ein Eigenleben, er schob
immer stoßweise von hinten an, das war ein bisschen
seltsam. Ich hatte ja immer wieder mal den Eindruck
gehabt und das während der gesamten Tour, dass der
Motor nicht gleichmäßig unterstützt, sondern manchmal
seine Leistung in Wellen abgibt. Ich habe für so etwas
eigentlich ein Gespür, hatte es aber einem der Akkus
zugeschrieben.

Eine Weile später unterstützte der Motor zwar wieder
relativ normal, aber plötzlich flitzte die
Geschwindigkeitsanzeige auf dem Display hin und her
und wechselte blitzschnell zwischen 0 und 30kmh. Ich
hielt an, schaltete das Fahrrad aus und wieder an und fuhr
weiter. Keine Änderung. Also angehalten und Akku raus
genommen. Wieder das gleiche.
Nur fuhr das Fahrrad auf einmal, als hätte es einen Hemi-

V8 im Hinterrad und keinen kleinen Nabenmotor.

Ich schaute auf die Unterstützungsstufe und die stand auf 2, wie sonst auch. Komisch.

Trotz des Gegenwindes rauschte ich nur so voran, das konnte aber auf Dauer nicht gut gehen. Wieder angehalten und wieder Akku raus. Keine Änderung. Selbst auf Stufe 1 raste das Fahrrad mit mir davon, das war zwar sehr angenehm, aber von dem Akkustand mit 85% waren auf einmal nur noch 45% übrig und das auf vielleicht 5km. Nun war auch noch die Geschwindigkeitsanzeige komplett ausgefallen (stand auf Null) und der Kilometerzähler zählte auch nicht mehr mit.

Ich wusste einfach nicht mehr, was ich denken sollte. Mein Kopf war wie leergefegt. So etwas kann doch einfach nicht sein, ich kam mir vor, als hätte mich jemand verflucht.

Aber ich wollte dem Fahrrad noch eine Chance geben und testen, wie lange der Akku bei dieser Unterstützung reicht - laut Strava waren es am Ende genau 20,30km, dann war er leer. Also kam der Ersatzakku zum Einsatz, ich allerdings drehte um und fuhr zurück nach Grand Forks. Beim Walmart am Ortseingang setzte ich mich auf eine Bank und versuchte erst einmal, meine Gedanken zu sortieren und kurz die möglichen Optionen, die sich nun ergaben, aufzulisten.

Viele waren es anfangs nicht.

Mit diesem Fahrrad unter solchen Umständen weiterzufahren, war sehr riskant, denn es kamen sehr lange Strecken ohne jegliche Möglichkeiten, sich Hilfe zu suchen, auf mich zu und ich hatte überhaupt keinen blassen Schimmer, wie weit das Fahrrad überhaupt noch fahren würde in dieser schnellen Stufe. Also schied diese Variante aus.

Natürlich musste ich wieder meinen Händler kontaktieren und den Hersteller. Der Händler schrieb zwar umgehend zurück und äußerte sein Bedauern, aber das war auch schon alles. Hilfsbereitschaft sieht etwas anders aus.

Der Hersteller hatte sich inzwischen auch schon mehrfach zu dem Thema ausgelassen und versprach den Austausch gegen ein Neurad, allerdings ausschliesslich bei meinem Händler in Florida.

Und ob ich damit einverstanden sei.

Natürlich sagte ich erst einmal zu, alles andere wäre Schwachsinn gewesen.

Die Option, die Fahrräder in Florida zu tauschen, gefiel mir zwar überhaupt nicht, aber was sollte ich machen?

Auf die Frage, wann denn das neue Fahrrad in Florida eintrifft, konnte mir im Moment keiner eine Antwort geben.

Man müsse aber von mindestens einer Woche Lieferzeit ausgehen, wenn es denn mal verschickt wurde. Also wieder tagelang warten in irgendeinem muffeligen Motel.

Ich hab echt keinen Bock mehr, ich glaub, ich breche ab!

Mein Frauchen versuchte, mich wieder ein bisschen aufzumuntern und half, wo es nur möglich war. Aber die Möglichkeiten waren nun einmal begrenzt.

Ich hätte mir schon jetzt einen Mietwagen holen und damit nach Florida fahren können, aber wenn das neue Fahrrad dann nicht rechtzeitig kommt, hätte ich ein großes Problem mit der Mietwagengesellschaft, denn die Mietzeit eines Autos einfach mal so zu verlängern wie ein

Hotelzimmer, ist aus der Ferne nicht möglich, da muss man immer vor Ort zu der Station zurück, wo man es übernommen hat.

War also auch keine Lösung.

Als Plausibelstes erschien mir noch, zu warten, bis Aventon die Sendungsnummer schickt, um dann taggenau loszufahren und den Tausch der Fahrräder durchzuführen. Nur wann würde das sein?

Ich könnte zwar auch noch mit dem Zug nach Florida fahren und das Fahrrad mitnehmen - müsste aber 5x umsteigen und es war nicht sicher, dass mich alle Züge mitnehmen, denn das Gewicht des Fahrrades war dort auf 25kg begrenzt. Das Fahrrad zu verschicken und meinen Händler bitten, das neue Fahrrad zu mir zu schicken, geht auch nicht, denn die Akkus sind auch in Amerika als bitterböses Gefahrgut eingestuft, die nimmt kein Spediteur so ohne weiteres an. Es war einfach zum Verzweifeln, egal, wie man es drehte oder wendete, es gab keine vernünftige, sinnvolle Lösung.

Also fuhr ich ziemlich niedergeschlagen zu meinem Knights Inn Motel zurück und buchte noch einmal eine Nacht, in der Hoffnung, bis morgen würde sich etwas Neues ergeben.

Zwangspause in Grand Forks (14.-18.6.24)

Die zweite Nacht in Grand Forks, North Dakota ist vorüber, viele Gedanken schwirrten wieder in meinem Kopf herum, aber die ultimative Lösung blieb aus. Jeder neue Ansatz brachte wieder eine weitere Hürde mit sich, es war schier unmöglich, auf vernünftigem Wege und -

vor allem - mit einem noch einigermaßen vertretbaren Kostenaufwand die Sache zum Guten zu wenden.

Also hing ich wieder in einem Motel herum und versuchte irgendwie, die Zeit totzuschlagen.

Zum Glück hatte ich ja dieses Buch angefangen und es gab immer wieder etwas zu schreiben, zu verbessern oder zu korrigieren. Und ich telefonierte jeden Tag mit meinem Frauchen, ihre Stimme half mir, mich zu sortieren, runterzukommen und klare Gedanken zu finden.

Irgendwann nach dem Mittag schrieb ein Mitarbeiter von Aventon auf die dritte Nachfrage von mir, sie hätten jetzt den Auftrag erteilt, das neue Fahrrad nach Florida zu schicken, aber er könne immer noch keine Sendungsnummer bereitstellen.

Um ehrlich zu sein, ich denke, das war lediglich ein Vorwand, um mich so kurz vorm Wochenende ruhig zu stellen. Auch der Händler in Florida mutmaßte nur wieder, dass das neue Fahrrad vielleicht Ende kommender Woche eintreffen würde, vielleicht.

Doch das dauerte mir dann irgendwie alles zu lange.

Also musste wieder eine neue Lösung her und da hier kein Leihwagen zu einem vertretbaren Preis verfügbar war, kam eine ganz neue Variante ins Spiel und zwar, dass ich nach Florida fliege und dort einen Mietwagen übernehme, mit dem wieder hierher fahre, mein altes Fahrrad in den Kofferraum schmeiße und mit dem Auto dann die Tour beende und immer dort, wo es etwas zum Anschauen gibt, das Fahrrad heraushole und noch eine kleine Runde damit drehe, so lang würde es ja vielleicht noch durchhalten und wenn nicht, wäre ja dann das Auto immer in greifbarer Nähe.

Hört sich zwar im ersten Moment sehr umständlich an, wäre aber sicher nicht so stressig, als mit einem Mietauto irgendwann Ende nächster Woche nach Florida zu fahren, dort die Fahrräder zu tauschen und wieder herzukommen.

Wir sprechen ja hierbei nicht von einer Fahrt um die Ecke, sondern um eine ausgewachsene Reise mit 7300km Länge.

Und um dann mit dem neuen Fahrrad mein Glück aufs Neue zu versuchen? Wo die Berge jetzt erst richtig anfangen? Nein, das kam nicht infrage, denn ich hab das Vertrauen in die Marke Aventon verloren. Die aktuellen Modelle von Aventon sind für kurze Strecken in flachem Gelände sicherlich wunderbar geeignet, in Florida zum Strand oder um am Abend eine Runde durch die City zu fahren, da sind sie perfekt. Aber als Reiserad, mit Gepäck und dann noch Überland in die Berge - keine Chance, da sind sie völlig überfordert und somit nicht empfehlenswert.

Klar blutet mir das Herz bei diesen Gedanken und den getroffenen Entscheidungen, denn so hatte ich mir meinen Lebenstraum nicht vorgestellt.

Aber bevor der Traum noch mehr zum Albtraum wird oder völlig zerplatzt, dann lieber eine vernünftige Entscheidung getroffen, die am Anfang vielleicht etwas im Herzen schmerzt, aber unterm Strich am meisten Sinn ergibt.

Ich hatte zwischenzeitlich sogar in Erwägung gezogen, mit einem Leihwagen nach Florida zu fahren, dort die Fahrräder zu tauschen, das neue Rad in ein Lager zu stellen und wieder nachhause zu fliegen.

Wollen Sie wissen, was der Leihwagen mit

Einwegzuschlag (Übernahme in North Dakota und Abgabe in Florida) hier in Grand Forks gekostet hätte? 8500 Dollar. Ihr Indianer seid nicht normal, wirklich nicht!

Lieber Mr. President Donald Trump, sei froh, dass Du deutsche Vorfahren hast und keine indianischen. Denn bei einer solchen Dreistigkeit - 8500 Dollar für vier Tage Mietwagen zu verlangen - hätte ich Dir jetzt eins auf die Mütze gegeben.

Der nächste Tag kam und mit ihm bleierne Müdigkeit.

Der dumme Hund wohnt immer noch nebenan und kann seine Schnauze einfach nicht halten.
Seine Besitzer, ein Ehepaar Ende 60, geht gefühlt aller 20 Minuten raus zum Rauchen und der Hund heult sich derweil seine kleine Hundeseele aus dem Leib und kratzt an der Tür, wie ein epileptischer Pandabär.

Gestern Abend hatte ich dank der getroffenen Entscheidungen wieder mal einen etwas klareren Kopf und das Buch weitergeschrieben, dass die Tasten nur so klapperten. Allerdings währenddessen auch drei große Kannen Kaffee getrunken, da war es kein Wunder, wenn ich erst nicht einschlafen konnte und am Morgen darauf nicht ausgeschlafen war.
Hatte ich eigentlich erwähnt, dass ich nicht mehr im Knights Inn residiere, sondern bereits seit zwei Tagen im Americas Best Value Inn?
Und dass dieses Motel noch mal eine Nummer schlechter ist, als das vorherige? Das muss man erst mal schaffen. Es ist zwar ausgesprochen günstig und so etwas wie

Frühstück gibt es auch, aber die Bude muffelt, dass es sogar mich hebt, wenn ich den Gang betrete und das hat was zu sagen, denn ich halte für gewöhnlich einiges aus. Neben dem Hund sind übrigens vorgestern noch zwei Bauarbeiter eingezogen, die sprechen englisch mit einem leicht seltsamen Dialekt, daher denke ich, dass es Kanadier sind. Auf jeden Fall stehen ihre mit Schlamm und Dreck voll besudelten Sicherheitsstiefel draussen vor der Tür, also nicht im Gang vor der Zimmertür, sondern ganz draussen.

Ich wollte sie heute morgen schon fragen, ob sie den Teppich im Gang nicht gesehen haben, da wäre der Baustellenschlamm noch eine Aufwertung.

Auf jeden Fall und das war es, was ich eigentlich sagen wollte, ist jeden Abend einer von den Beiden sowas von besoffen, dass er erst mal drei Stunden lauthals über der Kloschüssel hängt und aus vollem Hals nach dem Uli ruft. Und alle im Umkreis von 500m hören mit, denn die Häuser in Amerika werden ja, wie wir wissen, aus Wellpappe gebaut und nicht aus Ziegelsteinen.

Inzwischen ist es aktuell schon fast 19 Uhr und ich denke, es dauert nicht mehr lange und dann erschallen die Rufe der Wildnis wieder im westlichen Grand Forks, so dass die Kakerlaken im Badezimmer zu ihren FFP3-Masken auch noch Gehörschutz aufsetzen müssen.

Apropos Grand Forks: Heute nach dem „Frühstück" habe ich eine kleine Wanderung unternommen ans andere Ende von Grand Forks, dort, wo der Red River sich in die Prärie gegraben hat und gleichzeitig die Grenze zu Minnesota bildet.

Es war kalt durch den Wind, aber der Ort war ganz nett

anzuschauen und sehr weitläufig, das hatte ich etwas unterschätzt. Die ersten 6km gingen wunderbar, auch weil der stramme Wind natürlich wieder aus Westen kam und ich gen Osten marschierte - aber zurück...puh...da hatte ich einige Probleme, ich bin halt einfach ein Radfahrer und kein Wandersmann. Zum Glück sitze ich morgen erst mal einige Stunden im Flieger und danach 3 Tage im Auto, da haben die 11 Blasen an meinen 10 Zehen genügend Zeit, sich zu überlegen, ob sie bleiben wollen, oder nicht.

In diesem Sinne: Gute Nacht Freunde, wo immer ihr seid.

19.- 21. Juni 2024 – Wir wollen (und müssen) das Beste daraus machen!

So, da bin ich wieder. Bin doch nicht kleinzukriegen, egal wer welchen Fluch über mich verhängt hat.

Gestern war ein sehr langer Tag. Am Vormittag pünktlich halb 10 wurde ich von Gary, dem Uberfahrer, abgeholt und zum Internationalen Airport Grand Forks (GFJ) chauffiert.

Dort angekommen, war ich offensichtlich der einzige potentielle Fluggast, keine andere Menschenseele weit und breit.

Der Ticketautomat spuckte zwar brav meine drei Bordkarten aus (Grand Forks - Minneapolis, Minneapolis - Atlanta und Atlanta - Fort Lauderdale), aber sonst passierte nix.

Erst etwa eine halbe Stunde vor dem geplanten Start kamen auf einmal aus allen Richtungen irgendwelche Leute und wollten auch noch mit. Vermutlich hatte sich ganz Grand Forks zu einem Ausflug verabredet. Als alle an Bord waren, rollte das Flugzeug auf die Startbahn und blieb dort erst mal 45 Minuten stehen - keiner wusste warum. Dann in der Luft konnte man schon eher ahnen, weshalb, denn das kleine Flugzeug machte regelrechte Purzelbäume, so stark und unberechenbar war der Wind heute.

Aus Minneapolis wurde zuerst keine Landeerlaubnis erteilt und die Maschine kreiste volle 20 Minuten lang über der Stadt. Dann endlich gings runter und zwar wie. Das Flugzeug wurde richtig gebeutelt und die Tragflächen standen teilweise fast senkrecht, einige Passagiere schrien wie wild, Kinder weinten und ein alter Mann ein paar Reihen vor mir wollte unbedingt aufstehen und aussteigen.

Mir kamen plötzlich die Worte aus einem Rammstein-Song in den Kopf, in dem es sinngemäß heisst: „...der Mensch gehört nicht in die Luft, so der Herr im Himmel ruft..." und weiter: „...der Sturm umarmt die Flugmaschine, der Druck fällt schnell in der Kabine, ein dumpfes Grollen treibt die Nacht, in Panik schreit die Menschenfracht...". Till Lindemann von Rammstein bringt es mal wieder gnadenlos auf den Punkt.

Aber trotz allem darf man natürlich nicht vergessen, dass das Flugzeug mit großem Abstand das sicherste Verkehrsmittel überhaupt ist.

Aufgrund der ganzen Verzögerungen musste ich in Atlanta rennen wie Usain Bolt und hab es in letzter Sekunde gerade noch zum nächsten Flug geschafft. Beide Anschlussflüge verliefen ruhig und angenehm und trotzdem war es mit den ganzen Zwischenstopps schon weit nach 22 Uhr, bis ich endlich in Fort Lauderdale in den

Mietwagen steigen konnte.

Bin dann noch gut 250km nach Norden gefahren und kam gerade ins Zimmer, als mein Frauchen daheim aufgestanden ist, weshalb wir sogar noch etwas plaudern konnten.

Bei der Fahrt durch das südliche Florida sah ich immer wieder Wegweiser zu Orten, die wir vor ein paar Wochen erst durchquert hatten. Es stellte sich ein kleines, zartes, nostalgisches Gefühl ein und gerne hätte ich die Zeit zurückgedreht, als wir da entlangradelten, mein Frauchen und ich.

Am kommenden Morgen ging sie dann gleich weiter, meine rasende Fahrt mit 70 Meilen pro Stunde. Die Fahrt durch Florida zog sich noch eine Weile, dieser Bundesstaat ist an dieser Stelle ja auch fast 1000km lang, dann kam Georgia und ging auch schnell wieder und schliesslich rauschte ich nach Tennessee.

In Tennessee war ich auch noch nicht oder ich kann mich nicht mehr daran erinnern. Sehr schöne Landschaft, sehr hügelig, erinnert mich ein bisschen an das Alpenvorland. Aktuell residiere ich in Nashville, Tennessee - der sogenannten „Musik City", in einem von indischer Hand fest, aber schlampig, geführten Days Inn. Wenn die Inder so weiter machen, werden sie es bald endgültig verscherzen mit mir. Im Zimmer keine Kaffeemaschine, obwohl explizit in der Hotelbeschreibung vermerkt und alles andere auf dem Stand von 1950.

Als ich am kommenden Morgen das Hotel verließ, las ich aus dem Augenwinkel etwas von „Johnny Cash Parkway" - nach kurzer Recherche im Internet stellte ich fest, dass sein Grab nur ein paar Minuten entfernt lag. Diesen kleinen Umweg nahm ich in Kauf und stand kurze Zeit später auf einem winzigen Friedhof im Ort Hendersonville und fand auf einem sanften Hügel die letzte Ruhestätte von Johnny Cash und seiner Frau June Carter-Cash.

Der geniale Sänger war Zeit seines Lebens ein Getriebener, verfolgt von den Nachwirkungen exzessiven Alkohol- und Drogenmissbrauchs. Ein Wegbegleiter aus seiner Band sagte kurz nach seinem Tod im Jahre 2003, dass Johnny Cash schon mit 50 ein Greis war und völlig am Ende seiner Kräfte.

Nun hat deine rauchige Stimme alle Zeit der Welt, um auszuschlafen. Ruhe in Frieden, Johnny Cash!

Und weiter geht die Fahrt Richtung Norden.

An St. Louis, Missouri und Cedar Rapids, Iowa kann ich mich gut erinnern.

In St. Louis führt die Interstate über den Mississippi, der hier zwar noch lange nicht so breit ist wie im gleichnamigen Bundesstaat, aber auch schon gigantisch. Der weithin sichtbare, 192m hohe Bogen „Gateway Arch", der in den 1960er Jahren als Andenken an die Lewis und Clark-Expedition des frühen 19. Jahrhunderts sowie die westliche Erweiterung Nordamerikas erinnert, ist schon von weitem sichtbar.

Cedar Rapids hingegen ist eine etwas kleinere Stadt, die auch mit einer Flussüberquerung (Cedar River) beginnt und gleich da sieht man linker Hand die Quäker-Oats-Fabrik, eine riesige Ansammlung von Gebäuden und Anlagen. Offensichtlich haben die Quäker mit dieser Idee voll eingeschlagen.

Gegen diese Fabrik wirkt das Regensburger Werk der BMW AG wie eine Puppenstube.

Die Firma gehört seit 2001 zu PepsiCo und ist nicht einmal das Hauptwerk, sondern nur eine Filiale. Das Hauptwerk der Haferflockenfabrik befindet sich in Chicago.

Interessant ist meines Erachtens noch die Tatsache, dass PepsiCo im Jahre 2011 ein Gemeinschaftsunternehmen der Quäker Oats mit dem deutschen Milchkonzern Theo Müller gründete unter den Namen „Muller Quaker Dairy", um einerseits die stagnierende Nachfrage nach Süßgetränken zu kompensieren und andererseits der Firma Müller den Einstieg in den amerikanischen Markt ermöglichte. Mich würde echt mal interessieren, wie all diese Verbindungen und Verknüpfungen zustande kommen.

Leider hatte Müller nicht allzuviel Glück mit diesem Unternehmen, denn Ende 2015 löste PepsiCo diese Verbindung wieder auf - das Joghurtwerk wurde ebenfalls verkauft.

Wie gut die Quäker mit ihrer Haferflockenfabrik gewirtschaftet hatten, zeigte auch der Umstand, dass sie von 1969 bis 1991 im Besitz der amerikanischen Spielzeugmarke „Fisher Price" waren. Noch etwas fällt mir dazu ein: Die Quäker-Oat-Fabrik wurden im Jahre 1901 durch den Zusammenschluss von 4 Hafermühlen gegründet. Eine dieser Mühlen, die eigentlich überhaupt keinen Bezug zu den religiösen Verbindungen des Quäkertums hatte, liess sich den Namen trotzdem markenrechtlich schützen und wählte „Quäker Oats" als Firmennamen, weil die Quäker einen guten Ruf hatten und als grundehrlich galten. Pfiffige Idee und absolut richtige Entscheidung.

In Cedar Rapids ist mir übrigens noch ein Hinweisschild zu einem tschechisch-slowakischen Stadtviertel inkl. Museum aufgefallen. Ich habe ja schon viel gesehen in Amerika, von Chinatowns, die es in jeder größeren Stadt gibt bis hin zu Russian Towns - aber eine Tschechien-Town? War mir bislang nicht bekannt.
Der Schauspieler Elijah Woods stammt übrigens aus Cedar Rapids - sie wissen schon, der Darsteller des Frodo Beutlin aus der „Herr der Ringe" - Reihe. Ist Cedar Rapids damit eine Hobbit-Stadt?

Danach ging meine Reise weiter, aber es wurde recht bald dunkel und regnete stark. Meine deutsche Basisstation hatte mir in der Nähe von Minneapolis ein Zimmerchen gebucht, dass ich dann gegen 1 Uhr morgens erreichte. Die letzte Etappe wieder zurück nach Grand Forks war dann nur 500km lang, eine richtige Spazierfahrt im Gegensatz zu den 2800 Kilometern an den beiden Tagen davor.

22. Juni 2024

Heute beginnt also das neue, das etwas andere, Kapitel meiner epischen Tour, das ich ganz allein dem Aventon-Konzern verdanke. Wenn ich das, was in den letzten 3 Wochen so alles passiert ist, Revue passieren lasse, überkommt mich eine starke Traurigkeit.
Meine ganzen Pläne und Hoffnungen um den großen Traum sind zerplatzt. Es wird keine Erinnerungen geben an endlos lange Etappen in North Dakota oder Montana

auf nahezu in den Himmel führenden Geraden, keine im hitzeflimmernden New Mexico und auch nicht entlang der riesigen Farmen in Texas.

Klar habe ich eine gewisse Vorstellung davon, wie die restlichen 5 Wochen meiner Tour jetzt ablaufen werden und ich hoffe, das Fahrrad erlaubt mir zumindest noch einige kleinere Touren auf ausgesuchten Strecken.
Es fährt ja ausschließlich in der stärksten Unterstützungsstufe und ich habe keinen blassen Schimmer, wie lange das noch gut geht.
Ausserdem ist das Display teilweise ausgefallen, aber wen interessiert das schon. Es gibt mit Strava ja eine super Alternative.
Die Hauptarbeit in den letzten Wochen wird deswegen das Auto leisten.

Natürlich soll und wird das Ziel „10000 Miles for Mr. President" erreicht werden, aber nicht so, wie ursprünglich gedacht und geplant.
Es lag leider einfach nicht mehr in meiner Hand.

Als ich mich Ende Mai von meinem Frauchen in Boston verabschiedete, war der Plan noch nicht in Gefahr. Ich hätte mit einer durchschnittlichen Streckenlänge von rund 140km pro Tag bis Anfang August Florida wieder erreicht. Die physischen Voraussetzungen waren gegeben - mein Körper hatte mir schon signalisiert, dass die 200er Kilometer-Marke bald geknackt würde.
Aber es ist, wie es ist.
Aufgeben war trotzdem keine Option und auch das hätte sich als sehr schwierig und extrem kostenintensiv

herausgestellt.

Nun sitze ich hier in meinem Americas Best Value Inn und habe den Kakerlaken als Erstes mal die Ohrenschützer abgenommen, denn während des Tages hält der dumme Hund (ich habe ihn schon wieder gesehen) für gewöhnlich seine Schnauze.

Mein Plan ist es, natürlich weiter nach Westen vorzudringen - die endlos langen Geraden werde ich versuchen, schnell zu überwinden. Das Tagesziel ist Williston, North Dakota. Lassen wir uns überraschen, was ich heute für Eindrücke sammeln darf.
Pünktlich um 9 Uhr ist das Auto beladen, im Kofferraum das schmollende Pferdchen und rundum ein bisschen Gepäck.

Man glaubt gar nicht, was sich so alles ansammelt auf so einer Fahrradtour und wenn ich den Haufen so anschaue, kann ich fast gar nicht glauben, das alles mit dem Fahrrad transportiert zu haben. Dort ein Becherchen, da ein Tütchen, die Kleidung getrennt in verschiedenen Beuteln, Lebensmittelvorräte und Hygieneartikel. Nicht zu vergessen natürlich das Werkzeug, darunter auch paar schwerere Teile wie der Kettennieter und der 18er Gabelschlüssel für das Hinterrad.
Kurzer Rückblick: Als ich gestern spätnachmittags in das Motel kam, wollte ich natürlich sofort mein Pferdchen wieder aus seinem Stall befreien, denn ich hatte es für 4 Tage in einem Nebengebäude des Motels untergestellt. Die etwas mürrische Dame an der Rezeption sagte, sie wisse von nix.

Ich erklärte ihr es dreimal, aber sie sagte immer, ja, ich kann mein Fahrrad mit ins Zimmer nehmen, das ist kein Problem. „Ja Kruzifix, Du depperte Schnepfe, ist mein Englisch wirklich so schlecht oder willst Du mich verarschen?" fragte ich sie mit einem Blutdruck von 250/150.

Sie schaute nur wie ein Ochs im Gebirge, drehte sich um und ging weg. Sie schlurfte mit ihren viel zu großen, fellbesetzten Pantoffeln in die hoteleigene Waschküche und ich hinterher.

Da bekam sie offensichtlich Angst und schrie mich an, ich solle da raus gehen, da hätte ich keinen Zutritt. Ich bat sie nun mit Engelszungen, ihren Kollegen, mit dem ich das mit dem Fahrrad am Montag ausgemacht hatte, anzurufen.

Sie nahm das Telefon, rief aber wohl zuerst jemand anderen an, denn ein paar Augenblicke später standen zwei voll tätowierte Motorrad-Rocker-Muskelprotze a la Dwayne Johnson hinter mir und fragten mich, ob ich vorhabe, Ärger zu machen.

Normalerweise hätte ich in Deutschland jetzt gesagt, dass mein zweiter Vorname Ärger ist, aber angesichts der beiden Typen verzichtete ich lieber auf diesen Joke.

Im gleichen Moment erstrahlte jedoch das Gesicht der Rezeptionsdame und sie sagte zu dem einen Muskelprotz, er solle mit mir ins Nebengebäude gehen, damit ich mein Fahrrad holen kann.

Na also, warum nicht gleich so? Sie entschuldigte sich noch und meinte, hier kämen andauernd irgendwelche Leute, die immer irgendwas wollen oder brauchen, da müsse sie vorsichtig sein.

So, nun hatte ich mein Pferdchen zurück und brauchte

nicht zum Sheriff zu fahren, um Radau zu machen.

Als das Auto fertig beladen war, holte ich mir noch einen Kaffee für die Fahrt und verließ diesen Ort, der mich hoffentlich nie wieder sehen wird, ohne mich umzudrehen.

Die US2 sollte nun für die nächsten fast 2000km mein Begleiter werden, so wie ich es ursprünglich geplant hatte. Kaum hatte ich Grand Forks hinter mir gelassen, fing es an zu nieseln. Mein kleiner Engel daheim würde jetzt sagen: „Der Himmel weint" - worauf ich entgegnen würde, dass das bestimmt Freudentränen sind, weil es endlich weitergeht.

Ich durchquerte den Ort Devils Lake, der am gleichnamigen See liegt. Hierzu gibt es eine ganz besondere Geschichte. Der See „Devils Lake" hatte bei Eintreffen der Europäer, also um das Jahr 1830, einen so hohen Wasserstand, dass sie sogar Dampfschiffe verwenden konnten, um Waren und Personen zu transportieren.
Man sollte dazu wissen, dass das Einzugsgebiet des Sees fast 10.000 Quadratkilometer groß ist.
Bis zum Jahre 1909 sank der Wasserstand aber jedes Jahr kontinuierlich und schliesslich wurde die Dampfschifffahrt eingestellt und die Schiffe verschrottet. Auch in den folgenden Jahren wurde der See immer kleiner und salziger, bis er um das Jahr 1940 herum schließlich nur noch 60cm tief war, bei einer vormals maximalen Tiefe von über 25m.
In den Jahrzehnten darauf überlegten die Behörden

immer wieder mal, andere Seen mit dem Devils Lake zu verbinden oder den nahegelegenen Missouri River umzuleiten, damit die Gegend wieder bewässert würde. Leider wurden diese Ideen nie umgesetzt und zerschlugen sich endgültig in den 1980er Jahren.

In den Jahren 1992-1999 kam jedoch eine nie dagewesene Niederschlagsperiode, durch welche der See seinen Höchststand von jemals zuvor weit überschritt und sich mit dem benachbarten See, dem Stump Lake, vereinigte.

Seitdem ist er der größte See weit und breit und hat dadurch leider auch immense Schäden in der Region, vor allem an der Infrastruktur und den umliegenden Orten - und zwar in Milliardenhöhe – angerichtet.

Das Problem von alledem war und darauf sind die Behörden leider erst in letzter Zeit gekommen, dass der See keinen natürlichen Abfluss hat und der Wasserstand deshalb schon immer mit den Niederschlägen anstieg oder absank.

Und erst jetzt fand sich die Erklärung, warum die Indianerstämme, die vor Eintreffen der Europäer hier tausende Jahre lang lebten, ihre Wohnsitze schwimmend, wie auf Hausbooten, angelegt hatten.

Keiner hatte sich damals Gedanken darüber gemacht, warum - vielleicht hätte man einfach mal einen der Indianer fragen sollen?

Nach Devils Lake kam recht bald der Ort Rugby. Dieser Ort (1886 gegründet) wurde nach der englischen Stadt Rugby in Warwickshire benannt und das seltsamerweise, obwohl 80% der ersten Einwohner Deutsche und Norweger waren.

Da hat bestimmt einer eine Wette verloren im Saloon oder so...

In Rugby, so haben schlaue Köpfe festgestellt, befindet sich der geografische Mittelpunkt Nordamerikas. Aus diesem Grunde wurde im Jahre 1931 ein knapp 5m hoher Stein-Obelisk aufgestellt, der 40 Jahre später zwar umgesetzt werden musste, weil man das Messergebnis korrigierte. Und das ist bis heute immer noch umstritten. Unabhängig davon ist das eine interessante Sache - darauf muss man erst einmal kommen. Oder wissen Sie, verehrter Leser, wo der geografische Mittelpunkt Deutschlands ist?

Nach Rugby begann sich die Gegend langsam zu verändern, die flache grau-braune Kurzgras-Prärie wurde von sanften grünen Grashügeln abgelöst, auf denen viele große Herden schwarzer Kühe weideten.

Der nächste größere Ort, Minot, liegt in einem weiten Tal, das vom Souris River durchflossen wird. Minot wurde ebenfalls um das Jahr 1886 im Zuge des Eisenbahnbaus gegründet, bestand aber lange Zeit nur aus einer Zeltstadt, da sich der Bau der Eisenbahnlinie immer wieder verzögerte.

Während der Zeit der Prohibition war Minot der Hauptumschlagpunkt für den Alkoholschmuggel von Al Capone.

Die Bevölkerung stammt zu 40% von deutschen und zu 36% von skandinavischen Einwanderern ab.

Ich kam direkt am Scandinavian Heritage Park vorbei mit

seinen vielen Skulpturen und dem Nachbau einer norwegischen Stabskirche.

Die Strecke danach blieb hügelig bis Williston, wenngleich auf den grünen Hügeln immer mehr Ölpumpen und Fracking-Stationen auftauchten.

Unter dem Ort Williston selbst, einer hektischen, von viel Industrie geprägten Stadt, wurde vor einiger Zeit die geologisch sehr wichtige, sogenannte „Bakken-Formation" entdeckt, die sich bis nach Kanada erstreckt. Diese „Bakken-Formation" mit einer Fläche von rund 520.000 Quadratkilometern (also 1,5 Mal so groß wie Deutschland) ist eine etwa 40m mächtige, stark Mineralöl führende Gesteinsschicht, in etwa 3000m Tiefe unter der Erdoberfläche.
Mit dem hier Anwendung findenden sogenannten „Fracking - Verfahren" werden große Mengen Erdöl und Erdgas gefördert.
Als Beispiel: Allein im Dezember 2014 wurden nur in North Dakota mit diesem Verfahren fast 38.000 Millionen Barrel Öl gefördert. Was für eine gigantische Zahl!
Meine ganz private, kleine gigantische Zahl heute heisst 535 und zwar sind das die Kilometer, die ich zwischen Grand Forks und Williston zurückgelegt habe und die mich ein kleines Stückchen näher an das große Ziel (10000 Miles for Mr. President) bringen werden.

Auch Williston wurde im Zuge des Eisenbahnbaues (1887) gegründet und nicht aus Zelten, sondern gleich massiv. Benannt wurde es nach einem Aufsichtsratsmitglied der „Northern Pacific Railway"-Eisenbahngesellschaft (Mr. Daniel **Willis** James).
Während der Gründungszeit kamen die meisten Einwanderungsgruppen aus Norwegen (48%) und Deutschland (32%). Im Moment leben hier knapp 30.000 Einwohner.

Wenn der weltweite Ölbedarf weiter ansteigt, müssen die ölfördernden Unternehmen noch weiter expandieren - für diesen Fall ist eine nahezu explosionsartige Verdoppelung der Einwohnerzahl innerhalb kürzester Zeit (wenige Monate) durchaus realistisch.
Ob dann auch wieder 32% aus Deutschland kommen, ist eher unwahrscheinlich - so wie ich gestern im Walmart gesehen habe, sind die meisten klein, schwarzhaarig und sprechen spanisch. Ob die alle eine offizielle Arbeitserlaubnis haben, wage ich zu bezweifeln.
Aber das sind bestimmt alles mexikanische Touristen, die im wunderschön staubigen und vom Winde zerzausten Williston, North Dakota ihren Jahresurlaub verbringen.
Ich hingegen verbringe den heutigen Tag von meinem Jahresurlaub mal wieder auf der US2 und werde das winzige Städtchen Shelby in Montana ansteuern.

Wenige Kilometer nach Williston begrüßte mich auch schon die Montana-Willkommenstafel, die grasigen Hügel wurden etwas höher und die Anzahl der Ölpumpen und Frackinganlagen um ein Vielfaches geringer.

Der Verkehr war mal wieder nicht vorhanden. Entweder befuhren sie alle die etwa 100 Meilen weiter südlich gelegene Interstate 90 oder es sind einfach so wenige Kraftfahrzeuge vorhanden.

Aufgrund dessen habe ich gegen Mittag meinen Campingtisch und -stuhl sowie den Grill ausgepackt, alles mittig auf der Fahrbahn platziert und erst mal schön zu Mittag gegessen. Natürlich war das nur wieder ein kleines Spässchen, aber es wäre durchaus vorstellbar.

Gerade als ich ein wenig träumend durch die Hügel rollte, tauchte hinter mir - quasi aus dem Nichts - ein schwarzer Dogde Charger mit riesigem Rammschutz auf und fuhr dicht an mich heran.

Ich dachte noch 'Was bist Du denn für ein Depp?', als auf einmal Blaulicht und Sirene angingen. Da bin ich doch mal gespannt, was der jetzt von mir will und fuhr rechts ran.

Im Rückspiegel sah ich, dass der Wagen hinter mir zwar dastand, aber sonst nichts geschah.

Ok, wahrscheinlich überprüft er/sie erst das Kennzeichen. Nach ungefähr drei Minuten ging die Fahrertür auf und ein Bein kam hervor. Dicht gefolgt von einem riesigen Hinterteil, dann einem zweiten Bein und dann dem Rest des Menschen. Es war ein State Trooper, also ein Wachtmeister für Bundesstraßen und Autobahnen. Und unverkennbar indianischer Abstammung.

Er setzte seinen Hut auf und watschelte zu meinem Fahrzeug. Sein tiefschwarzer, geflochtener Zopf reichte bis zum Gürtel und seine Augen waren von einer verspiegelten Sonnenbrille verdeckt. Ich hatte gelesen,

dass man in solchen Situationen um Gottes Willen keine hektischen Bewegungen machen sollte, geschweige denn unaufgefordert in Taschen oder dem Handschuhfach kramen, denn das kann sehr schnell dazu führen, dass man unfreiwillig ein paar Löcher mehr im Körper hat.
Der State Trooper sah dem Polizisten Mike (gespielt von Billy Gardell) aus der Fernsehserie Mike & Molly zum Verwechseln ähnlich. Er hatte seine rechte Hand an der Waffe und seine linken dicken Finger auf meinem Seitenfensterrahmen.

Ob ich wisse, warum er mich angehalten habe, fragte er. Ich versuchte, eine unschuldige Miene aufzusetzen und sagte: „Nein". Er habe meine Geschwindigkeit gemessen, als ich an ihm vorbeifuhr und ich wäre viel zu schnell gewesen. „Oh, das tut mir aber leid", entgegnete ich und versuchte, meine unschuldige Miene durch eine betretene Miene zu ersetzen.

76 Meilen wäre ich gefahren, sagte er. Erlaubt sind 70. Ich sagte ihm, dass ich von dieser ätzend langweiligen Gegend derart angewidert bin, dass ich so schnell wie möglich weg wollte...- natürlich dachte ich mir das nur und sagte mit säuselnder Stimme, dass ich so fasziniert bin, von dieser zauberhaften, wunderschönen Gegend, dass ich direkt ins Träumen geraten war und dabei nicht an die Geschwindigkeit gedacht habe. Und den Tempomat ab sofort auf 68 Meilen einstelle.
„Ok", sagte er, „ich belasse es bei einer Verwarnung - beim nächsten Mal kostet das 10 Dollar - gute Weiterfahrt und sei vorsichtig".
Das mit der Weiterfahrt ließ ich mir nicht zweimal sagen

und sauste davon.

Was mich ein bisschen irritierte, war die Aussage mit dem „sei vorsichtig". Diese Floskel (be careful) hatte ich in den 6 Wochen bestimmt schon 50 Mal gehört.

Selbstverständlich bin ich vorsichtig, meine ganze DNA ist quasi aus Vorsicht gestrickt - gibt es denn jemand, der absichtlich unvorsichtig ist?

Mit diesen Gedanken und einem ganz sanften rechten Fuß fuhr ich weiter und als der schwarze Charger außer Sichtweite war, gab ich erst mal Vollgas und stellte ich den Tempomat wieder auf 77 Meilen ein, so wie vorher auch schon.

Das Einzige, das ich gerade ein bisschen bedauerte, war der Umstand, dass ich meinen State Trooper Mike nicht habe in seinen Charger einsteigen sehen. Wäre bestimmt sehr interessant gewesen zu sehen, mit welcher Taktik er sich in den Wagen presst.

Obwohl ich eigentlich Einsamkeit mag und Ruhe und Stille liebe - diese Gegend war auch für meine Verhältnisse ein wenig zu ruhig. Wenn ich aus dem Auto ausstieg, um ein paar Fotos zu machen, gab es kein einziges Geräusch, außer ab und zu einem ganz leisen Fauchen vom Wind.

Fast schon gespenstisch.

Trotzdem gibt es offensichtlich genügend Menschen, die hier freiwillig leben wollen, denn aller paar Kilometer stand ein Haus oder ein Wohnwagen mitten auf einem Grashügel oder große und schwere, geschmiedete Stahltore mit dem Hinweis „Private Property" ließen erahnen, dass irgendwo weiter hinten eine Farm war oder ähnliches.

Was man dabei nicht vergessen darf - jetzt ist Frühsommer, die Sonne scheint, es ist warm, das Gras schön grün, die Kühe grasen und sind glücklich und alles hat einen freundlichen Touch.

Aber im Winter, dem elendig langen, grausam kalten Winter mit seinen unglaublichen Schneehöhen, da ist das Leben hier sowas von hart, da möchte ich keinen einzigen Tag mit jemandem von hier tauschen.

Mit diesen Gedanken und meinen konstanten 77 Meilen pro Stunde fuhr ich weiter und weiter dem Sonnenuntergang entgegen und ganz hinten in der Ferne sah ich schon die Rocky Mountains.

Ich durchquerte Chester, ein kleines staubiges Nest, das nur aus Getreidesilos zu bestehen schien und etwas später Havre, einem kleinen schmucken Städtchen mit 10000 Einwohnern, welches (man stelle sich das mal vor) die achtgrößte Stadt in Montana ist (allein in Bayern gibt es 125 Städte mit mehr als 10.000 Einwohnern).

Die Grenze zu Kanada verläuft im Übrigen immer parallel zu meiner US2 und ist ungefähr 45 Meilen, also etwas über 70km, entfernt. Ein Abstecher nach Kanada wäre theoretisch jederzeit möglich - nur was tue ich dort?

Ich konzentriere mich lieber auf die amerikanische Seite, auf der es ab morgen hoffentlich etwas mehr zu sehen gibt, als in den letzten Tagen.

Und bis man es sich versah, hatte ich die geplanten 650km auch schon hinter mir gelassen und stand vor meinem Nachtlager, dem Oyo Hotel in Shelby, Montana.

Mein Nachtlager war wirklich top. Sauber, offensichtlich frisch renoviert, mit einem aufmerksamen Rezeptionisten, der mir ungefragt eine Packung Waschmittel in die Hand drückte, als ich mit meiner Walmart-Tüte voller Wäsche in der Guest-Laundry umherschlich.
Leider ohne Frühstück, aber da kann ich mir selber helfen und wie der aufmerksame Leser inzwischen weiss, ist eigentlich nur der Kaffee wichtig.

In der Nacht allerdings lief im Zimmer über mir wohl einer einen Marathon und da die Dielen so laut knarzten, das ich jeden Schritt mitzählen konnte, musste ich ein paar Mal gegen die Decke schlagen, worauf dann sofort Ruhe einkehrte, allerdings hielt das immer nur eine halbe Stunde an.

Wegen dieser etwas unruhigen Nacht und der weiteren Stunde Zeitverschiebung schaute ich am Morgen ein bisschen dumm aus der Wäsche, aber das hat bei mir nichts zu sagen, das mache ich öfters.
Gleich hinter dem Hotel wartete meine US2, die auch heute wieder für einige Zeit mein Begleiter sein sollte. Sie führte mich in hügeliges Gelände, aber kontinuierlich immer näher an die Rocky Mountains heran.
Die Rocky Mountains erstrecken sich ja bekanntlich von British Columbia in Kanada bis hinunter nach New Mexico in den USA und zwar über eine Länge von 4800km.
Nach einer guten Stunde kam ich in Browning, Montana an, einer kleinen Ortschaft im Glacier County mit ungefähr 1000 Einwohnern. Sie ist Verwaltungssitz des

Blackfeet-Reservates und liegt auch mitten drin. Normalerweise sollte ein Verwaltungssitz ja irgendetwas verwalten - im Falle von Browning eben die Angelegenheiten der Blackfeet (Schwarzfuß) - Indianer. Offensichtlich ist da aber etwas gewaltig schiefgelaufen, dann im Jahre 2015 erklärte sich die Stadt für zahlungsunfähig und übergab die Verwaltung den Indianern zurück. Dass die mit ihrem Land machen, was sie wollen, sieht man auf den ersten Blick, denn ich glaubte mich auf einem riesigen Schrottplatz zu wähnen. Gegründet wurde Browning übrigens durch eine kleine Gruppe aus der berühmten Lewis- und Clark-Expedition, die an der Stelle der heutigen Stadt ein Lager errichtete. Die eigentlich sehr friedlich verlaufene Expedition hatte hier jedoch Schwierigkeiten, denn die Blackfoot-Indianer versuchten mehrfach nachts, aus dem Lager der Expeditionsteilnehmer Ausrüstungsgegenstände und Gewehre zu stehlen.

Ich zum Glück hatte mein bisschen Hab und Gut sicher im Auto verstaut und so keinem der schwarzen Indianerfüße die Chance eingeräumt, mir etwas wegzunehmen.

Nach Browning verließ ich die US2 für eine Weile, um auf der US89 Richtung Norden nach Saint Mary, Montana zu fahren und um auf die sogenannte, als atemberaubend und spektakulär beschriebene „Going to the Sun-Road" zu gelangen.

Diese führt zuerst am langgestreckten „Saint Mary Lake" entlang und dann in langen, aber nicht allzusteilen, Rampen Richtung Logan Pass hinauf.

Um es vorweg zu nehmen: Diese Straße ist schön, keine Frage. Aber von spektakulär und atemberaubend sollte eigentlich keine Rede sein, das ist mal wieder typisch amerikanische Übertreibung - wer etwas wirklich Spektakuläres sehen möchte, fahre doch mal das Stilfser Joch hoch oder das Timmelsjoch - diese Pässe rauben einem wirklich den Atem, selbst wenn man mit dem Auto unterwegs ist.

Am Ende des Saint Mary Lakes hatte ich geplant, das Auto abzustellen und bis zur Passhöhe des Logan-Passes mit dem Fahrrad zu fahren. Das wären etwa 30km pro Richtung, also insgesamt 60km hin und zurück.

Und um mein Pferdchen zu schonen, ließ ich alles nicht Notwendige im Auto zurück - ich nahm nur das Werkzeug, eine Windjacke und meine Trinkflasche mit Wasser mit.

Aber offensichtlich war das entweder immer noch zuviel oder ich immer noch bzw. wieder zu schwer oder der Berg zu steil oder mein Fahrrad von der Strecke bei Grand Forks immer noch beleidigt oder (was wohl am ehesten zutrifft) dass das, was Aventon in mein Fahrrad verbaut hat, einfach letzter Dreck und Schrott ist, denn nach rund 9km war Ende, Display rot, Motor aus.

Nach rund 20 Minuten Warten im eisigen Wind konnte ich das Display zwar wieder einschalten, aber die Unterstützung kam, als hätte ich einen Anker geworfen, weshalb ich umdrehte und ziemlich missmutig und enttäuscht dem Berg herunterrollte zu meinem Auto.

Die Passstraße mit dem Auto ist natürlich etwas ganz anderes, als hautnah am Asphalt und mit der Nase im Wind eine solche Strecke zu bewältigen. Aber das sollte mir halt auch diesmal nicht vergönnt sein.

Daher hier eine kleine Botschaft an die Geschäftsführer von Aventon: Sollte ich in Euren Garantiebedingungen auch nur das allerkleinste Schlupfloch finden, um Recht zu bekommen: Ich werde Euch verklagen, dass Euch Hören und Sehen vergeht. Und ich werde nicht aufhören, herum zu erzählen, was ihr da für einen Schrott verkauft, da hilft es auch nicht, wenn ihr jetzt ein neues Fahrrad nach Florida schickt.

Ihr habt meinen Lebenstraum zerstört, den letzten großen, den ich noch hatte und für den ich jetzt endlich, im Herbst meines Lebens, Zeit fand. Und nicht nur das, Ihr habt mir Kosten in Höhe von mehreren tausend Dollar aufgebürdet, ihr habt über zwei Wochen meiner wertvollen Lebenszeit verschwendet und viele schlaflose Nächte beschert und für jede Menge neue graue Haare gesorgt und ihr schämt Euch nicht einmal dafür. Keine Entschuldigung, kein „Es tut uns leid" und auch nicht die allerkleinste Spur von Wiedergutmachung.

Lieber Mr. President, vielleicht könnte sich einer Deiner Anwälte mal bei mir melden? Ich hätte ein wichtiges Anliegen auf dem Herzen...

Nach dem Logan Pass sollte es eigentlich rasch bergab und Richtung Westen gehen, aber die gefühlt 500.000 Touristen in ihren viel zu großen Miet-Wohnmobilen fuhren im Schneckentempo, mit ungefähr 15 Meilen pro Stunde, zu Tale, was unweigerlich dazu führte, dass mein Puls, der sich anfangs ein bisschen beruhigt hatte, wieder auf 300 anstieg.

Und so zuckelte ich einer endlosen Fahrzeugschlange hinterher, Kurve um Kurve und selbst auf der ebenen

Strecke ganz unten im Tale, entlang des Lake McDonald, gab es keine Entwarnung, denn da kamen so viele Fahrzeuge entgegen, dass ich mich einfach meinem Schicksal ergab.

Besser wurde es erst nach dem Ort West Glacier auf der US2, die ich aber in Kalispell wieder verließ, denn ich fuhr Richtung Flathead Lake, Plains und St. Regis, um dann auf der mautfreien Interstate I90 dem Tagesziel Spokane, Washington, entgegenzueilen.

Nach einiger Zeit begrüsste mich Idaho recht stürmisch, man musste direkt aufpassen, nicht von der Interstate geweht zu werden.

Ganz oben im Norden ist Idaho relativ schlank, daher dauerte es nicht lange und mit Washington kam dann schon der nächste Bundesstaat, dem ich heute erst mal treu blieb - so wie auch in den nächsten Tagen - denn mein Nachtlager ist in Spokane, einer kleinen Großstadt mit rund 230.000 Einwohnern, die nach Seattle die zweitgrößte Stadt Washingtons ist und an der längsten Interstate der USA liegt, nämlich der I90, die verläuft von Seattle ganz im Westen bis nach Boston, ganz im Osten und ist fast 5000km lang (ganz genau 4958km).

25. Juni 2024

Einmal und nie wieder, das habe ich mir die ganze Nacht geschworen, schlafe ich - wenn ich kein Fahrrad dabei hab (meins schläft ja im Auto) - im Erdgeschoss eines Hotels. Man glaubt es kaum, aber ich hatte doch tatsächlich wieder so einen Trampel über mir, wie letzte Nacht.

Reicht es denn nicht, dass mein „Apple Tree Inn" - Motel, das bei einer recht bekannten Buchungsplattform mit 5.8 Punkten und dem Zusatz „Okay" bewertet wurde, das allerletzte Loch ist? Das Mobiliar kam offensichtlich vom Sperrmüll, die nichtfunktionierende Mikrowelle vom Elektroschrott, der stinkende, versiffte Teppich aus der Zeit der Prohibition, die Tür wahrscheinlich gestohlen aus einem ganz anderen Hotel (ganz andere Farbe und rundum 20mm Luft) und das High-Speed-Internet war so schnell, dass es weder mein Handy, noch mein Laptop geschafft haben, irgendwelche Signale einzufangen.

Also bin ich trotz der langen Fahrt gestern Abend noch einmal zum nahegelegenen McDonalds gestiefelt und dort hatte ich sofort Netz und konnte Emails schreiben, Fotos hochladen und vieles mehr.

Aber es war ja zumindest ein gutes Frühstück angekündigt worden und so freute ich mich auf einen schönen heissen Kaffee und war gespannt, was denn heute morgen alles an Leckereien auf meinem Teller landen würden.

Kaum in der Lobby angekommen, traute ich meinen Augen nicht.

Ein riesiges Buffet von 8m Länge, mit einem Spanferkelgrill, einer hochprofessionellen Delonghi-Kaffeemaschine, aus der man sich 14 verschiedene Sorten frisch gemahlenen Kaffee rauslassen konnte, Rühreier, gekochte Eier, gebratenen Speck, man konnte wählen zwischen Bratkartoffeln und Kartoffelpuffern oder beidem und Pfannkuchen, Müslis, frischem Obst und 6 verschiedenen Obstsäften.

Wahnsinn...da haben Sie auch gleich Appetit, stimmts? Leider muss ich Sie enttäuschen, lieber Leser, das war alles frei erfunden.

In der Lobby war ein verbogener Tapeziertisch auf zwei
Stuhllehnen aufgelegt, darauf stand eine konventionelle
Kaffeemaschine mit Glaskanne, die allerdings leer war
(natürlich ist niemandem aufgefallen, dass die Maschine
selbst noch eingeschaltet war), zwei leere Pappschalen, in
denen mal Muffins oder ähnlicher Süßkram waren, ein
kleines Weidenkörbchen, in dem 3 Müsliriegel lagen und
ein schmieriger Spender mit gezuckerter Haselnuss-
Kaffeesahne sowie 2 gebrauchte Kaffeebecher.
Der Rezeptionist, ein großer Schwarzer um die 40, stand
mit zwei Kumpels laut schwatzend draussen vor der Tür
und rauchte. Ich dachte mir nur kurz, bei diesem
Sauhaufen ist wirklich jedes Wort zu schade, steckte mir
die 3 Müsliriegel in die Tasche und ging.

Manchmal verstehe ich einfach die Welt nicht - wie kann
man so eine Absteige nur vermieten? Und der Parkplatz
in der Nacht war voll bis zum letzten Platz. 40 Zimmer
hatte dieses Loch und man verlangt dafür 70 Dollar plus
Steuern. Pro Zimmer und das jede Nacht. Jetzt hatte ich
aber sogar das günstigere Einzelzimmer - Doppelzimmer
kosten 85 Dollar plus Steuern. Macht eine Million Dollar
Umsatz im Jahr.
Normalerweise sollte man so ein Motel kaufen, paar Jahre
behalten und dann weiterverkaufen. Da kann man einfach
nichts falsch machen.
Allerdings würde ich keins im Bundesstaat Washington
haben wollen, wo ich im 6-monatigen Winter jeden
Morgen einen Meter Neuschnee wegschaufeln muss,
wenn schon, dann in Florida.

Ich habe nachgeschaut, das „Motel", von dem wir gerade sprechen, wurde im Jahre 2019 für 1,35 Millionen Dollar verkauft.

In Florida kosten derartige Etablissements zwischen 3 und 5 Millionen. Da brauchst du schon einen guten Kumpel bei der Bank oder einen wasserdichten Businessplan.

Leider habe ich beides nicht, ich habe ganz andere Sorgen. Zum Beispiel, wie ich mir das Geld wiederhole, das mir Aventon schuldet.

Doch das soll jetzt nicht wieder zum Thema des Tages werden, denn gleich geht es raus auf die Piste.

Diese heisst heute wieder US2 und zwar bis zum Schluss. Da es jedoch noch recht früh am Morgen war und ich wieder eine Stunde geschenkt bekommen hatte (nun haben wir 9 Stunden Zeitunterschied zur deutschen Heimat), bummelte ich noch ein halbes Stündlein durch die alte, ehrwürdige Innenstadt von Spokane und entdeckte ein pompöses, im französischen Renaissance-Stil errichtetes, Gerichtsgebäude, mehrere wunderschöne backsteinrote Ziegelbauten und zwei nicht einmal so kleine Wasserfälle, alles mitten in der Stadt. Gestern Abend fuhr ich noch an 30km langen und schnöden Industriegebieten vorbei und heute bot sich ein ganz anderes Bild.

Wieder im Auto begann gleich nach Spokane eine weitläufige Hochebene mit viel grau-braunem Steppengras und noch mehr Hügeln.

Dieser „Zustand" begleitete mich über 100km, lediglich ab und an unterbrochen von einer winzigen Ortschaft.

In diesen winzigen Ortschaften - die Hinweise darauf las ich leider viel zu spät - gibt es neun ehemalige

Raketensilos der US-Air Force, die seinerzeit mit voll funktionsfähigen Raketen inklusive Atomsprengköpfen bestückt waren. Seinerzeit heisst ab dem Jahre 1961 und dauerte bis zum Jahre 1965.

Bereits im Jahre 1961 transportierte die US-Luftwaffe ohne jede Geheimhaltung oder Tarnung neun Atlas-Langstreckenraketen per Lastwagen von Kalifornien in den Osten Washingtons. Die Lastwagen transportierten diese 25 Meter langen Atlas-Raketen, die schließlich in stark befestigten unterirdischen Lagern abgestellt wurden.

Jede Rakete wurde später mit einer 4-Megatonnen-Atombombe bestückt und war bereit zum Abschuss. Gemeinden im Osten Washingtons - darunter Spokane, Deer Park und Davenport - begrüßten diese Waffenlieferungen wie eine Siegesparade. Dieser patriotische Eifer, so sagen Zeitzeugen und Historiker, war ein Teil der Denkweise der Zeit des kalten Krieges, die von nuklearer Angst vor einem imaginären Feind, gleichzeitig aber auch von starkem Nationalstolz genährt wurde.

Mehr als 50 Jahre später werden diese neun unterirdischen Atlas-Stätten weitgehend ignoriert, außer von Neugierigen und Militärhistorikern oder eben den aktuellen Eigentümern.

Die Silos mit meterdicken Betonwänden und einer 40cm starken, aus massivem Stahl hergestellten, Eingangstür wurden seinerzeit für jeweils mehr als 4 Millionen Dollar gebaut. Wohlgemerkt pro Stück. Sie waren so konstruiert, dass sie der Explosion einer Atombombe in der Nähe standhalten konnten.

Die neun Standorte waren auf Besatzungen von jeweils

fünf Soldaten angewiesen, die rund um die Uhr arbeiteten. Drei permanent geschaltete Kommunikationssysteme verbanden sie mit dem Strategic Air Command. Anstatt diese Raketen platzsparend vertikal zu lagern, wurde an den neun Atlas Standorten jede einzelne Rakete in einem horizontalen Raum, dem sogenannten Sarg, gelagert.

Die Besatzungen lebten und arbeiteten in getrennten unterirdischen Räumen, die durch lange Tunnel mit diesem Sarg verbunden waren. Heute sind alle dieser Standorte, bis auf einen, in Privatbesitz.

Das muss man sich einmal vorstellen. Natürlich geht jetzt von solchen Stätten keinerlei Gefahr mehr aus, aber ich möchte nicht wissen, was sich nicht doch noch alles im Boden versteckt, vielleicht sogar einfach vergessen wurde. Und nicht nur in den Vereinigten Staaten, sondern auch bei uns in Deutschland.

Nach dem Überqueren des Dammes vom mächtigen „Bank Lake Stausee" (Umfang 220km) bei Coulee City veränderte sich die Gegend immer mehr. Die sanften grasigen Hügel wurden steiler und hatten felsige Seitenflanken mit teilweise ziemlich abrupten Steilabbrüchen.
Die Täler wurden enger und wilder.
Nach dem Ort Waterville führte die Straße in einer rasanten, 6 Meilen langen, Abfahrt ins Tal des Columbia Rivers.
Kaum in das Tal eingetreten, dominierte auf einmal die Farbe grün.
Beiderseits der Straße sah man zuerst große Plantagen

mit Apfelbäumen, dann welche mit Kirschbäumen, an deren Zweigen unglaubliche Mengen der leckeren roten Früchte hingen.

Ganz kurz war ich in Versuchung, mal anzuhalten und ein paar zu naschen. Habe ich natürlich unterlassen, denn das gehört sich nicht, zumal an jeder Straßenecke ein Stand gewesen ist, bei dem man diese tollen Früchte ganz offiziell hätte kaufen können.

Wenige Kilometer weiter kam dann auch schon mit Wenatchee der Zielort und ich bezog mein Zimmerchen in einem Motel 6.

Wenatchee hat rund 35.000 Einwohner und wird wegen der Plantagen auch „Apple (oder Cherry) Capital of the World" genannt.

Da sich der Columbia Damm ganz in der Nähe befindet und das ganze Jahr über die Region mit Strom beliefert, sind die ohnehin in den USA sehr billigen Strompreise in Wenatchee noch einmal ein gutes Stück günstiger, weshalb sich High-Tech-Riesen wie Microsoft oder Yahoo hier Serverstandorte errichtet haben, um von diesen günstigen Strompreisen auch ein bisschen zu profitieren.

Nach einer kleinen Pause musste ich noch mal raus aus meinem Zimmerchen, der Sonnenschein war einfach zu göttlich.

Leider hat ein so göttlicher Sonnenschein auch manchmal den Nachteil, brennend heiß zu werden - in meinem Fall waren es heute (laut Digitalanzeige an einer Bank) 35,5 Grad. Im Schatten. Dem nicht vorhandenen.

Also spazierte ich nur kurz runter zum Ufer des hier schon sehr mächtigen Columbia Rivers, dessen Breite ich gut und gerne auf 600m schätzte. An der wirklich schön angelegten und gut besuchten Uferpromenade standen einige Kunstobjekte, darunter die lebensgroße Bronzefigur eines Mannes. Auf der Tafel am Boden stand: Alexander Griggs, Kapitän und Gründer des Ortes Grand Fords in North Dakota.

Wie klein doch manchmal die Welt ist.

26. Juni 2024

Während der Anfahrt ins Tal des Columbia Rivers hatte ich sie schon gesehen, die schneebedeckten Spitzen der Kaskadenkette mit dem Mount Rainier als ihren Anführer und seinen 4.392 Metern Gipfelhöhe. Und obwohl sich dieses Gebirge recht nah an die Rocky Mountains schmiegt, gehört es geografisch nicht dazu. Ebenso wenig wie die Sierra Nevada und die kalifornischen Küstengebirge.

Meine Übernachtungsstätte war übrigens sehr sauber und ohne Mängel, das hat direkt Seltenheitswert in der von mir gebuchten Preisklasse. In einem Trump-Tower ist es wahrscheinlich selbstverständlich, dass man frisch gewaschene Handtücher im Zimmer hat, oder Mr. President?

Aber das werde ich sicher niemals herausfinden, denn die Zimmerpreise dort übersteigen mein Budget um ein Vielfaches. Aber eine Einladung in einen Trump-Tower würden wir (mein Frauchen und ich) natürlich gerne annehmen...

Gestern war noch so ein heißer Tag, dass ich bei meinem Spaziergang von einem der wenigen schattigen Fleckchen so schnell wie möglich zum Nächsten gehüpft bin - leider regnet und gewittert es gerade und die Blitze pfeifen nur so durch die Luft.

Also werde ich mir noch etwas Zeit lassen und ein bisschen im Internet recherchieren, zum Beispiel, wo sich der nächste Trump-Tower befindet.

Keine halbe Stunde später lacht die Sonne schon wieder lauthals und denkt sich wahrscheinlich, was für ein Angsthase der dicke Deutsche doch ist. Aber wie ich einige Seiten vorher schon mal schrieb, ist meine ganze DNA aus Vorsicht gestrickt und das hat sich in den letzten 55 Jahren ganz gut bewährt.

Wenatchee ist heute Morgen immer noch, genauso wie gestern Abend, ein hektischer und geschäftiger Ort, was vielleicht auch an den vielen, hier wie Ameisen herumwuselnden Gastarbeitern liegen mag und das ist überhaupt nicht so das Meine.

Also nichts wie weg hier, ab in die Berge. Als ich jedoch ins Auto steigen wollte, war auf einmal das Display rot. Hatte sich wohl am Display meines Fahrrades angesteckt - ich krieg wirklich bald die Krise. Beim näheren Hinschauen stand da was von Reifen platt, Restdruck noch 1,2 bar. Vorne rechts.

Also nachgeschaut, aber so platt schaute der gar nicht aus, drum bin ich ganz vorsichtig zur nächsten Tankstelle gefahren und hab die Luft wieder aufgefüllt. Ist in Amerika übrigens fast nirgendwo kostenlos, so wie in Deutschland. Musste zwei Dollar in 25-Cent-Münzen investieren, bevor da irgendwas passierte.

Nach ungefähr 30km kam ich durch den Ort Leavenworth und war erstaunt, als ich auf der Ortseingangstafel las:

„Leavenworth * Bavarian Village * Willkommen" und einige Meter weiter Straßennamen wie „Alpensee Strasse" und in der Ortsmitte Wegweiser zum „Stadtzentrum" oder zur „Apotheke" oder zum „Rathaus". Und jedes zweite Restaurant oder Hotel hatte einen deutschen Namen. Zuerst dachte ich wieder an unsere guten alten deutschen Auswanderer, aber in Leavenworth hat das ausnahmsweise einen ganz anderen Grund.

Denn bis ungefähr 1950 hatte dieser Ort einen sehr bedeutenden Güterverladebahnhof, welcher der kleinen Stadt viele Arbeitsplätze bescherte und entsprechend hohe Steuereinnahmen generierte. Als diese Eisenbahnlinie verlegt wurde, musste der Güterbahnhof schließen, die Arbeiter verließen den Ort und Leavenworth drohte zu einer Geisterstadt zu werden.

Die wenigen verbliebenen Einwohner kamen auf die Idee, aus dem Ort ein typisches Alpendorf nach deutschem Vorbild zu machen und wagten die Flucht nach vorn. Sie investierten mehrere Jahre in den Umbau der Fassaden und viel Geld, um die Idee umzusetzen. Und sie hatten recht - der Erfolg schlug ein wie eine Bombe.

Über das gesamte Jahr werden zahlreiche Feste und Aktivitäten abgehalten, die sich an den typischen Festivitäten an Orten in Bayern und Tirol orientieren. So gibt es ein Maifest, ein Oktoberfest, einen Christkindlmarkt und einen internationalen Akkordeonwettbewerb. Ebenfalls sehr bekannt ist das Nussknackermuseum mit mittlerweile mehr als 5000 Ausstellungsstücken.

Leavenworth ist ausserdem ein Zentrum aller Arten von Outdooraktivitäten, vom Wandern, Reiten bis zum

Rafting. Und es ist das Mekka der amerikanischen Sportkletterszene. Etwa fünf Kilometer westlich der US2, liegt der Castle Rock mit mehreren beliebten Kletterrouten von bis zu drei Seillängen, der für die Entwicklung des amerikanischen Kletterns eine bedeutende Rolle gespielt hat.

Im Winter verfügt Leavenworth über 26 Kilometer Langlaufloipen und noch etwas weiter westlich, am schneereichen Stevens Pass, über ein Skigebiet mit insgesamt neun Liften.

Und jedes Jahr strömen mehr als 2 Millionen Besucher hierher und damit erwirtschaftet der kleine Ort (der selbst nur rund 2000 Einwohner hat) mehr Umsatz, als der ehemalige Güterbahnhof in seiner gesamten Zeit.

Ungefähr auf halbem Wege zum heutigen Zielort Tacoma, Washington kreuzte ich auf meiner inzwischen richtig liebgewonnenen US2 den berühmtesten aller US-Amerikanischen Weitwanderwege, den „Pacific Crest Trail", abgekürzt „PCT".

Dieser Wanderweg beginnt im südlichsten Kalifornien (nahe San Diego) an der Grenze zu Mexico und endet in Kanada, etwa einen Tagesmarsch hinter der US-Amerikanischen Grenze. Die Gesamtlänge dieses Weitwanderweges beträgt 4.265km. Die Wanderer, welche den gesamten Weg innerhalb einer Saison bestreiten, werden „PCT-Thruhiker" genannt. Sie benötigen im Mittel 5 Monate für die gesamte Strecke.

Als ich den sogenannten „Trailhead", also den Beginn des Weiterweges an der Pass-Straße gefunden hatte, stieg ich aus dem Wagen und stand erst einmal eine Weile andächtig da. Ich bin zwar als kleiner Bub sehr viel auf zwei Beinen unterwegs gewesen, zumeist notgedrungen, weil der Vater in jungen Jahren ein regelrechter Wandernarr war (und es mit inzwischen fast 85 Jahren immer noch ist), habe aber mit Wandern oder langem Gehen nicht mehr so viel am Hut, das ist mir einfach zu anstrengend. Trotzdem beschäftige ich mich gerne in ruhigen Stunden auch mit solchen Themen und deshalb habe ich all meine bislang erworbenen Erkenntnisse wie folgt zusammengefasst.

Der Pacific Crest Trail, ein unvergleichliches Band der Natur, das sich über atemberaubende Landschaften erstreckt, ist mehr als nur ein Weg - er ist eine Reise der Seele.
In seinen Wäldern flüstern hunderte Jahre alte Bäume Geschichten von Ausdauer und Erneuerung, während majestätische Gipfel stolz den Himmel umarmen.
Die klaren Bäche singen leise Lieder des Lebens und ihre Ufer spiegeln den Glanz der morgendlichen Sonne wider. Hier, wo die Berge den Himmel berühren und die Täler in ein sanftes Licht getaucht sind, finden Wanderer ihre eigene Stille und Erkenntnis. Jeder Schritt auf diesem Pfad ist eine Hommage an die Schönheit dieser Erde, die uns umgibt, und an die Herausforderung, die uns stärker macht. Die Sonnenaufgänge malen den Himmel in Farben, die die Seele erwärmen und die Sonnenuntergänge lassen die Welt in einem goldenen Glanz versinken, der den Geist berührt, jeden Tag ein bisschen intensiver.
Die Anstrengungen der Wanderer, die sich diesem Weg stellen, sind eine Symphonie der Entschlossenheit und

des Willens. Jeder Meilenstein ist ein Sieg über die Grenzen des Körpers und des Geistes und jeder Moment der Erschöpfung wird durch die Schönheit der Natur geheilt.

Die Kameradschaft, die auf diesem Pfad entsteht, ist eine Bindung, die tiefer geht als die Tiefe der Canyons und stärker ist als die Höhen der Gipfel.
In den endlosen Wegen des Pacific Crest Trails findet man Einsamkeit und Verbundenheit zugleich - eine Erinnerung daran, dass wir Teil eines größeren Ganzen sind.
Die Wälder flüstern Geschichten von Mut und Beharrlichkeit, während die Wildblumen den Weg mit Farben des Glücks schmücken.
Jede Begegnung mit der Tierwelt ist eine Erinnerung an die Schönheit der Schöpfung und die Verantwortung, sie zu schützen.
Wenn die Sterne am Nachthimmel tanzen und der Mond die Landschaft in ein silbernes Licht taucht, wird der Pacific Crest Trail zu einem heiligen Pfad der Demut und des Wandels.

Hier finden Wanderer nicht nur die Natur, sondern auch sich selbst - in jedem Schritt, in jeder Pause und in jedem Atemzug der frischen Bergluft. Der Pacific Crest Trail ist mehr als nur ein Wanderweg.
Er ist eine Reise der Transformation, eine Ode an die Schönheit der Natur und an die unerschütterliche Kraft des menschlichen Geistes. Möge jeder, der seine Wege betritt, mit dem Wissen gehen, dass sie nicht nur die Landschaften durchqueren, sondern auch die Tiefen ihrer eigenen Seele erkunden.
Das mag jetzt alles ein wenig verklärend wirken und über

die teilweise unmenschlichen Strapazen hinwegtäuschen. Dieser Wanderweg ist beileibe kein Spaziergang, das ist und bleibt ein ernstzunehmendes, minutiös zu planendes, Abenteuer. Doch ich denke, es schadet nicht, wenn der Mensch auch einmal in sich selbst geht und die Erkenntnisse und Erfahrungen seines Lebens auf diesen Weg projiziert und auf eine solche Weise aufarbeitet. Man muss ja nicht gleich monatelang durch ein wildes Gebirge wandern, oft reicht eine kurze Erfahrung an der Grenze der persönlichen Leistungsfähigkeit, um sich des eigenen Stellenwertes in dieser Welt bewusst zu werden und ein wenig Demut sowie Achtung vor der Natur zurückzuerlangen.

Natürlich ließ ich es mir nicht nehmen, ein kleines Stück auf dem Pacific Crest Trail zu wandern, wenn ich denn schon mal hier bin.
Ich wählte die südliche Richtung, sozusagen „southbound", wie die Profis sagen.
Der eigentlich sehr gute Weg war vom Regen der letzten Nacht zwar etwas aufgeweicht, was sich aber nicht nachteilig oder schlecht anfühlte, sondern eher weich und samtig und führte durch dichten Wald, immer mal wieder über hartnäckige Schneefelder, die sich als Überbleibsel vom letzten Winter an die Wurzeln der stolzen Tannen klammerten und in vielen sanften Kehren einen Berghang hinauf.
Ich wollte zwar ursprünglich ein paar Stunden wandern, hörte aber auf einmal ein Knacksen zwischen den Bäumen, ungefähr 25m neben mir.
Und gleichzeitig wurde die Luft erfüllt von einem intensiven Geruch, der mich sofort an meine Kindheit

erinnerte. So wie Schafwolle, die unmittelbar nach dem Scheren am Boden liegt. Eine seltsame Mischung aus tranigem Fett und Schweiß. Ich war mir sicher, das ist ein Bär. Gesehen habe ich ihn zwar nicht, denn der hat sich bestimmt flach auf den Boden hingelegt und die Augen zugehalten. Hatte wahrscheinlich mehr Angst, als ich, der arme Kerl.

Trotzdem hatte ich kein Verlangen nach einer direkten Begegnung und so ging ich schnurstracks und lauthals „Griechischer Wein" von Udo Jürgens singend, den Berghang wieder hinunter.

Bestimmt ist der Bär jetzt völlig traumatisiert und braucht psychologische Betreuung. Tut mir leid, mein pelziger Freund, aber ich weiss ja nicht, wie Dein Gemütszustand jetzt wäre, wenn ich etwas von Rammstein gesungen hätte.

Leicht verschwitzt erreiche ich nach einer guten Stunde wieder mein Auto und machte mich gedankenversunken an die Weiterfahrt.

Diese war mal wieder etwas zäh, denn bei der Abfahrt von einem Gebirgspass sind die Amerikaner wie dreijährige Hosenscheißer.

Mich wundert es immer wieder, woher sie den Mut nehmen, in sämtlichen Kriegsgebieten auf dieser Welt mitzumischen.

Vielleicht des Geldes wegen? Oder alle Mutigen sind in den Kriegsgebieten und alle Angsthasen dageblieben - was weiss denn ich schon.

Für die insgesamt rund 280km heute brauchte ich somit fast einen ganzen Tag. Aber das ist in Ordnung - habe ja sonst nichts vor.

Nur für morgen wünsche ich mir etwas besseres Wetter.

Kannst du das einrichten, lieber Herr Petrus?

<u>27. Juni 2024</u>

Der liebe Petrus ist wahrscheinlich im Urlaub oder blind
wie ein Maulwurf und taub auf beiden Ohren. Denn als
ich am Morgen aus dem Fenster schaute, regnete es in
Strömen.
Aber zum Glück hatte ich ja für solche Fälle ein stabiles
Dach überm Kopf. Mit dem Fahrrad allein wäre das schon
eine andere Nummer geworden.
Aber auch das Fahrrad war offensichtlich froh, einen
Liegewagen bekommen zu haben - seit dem Vorfall am
Logan Pass sah ich kein rotes Display mehr (zugegeben,
bin seitdem auch nicht mehr gefahren damit).
Tacoma und die meisten Orte in dem Dunstkreis von
Seattle mag ich überhaupt nicht - alles ein wenig
unübersichtlich, eng und hektisch.
Und jedesmal, wenn ich hier war, regnete es. Und
außerdem ist alles sauteuer - das Benzin kostet im
Vergleich zu den benachbarten Bundesstaaten Idaho oder
Montana 50% mehr und auch die Lebensmittel sind
unverschämt teuer.
Wenn die Einheimischen wirklich derart hohe Einkommen
verzeichnen, wie ich schon des öfteren gelesen habe,
könnte man wenigstens für Besucher eine Ermäßigung
einrichten. Ausweis oder Reisepass an der Kasse
vorzeigen und einen Sofortrabatt von 25% bekommen.
Das wäre fair und würde für viel Freude bei den
Besuchern und Touristen sorgen.
Nach einer guten halben Stunde wurde es ein wenig
ländlicher, der Wald dichter, die Straße von hohen

Bäumen gesäumt und ich erreichte recht bald den Eingang zum „Mount Rainier Nationalpark". Leider regnete es immer noch und die Berggipfel waren bis tief in die Täler in Wolken gehüllt.

Aufgrund dessen verzichtete ich auf die Seitenstraße zum Mount Rainier und fuhr geradeaus dem Chinook Pass entgegen.

Zu dem Regen kam weiter oben noch Nebel und die dicken Altschneefelder beiderseits der Straße sorgten für winterliche Temperaturen.

Auf der Passhöhe zeigte das Thermometer nur noch 33 Grad Fahrenheit an - das waren ungefähr 3 Grad Celsius.

Eigentlich halte ich an solchen Punkten immer kurz an und schieße einige Fotos, aber irgendwie war es mir heute zu unangenehm.

Daher bin ich gleich wieder auf der anderen Seite ein Stück ins Tal hinabgesaust und habe deshalb auch den Zustieg zum PCT (der ebenfalls den Chinook Pass kreuzt) verpasst. Aber bei diesen Wetter schickt man ja nicht mal den Hund raus, wie man bei uns so sagt.

Etwas unterhalb der Passhöhe hörte schliesslich der Regen auf und ein paar Kilometer weiter unten kam sogar die Sonne raus.

Mit seinen 1655m Höhe ist der Chinook Pass eigentlich kein sonderlich hoher Pass, aber seine Lage in der geografisch so weit nördlichen Kaskadenkette sorgt dafür, dass er rund 8 Monate geschlossen wird und jedes Jahr zwischen 5 und 8m Schnee auf der Passhöhe liegen.

Nach dem Ort Yakima führte die Straße durch ein Reservat der Yakama-Indianer und das war wieder geprägt von Kurzgrasprärie und sehr hügeligem Gelände.

Das Reservat liegt in einer ariden Region Ost-Washingtons, da die Kaskadenkette, die etwa 40 km westwärts liegt, kaum Regenwolken passieren lässt. Daher liegt die jährliche Regenmenge bei weniger als 200mm. Das lediglich zwei Autostunden entfernte Tacoma beispielsweise hat eine jährliche Niederschlagsmenge von fast 1000mm. In der trockenen Graslandschaft wachsen zumeist niedrige Büsche und einige Baumarten. Die Bestellung von Feldern ist sehr mühselig und wegen der notwendigen Bewässerung auch recht kostenintensiv.

Kurz vor der Abfahrt ins weiträumige Tal des Columbia Rivers zog ein rundliches Bauwerk meine Aufmerksamkeit auf sich, das auf einem Hügel in Richtung Fluss errichtet wurde.
Es war das als Maryhill Stonehenge oder Stonehenge Memorial bekannte Denkmal für die getöteten Soldaten des ersten Weltkrieges, die aus dem hiesigen County (Landkreis) stammten und wurde im Jahr 1918, bereits vor Ende des Krieges, am Independence Day, dem 4. Juli, eingeweiht.
Es ist eine aus Beton bestehende Nachbildung des britischen Stonehenge und steht jetzt über dem Ort Maryhill auf einem Hügel.
Bauherr, Finanzier und Initiator war der Unternehmer Samuel Hill (1857–1931).
Hill, der überzeugter Quäker war, glaubte, im englischen Stonehenge seien Menschenopfer dargebracht worden.
Er wollte daher an dieser Stelle mit seinem Monument der Soldaten gedenken, die dem „Kriegsgott" zum Opfer gefallen waren. Ursprünglich stand das Bauwerk unten am Columbia River mitten in dem kleinen Örtchen

Maryhill, das jedoch von einem Großbrand vollständig zerstört wurde. Das Bauwerk wurde daher auf einem Hügel über dem Ort neu errichtet und konnte im Jahre 1929 erneut eingeweiht werden.

Von diesem interessanten Bauwerk führte die Straße in weitläufigen Serpentinen ins Tal hinab zum Columbia River, der bereits hier, rund 300km vor der Mündung in den Pazifik, eine stattlich-imposante Breite von geschätzten 1,5km erreichte und gleichzeitig die Grenze zwischen Washington und Oregon bildet.

Nach dem großen Fluss stieg die Straße über eine Länge von nahezu 10km unaufhörlich an und ich musste immer daran denken, wie oft ich hier wohl hätte stehen und warten oder das Fahrrad wieder schieben müssen, wenn ich denn an meinem ursprünglichen Plan festgehalten hätte.

Aber vermutlich wäre ich ohnehin nicht bis hierher gekommen, denn die vielen Pässe, die ich inzwischen überquert hatte, hätte die minderwertige Aventon-Technik ohnehin nicht überlebt.

Das Land weiter oben war in etwa die Fortsetzung des Yakama-Reservates und das winzige Örtchen Shaniko, das inmitten dieser Prärielandschaft das Dasein eines lebendigen Toten führt, erzählt eine ungewöhnliche Geschichte.

Denn keine Stadt in Oregon hat ein schnelleres Wachstum und einen schnelleren Niedergang erlebt wie Shaniko. Die Stadt wurde 1901 gegründet und wurde schnell als Wollhauptstadt der Welt bekannt. Die örtlichen Bauern und Viehzüchter verschickten Millionen Pfund Wolle und Waggonladungen an Getreide und Vieh

mit der Columbia Southern Railroad zum Markt.
Anfang des Jahres 1910 hatte die Eisenbahn jedoch den
größten Teil ihres Geschäfts an die Oregon Trunk Railway
verloren, die Zuglinien hier wurden rasch eingestellt und
Shaniko praktisch zu einer Geisterstadt.
Ich fuhr durch den nur wenige hundert Meter langen Ort
und staunte nicht schlecht über die Handvoll Häuser, die
offensichtlich allesamt noch im Originalzustand belassen
wurden, aber wohl auch noch bewohnt waren.
Wer in aller Welt tut sich das freiwillig an und wohnt in
Holzbaracken (auch wenn vorne eine Westernfassade
hingenagelt wurde) mit zerschlagenen Einfachfenstern,
bergeweise Müll und Schrott vor, neben und hinter den
Häusern?
Aber vor jedem Haus stand ein Auto und ein paar
Leutchen waren auch zu sehen.
Vermutlich hatten sie einfach keine Wahl. Kein Geld, um
wegzuziehen, zu wenig zum Leben und zuviel zum
Sterben. Ja, auch das ist Amerika.
Hast Du solche Orte auch kennengelernt auf Deinen
Wahlkampftouren, lieber Präsident Donald Trump?
Diese Menschen leben in bitterster Armut, aber haben
eine US-Amerikanische Flagge vor der Tür und ein Banner
am Zaun mit „Make America Great Again".

Weiter ging die Fahrt Richtung Süden. Und immer wieder
tauchten unvermittelt rechter Hand, also westlich, hohe
freistehende, mit Schnee bedeckte, Berge auf, die meinen
Blick auf sich zogen und mich immer wieder dazu
zwangen, kurz anzuhalten.
Ihre Form ließ erkennen, dass sie zumeist wohl
vulkanischen Ursprungs waren und sie standen da und

hatten mit ihrer symmetrischen Schönheit etwas nahezu Magisches.

Vom Mount Adams über den Mount Hood und dem Mount Jefferson bis zu den South Sisters konnte ich jeden einzelnen Berg klar zuordnen.

Selbst die Wolkenbänder, die um die Gipfelregionen waberten, taten dem Gesamterscheinungsbild keinen Abbruch. In europäischen Regionen ist so etwas eher sehr selten anzutreffen.

Diese Berggipfel sind ja Teil des sogenannten pazifischen Feuerrings, einer Region intensiver seismischer Aktivität entlang der nordamerikanischen Pazifikküste.

In Washington ist der Mount St. Helens der bekannteste Schichtvulkan (Schichtvulkan deshalb, weil sie alle einen ganz bestimmten charakteristischen Aufbau haben und aus abwechselnden Schichten von Lava, Asche und Schlacke bestehen), der im Jahre 1980 für seinen explosionsartigen Ausbruch berühmt-berüchtigt geworden ist, danach verstummte, aber seither wieder an Aktivität gewonnen hat.

In Oregon ist der Mount Hood der wohl prominenteste, denn er ist der höchste Berg dieses Bundesstaates und ein sehr beliebtes Ziel für Bergsteiger. Er ist zwar nicht so explosiv wie der Mount St. Helens, aber auch er zeigt eine sehr aktive geologische Geschichte mit gelegentlichen seismischen Aktivitäten und Dampfausbrüchen.

Und so wurden die heutigen 502km - obwohl von einem stark herbstlichen Beginn geprägt - überhaupt nicht langweilig und das Ziel mit Madras, Oregon schnell erreicht.

Kurz nach 5 Uhr morgens klingelte der Wecker und ich stand im Bett. Nein, ganz so war es nicht, aber durch die innerhalb kürzester Zeit bei mir eingetretenen - zu Florida zusätzlichen 3 Stunden - Zeitverschiebungen war ich noch lange nicht in der Pacific Time Zone angekommen und entsprechend früh wach.

Mein kleines Zimmer im Budget Inn in Madras, Oregon hatte gestern Abend ein wirklich gutes Internet, aber ab 22 Uhr war das weg. Und kam auch nicht mehr wieder. Und das hatte ich schon oft.

Ich bin fest davon überzeugt, dass das ein Trick der jeweiligen Betreiber ist, damit die Gäste am kommenden Morgen recht schnell wieder verschwinden. Nur in den Hotels jenseits der 100 Dollar Grenze kommt so etwas nicht vor - da gibt es auch oft ein Frühstück und die Rezeption ist besetzt, wenn man auschecken möchte und nicht verschlossen, wie heute morgen bei mir. Aber ich habe einfach die Tür zur Lobby eingetreten und den Schlüssel auf den Tresen geknallt. Pech gehabt.

Und pünktlich um 8 war ich bereits auf der Piste. Zum Glück war gleich ein McDonalds in der Nähe, der mich mit einem großen, starken Kaffee versorgte für einen schlappen Dollar - das nenne ich preiswert.

Ungefähr 30 Meilen entfernt lag direkt an meiner Strecke der „Smith Rock State Park", ein kleines, aber feines (und mit relativ großen Wandhöhen ausgestattetes) Klettergebiet.

Die 5 Dollar für ein Tagesparkticket, das man am Automaten kaufen sollte, habe ich nicht benötigt, denn der Fahrer eines entgegenkommenden Autos reichte mir seinen Parkschein aus dem Fenster. Das war ja nett, nochmals vielen Dank an den Herrn mit Kennzeichen aus Quebec, Kanada.

Rund um die größte Gruppe der Kletterfelsen sollte ein breiter Wanderweg führen, den ich auch ein Stückchen benutzte, aber irgendwann zweigte der etwas ab und verlief entlang eines kleinen Flüsschens (dem Crooked River) und dort waren soviele Mückenschwärme, dass ich gar nicht mehr Luft holen konnte.

Ein Wanderer kam mir mit seinem Hund entgegen und beide hatten einen Hut auf mit Mückenschutz.

Daher bin ich nur einen Teil des Weges gegangen und musste die Besichtigung des wohl berühmtesten Felsen, den „Monkey Face" (Affengesicht), auslassen.

Das kleine Klettergebiet gilt als Geburtsort des Sportkletterns in den USA und war zudem noch Drehort für verschiedene Filme mit John Wayne und Kevin Costner.

Nach einer guten Stunde Wanderung begab ich mich wieder auf die Weiterfahrt und stand im nächsten größeren Ort (Redmond) erstmal 1,5h im Stau.

Die Region, in der ich mich gerade befand, nennt man auch das „High Desert", was man mit „Hochwüste" übersetzen kann. Sämtliche Orte im Umkreis von 100km (bis auf Maryhill am Columbia River) liegen im Mittel auf einer Seehöhe von rund 1000m und haben durch ihre Lage östlich der Kaskadenkette sowie dem Breitengrad, der in etwa Genua in Italien entspricht, fast mediterranes Klima.

Mein Stau reichte bis zum nächstgrößeren Ort Bend, einer

Stadt mit rund 100.000 Einwohnern, die wieder etwas näher an der Kaskadenkette liegt und an die das Skigebiet des Schichtvulkans „Mount Bachelor" angrenzt. Sowohl zum Skifahren, als auch für längere Wandertouren, war leider keine Zeit, ich musste schauen, dass ich den Stau loswurde, denn meine Strecke war heute auch wieder etwas länger.

Die grasige Hochwüste wurde immer mehr von Waldstückchen durchsetzt und war schliesslich nur noch Wald. Immer mal wieder gab dieser den Blick frei auf einzelne schneebedeckte Vulkane und irgendwie verspürte ich gerade den sehnlichen Wunsch, auf einen solchen hinaufzusteigen.

Allerdings war das völlig unsinnig, denn diese Berge sind allesamt zwischen 3000 und 4000m hoch und noch so tief verschneit, das man wohl eher eine Schneemobiltour hätte machen können, als eine Bergwanderung. Und abgesehen davon wäre meine Ausrüstung aus kurzer Hose, Turnschuhen und maximal einer leichten Regenjacke auch etwas ungeeignet.

In der Nähe des Ortes La Pine war die Luft nebelig-grau, dicke Rauchschwaden schwebten lautlos, wie Geister aus vergangenen Zeiten über die Straße und ich glaubte einen Augenblick, mich in einem Film von Edgar Wallace zu befinden. Die Sichtweite lag vielleicht noch bei 30m und der Verkehr rollte im Schritt-Tempo.

Aber leider war es kein Film - es war ein Waldbrand. Bei google.maps stand am Morgen schon etwas von einer Sperrung und längeren Umleitung, was aber zum Glück nicht eintraf, denn die Flammen tobten sich aktuell im Wald aus und hatten die Straße noch nicht erreicht. Ab und zu sah man ein Löschflugzeug über die Straße fliegen, ansonsten war nichts zu sehen und ich hoffe nur, dass keine Personen zu Schaden gekommen sind - der Wald wird nachwachsen, die Natur hat eine gute Krankenversicherung, das sieht man an vielen anderen Stellen in Kalifornien.

Ganz im Süden des Staates Oregon gibt es noch den sogenannten „Crater Lake", das ist ein See im Krater des Vulkans Mount Mazama, der mit seinen 655m Tiefe der tiefste See der USA ist und der zweittiefste in ganz Nordamerika. Rund um den See führt eine kleine Straße (und nebenbei auch ein Stück des PCT), die es wert gewesen wäre, entlang zu radeln.
Aber: Nicht mit diesem Fahrrad und nicht um den Preis von fast 40 Dollar Eintritt, den die Burschen von der Nationalparkverwaltung da ausgerufen haben.
Warum verlangt ihr Amerikaner eigentlich immer so viel Geld für Schönheiten, die von der Natur völlig kostenlos zur Verfügung gestellt wurden?
Die Pass-Straße zum Chinook Pass kostet zum Beispiel nichts, obwohl die von Menschenhand erschaffen wurde und jedes Jahr Unsummen an Geld verschlingt für Räumung und Instandhaltung. Dort hätte ich kein Problem gehabt, eine angemessene Summe abzudrücken.

Es dauerte nicht lange, da erschien geradeswegs über der Straße der nächste Vulkan, nur etwas höher und mächtiger.
Er schwebte regelrecht vor mir und ich sah ihn bereits aus einer Entfernung von über 100km.
Bevor ich jedoch näher an ihn herankam, musste ich noch

fix die Grenze zu Kalifornien überqueren und mich der Frage eines Grenzbeamten stellen, ob ich frisches Obst oder Gemüse dabei hätte.

Nein, habe ich natürlich nicht, ich weiss doch, dass ihr panische Angst vor allem Möglichen habt und ausserdem war der Knoblauch in meiner Tasche schon eine Woche alt und die Bananen hatten schon jede Menge braune Flecken - also kann von frisch keine Rede sein.

Weiter ging es und der Vulkan wurde immer größer und imposanter. Es war der Mount Shasta und der ist mit seinen 4322m relativ hoch.

Er ist nach dem Mount Rainier der zweithöchste Berg der Kaskadenkette, der zweithöchste Vulkan der USA, einer der höchsten Berge Kaliforniens und die höchste Landform der USA außerhalb von Alaska. Mit seinem Volumen von ca. 350km³ und einem Durchmesser von etwa 27km hat kein anderer Vulkan in der Kaskadenkette so viel Magma an die Oberfläche gespuckt wie der Mount Shasta. Und er ist auch heute noch aktiv.

Aufgrund seiner exponierten Lage und seiner eindrucksvollen Gestalt ist er zudem jedes Jahr Ziel von rund 12000 Personen, die ihn besteigen möchten. Allerdings kommt weniger als die Hälfte oben an und jährlich lassen mindestens 2 Menschen ihr Leben, zumeist aus Erschöpfung.

Für den letzten Abschnitt Richtung Tagesziel Redding, Kalifornien benutzte ich ausnahmsweise mal wieder die Autobahn, denn das Fahren auf der Landstraße mit den hier erlaubten 55 Meilen pro Stunde (88kmh) und immer nur durch Wald war schon etwas ermüdend.

Der auch wieder etwa 100.000 Einwohner starke Ort

Redding begrüßte mich mit Hektik, aber dafür angenehmen 37 Grad.

Leider gab es im Zimmer von meinem Motel 6 keinen Kühlschrank, keine Kaffeemaschine und nicht mal eine Mikrowelle, was bedeutet, dass ich auch hier gleich noch einmal losstiefeln muss, um mir einen guten Kaffee von McDonalds zu holen.

Noch ein kleiner Nachtrag: Lieber Mr. President Donald Trump, ich habe mir gestern das erste Fernsehduell zwischen Dir und Sleepy Joe angesehen. Zuerst im US-Fernsehen und dann im deutschen. Im deutschen Fernsehen kam das natürlich nur in Auszügen und auch da hat man immer noch versucht, Deine Aussagen lächerlich zu machen und Sleepy Joe mit großer Nachsicht behandelt.

Aber gibt es wirklich noch einen einzigen normalen Bürger auf dieser Welt, der sich vorstellen kann, dass dieser botoxgebügelte, stotternde Tattergreis, dieser zittrige verlängerte Arm der Rüstungsindustrie, noch einmal Präsident der Vereinigten Staaten werden kann? Ich kann es auf jeden Fall nicht.

Dagegen bist Du wie eine Lichtgestalt, spitzbübisch, eloquent und schlagfertig mit immer dem richtigen Spruch auf den Lippen und vor allem: Standhaft wie eine deutsche Eiche. Man sieht halt immer noch die deutschen Gene, darauf kannst Du wirklich stolz sein.

In Pennsylvania sah ich am Zaun an einer Farm ein Banner, darauf stand: „Jesus ist der Sohn Gottes, aber der Gott ist Trump." Ich hoffe, dass genügend Deiner Landsleute das auch so sehen und das richtige Häkchen auf dem Wahlzettel setzen.

Dafür drücke ich jetzt schon die Daumen!

29. Juni 2024

Mein Motel war zwar sauber, aber ohne eine Kaffeemaschine und nicht einmal die Möglichkeit, sich selbst einen zubereiten zu können, also kein Grund, dort länger als unbedingt notwendig zu verweilen.
Daher saß ich, noch bevor der erste kalifornische Hahn seinen Schnabel geöffnet hat, mit einem großen Becher heissen Kaffee von McDonalds im Auto und war unterwegs in den goldenen Süden.
Da der Bundesstaat Kalifornien ja auch als offiziellen Beinamen „Golden State" führt und ich heute Richtung „Golden Gate" unterwegs war, ergab sich das Motto des Tages von selbst: „Im Golden State zum Golden Gate".
Als Golden Gate wird ja die Bucht vor San Francisco seit dem Jahre 1848, als der erste große Goldrausch in Kalifornien einsetzte, bezeichnet und die Brücke darüber logischerweise als Golden Gate Bridge.
Die heutige Strecke Richtung San Francisco - ausnahmsweise mal auf der Autobahn - war genauso unspektakulär, wie die gestrige durch den Wald und obwohl sie nur rund 300km lang war, zog sie sich wie Gummi. Die Landschaft entlang des Highways hatte sich vom dichten Wald zum lichten Feld verwandelt, überall nur vertrocknetes Steppengras, wohin das Auge blickte. Endlich führte die Straße hinab ins weite Tal von Vallejo, meinem Tagesziel.

Doch bevor ich mein Nachtlager im Motel Vallejo Inn bezog, musste ich einfach mich - das war wie ein innerer

Zwang - zur Göttin unter den Brücken begeben, wie ich die Golden Gate Bridge immer nenne, um zumindest nur einmal kurz Hallo zu sagen.

Der letzte Besuch ist ja schliesslich schon wieder fast 5 Jahre her - ich weiss gar nicht, wie ich es geschafft habe, so lange ohne diesen Anblick auszukommen.

Diesmal pirschte ich mich ganz leise von Norden heran, durchquerte auf Meereshöhe das zauberhafte Sausalito, um schliesslich im finalen Anstieg einen der Hügel hinaufzusausen, von denen man die Brücke immer so gut sehen kann.

Leider war meine Göttin heute ein wenig schüchtern, hüllte sich in ein zartes, wehendes Kleid in vom Meer aufsteigendem Nebel und gab nur immer für Sekundenbruchteile einen Blick frei auf ihre unvergleichliche Schönheit, ihre exponierte Bauart und natürlich ihren unverkennbaren Anstrich.

Und auch diesmal erschauderte ich bei diesem Anblick, denn als Metaller kann ich nur zu gut nachempfinden, was es bedeutet hat, ein solches Kunstwerk über einer so unwirtlichen Bucht zu errichten.

Die Golden Gate Bridge ist beileibe nicht nur ein Mittel, um die Bucht zu überqueren, sondern ein mächtiges Statussymbol, das - ähnlich wie die Freiheitsstatue in New York - zum Wahrzeichen für die Region und einem Symbol für die gesamten Vereinigten Staaten von Amerika geworden ist.

Mit ihren Kennzahlen von 2.737m Gesamtlänge, einer längsten Stützweite von 1.280m und einer Gesamthöhe von 227m ist sie schon etwas ganz Besonderes, vor allem, wenn man bedenkt, dass sie im Jahre 1937, nach nur 4

Jahren Bauzeit, eröffnet wurde.
Und wollen Sie wissen, wer der Planer dieses
Meisterstückes war: Joseph Baermann Strauss, ein
amerikanischer Brückenbau-Ingenieur deutscher
Herkunft. Noch Fragen?

Oben auf dem Hügel war ein regelrechter Sturm, gegen
den die starken Winde in North Dakota wie kleine weisse
Lämmchen erschienen. Ein asiatischer Besucher wollte mit
seiner weiblichen Begleitung ein Selfie machen, als
unvermittelt eine Sturmböe kam und ihm das Handy aus
der Hand riss, das dann in weitem Bogen in Richtung
Bucht wirbelte und auf Nimmerwiedersehen im Nebel
verschwand.
Aber der Wind hatte auch etwas Gutes, denn sonst hätte
die schüchterne Göttin wohl niemals ihr Nebelkleid
gelüftet und ich würde jetzt noch da oben stehen.

Es gibt ja eine Menge von Aussichtspunkten für die
Brücke, auf dem von heute war ich auch noch nicht und
erstaunt über die bunkerähnlichen Bauwerke, die da oben
anzutreffen sind.
Ich habe gelesen, dass man hier Bunker, Lafetten für
Flugabwehrgeschütze und Raketenabschussrampen aus
dem Zweiten Weltkrieg finden kann, aber ursprünglich
handelte es sich hier oben um eine stark befestigte
militärische Verteidigungsstellung, die schon sehr viel
älter ist.
Die Hügel oberhalb der Golden Gate Bridge sind voller
Betonbauwerke, Geheimtunnel und Batterien, die San
Francisco schon im Bürgerkrieg vor Angriffen schützen
sollten. Am Nordufer, an dem ich mich ja befand, gibt es

drei Forts und mehrere Angriffsstellungen. Es befanden sich zum Beispiel 3 Geschütze mit 12 Zoll Munitionsdurchmesser hier oben, damit konnten also Granaten mit 30cm Durchmesser über der Bucht verschossen werden. Krass!

Nach einer halben Stunde hatte ich genug gesehen und rollte wieder langsam den Berg hinab und wieder Richtung Norden zu meinem eigentlichen Tagesziel, Vallejo in Kalifornien. Dort hatte ich im Vallejo Inn Motel ein Zimmer gebucht und war erstaunt, über die Art und Weise, wie man hier einzuchecken hat.

Denn die Tür zur Lobby war fest verschlossen, der junge Mann mit Punkt auf der Stirn sprach in ein Mikrophon und seine Stimme kam laut, aber total verzerrt aus einem kleinen Lautsprecher, der aussen an die Tür der Rezeption genagelt war. Ich solle meinen Ausweis durch den Briefschlitz werfen und mehr brauchte er nicht. Nach einer Weile kam ein Zettel aus dem Schlitz zurückgeflogen, auf dem ich zu unterschreiben hatte und danach noch die Schlüsselkarte. Irgendwie eigenartig.

Durch Zufall bin ich später darauf gekommen, warum das wohl so ist. Denn die Stadt Vallejo, die rund 125.000 Einwohner hat, verlor im Jahre 1996 ihren Hauptarbeitgeber, die US-Marinewerft und nach deren Schließung wurden 10.000 Arbeiter und Angestellte schlagartig arbeitslos.
Die Kriminalität stieg seitdem auf ein Höchstmaß und die Not der Stadt gipfelte einige Jahre später in einem Konkurs, den die eigene Stadtverwaltung für Vallejo anmeldete.

Seitdem steht sie unter den Augen eines Konkursrichters, der darauf achtet, dass sie nicht vollends an den Forderungen der Gläubiger zerbricht. Um Geld zu sparen, werden seitdem auf den Straßen keine Schlaglöcher mehr repariert, auf öffentlichen Parks und Plätzen wuchert das Unkraut meterhoch, vier von 8 Feuerwehrstationen wurden geschlossen und die Anzahl der Polizeibeamten von über 160 auf rund 90 reduziert. Diese haben außerdem die Anweisung, nur noch bei akuter Gefahr für Leib und Leben auszurücken, nicht aber mehr bei Einbrüchen oder Verkehrsunfällen.
Damit ist eigentlich das Rätsel um die Angst des Rezeptionisten schon gelöst.

Mr. President, ich weiss, Du hast genügend andere Sorgen, wenn Du wieder im Amt bist - aber könntest Du nicht ein paar Trucks mit Asphalt nach Vallejo schicken, um zumindest die größten Schlaglöcher zu füllen? Die Steißbeine und Bandscheiben von 125.000 Einwohnern sowie Millionen von Besuchern werden es Dir danken.

30. Juni 2024

Wieder eine Nacht vorbei im - von meiner deutschen Heimat und meinem kleinen, geliebten Frauchen - so unendlich weit entfernten Kalifornien.
Ich stehe immer wieder mal an dem Punkt, an meinem ganzen Tun zu verzweifeln.
Denn so, wie es aktuell abläuft, war der Plan ja leider überhaupt nicht. Im Moment komme ich mir vor wie eine Kanonenkugel, die 500m am Ziel vorbeigeschossen wurde, die unter sich das Leben vorbeiziehen sieht und

selbst keine Möglichkeit hat, die Flugbahn zu verändern, die nur noch warten kann, auf das, was passiert. Wie ein fremdgesteuertes, fehlgeleitetes Objekt.

Es lag nicht an der Planung, es lag nicht an mir und auch nicht an den familiären Umständen. Mein Frauchen ist in Deutschland meine Basisstation, sie hält mir den Rücken frei und dafür bin ich ihr wirklich dankbar.

Wer dann ist verantwortlich für diese Misere? Wen könnte man, im Falle des Falles, dafür verantwortlich machen, dass aus meinem Lebenstraum, den ich jahre-, wenn nicht jahrzehntelang, gehegt und gepflegt hatte, wie ein kleines Kind, ein Albtraum geworden ist?

Wenn, dann eigentlich nur die Firma Aventon, den Hersteller meines Fahrrades, das einfach nicht den Anforderungen gerecht geworden ist. Und dabei sollte es ja kein Profiradrennen bestreiten. Einfach nur durchhalten über eine längere Strecke. Mit einem Modell des deutschen Herstellers „Haibike", der wie viele anderen Fahrradhersteller auch in Vietnam produzieren lässt, bin ich mal in 2 Jahren über 12.000km gefahren, ohne ein einziges Problem.

Und ich bin keiner, der sinnlos in die Pedale tritt, denn sonst hätte das Haibike kaum solange gehalten.

Ich behaupte von mir, ein ausgeprägtes Gespür für solche Technik zu haben und weiss, wann der Zeitpunkt gekommen ist, dass ich mich bremsen muss und wann ich dem Fahrrad alles abverlangen kann.

Ja, ich weiss, hätte, hätte...Fahrradkette...

Aber ich werde nicht aufgeben und bis zum letzten Tag versuchen, das Beste daraus zu machen und ganz sicher auch an Aventon herantreten, sobald sich die Möglichkeit dazu ergibt.

Und sie glauben nicht, was passiert ist: Ich habe testweise unter einem anderen Namen der Firma Aventon, also direkt dem Hersteller, eine Email geschrieben, dass ich beabsichtige, im Herbst diesen Jahres eine längere Radreise durch die USA unternehmen zu wollen und dabei auch schon eine (natürlich fiktive) Strecke angegeben, bei der mehrere sehr hohe Gebirgszüge überquert werden müssen und nachgefragt, ob sie dafür das Aventon Modell „Level 2", (also das gleiche, wie ich habe), empfehlen können.

Es dauerte nicht lange, da kam die Antwort zurück, dass dieses Modell für eine solche Reise die allerbeste Wahl wäre, die es am Markt gäbe und ich damit auf jeden Fall eine solche Tour unternehmen kann und dabei viel Freude haben werde.
Natürlich habe ich mir verkniffen, nachzufragen, was denn Aventon genau unter dem Wort „Freude" versteht. Vielleicht ist es für die Herren in der Chefetage von Aventon ja eine Freude, ein vollgepacktes, 70kg schweres, Reiserad 11km lang über pennsylvanische Hügel schieben zu dürfen, weil die Technik derart schlecht ist, dass ständig der Motor oder die Elektronik ausfällt? Aber diese Frage werde ich dann stellen, wenn der richtige Zeitpunkt dafür gekommen ist.

Und da ist noch etwas: Sie, lieber Leser, erinnern sich bestimmt an den Rockwood Bikeshop in Pennsylvania, der die erste Reparatur durchgeführt und mir dafür 371

Dollar abgeknöpft hat. Der Inhaber dieses Ladens versprach mir ja damals, umgehend die Papiere für die Garantieabwicklung beim Hersteller einzureichen, damit ich mein Geld schnell zurückbekomme, denn dafür sei die Garantie ja da.

Ausgefüllt und eingereicht hat er nichts dergleichen. Ich habe mehrfach nachgefragt, aber keine Antwort mehr erhalten.

Bis ich mich an die bei Aventon für solche Sachen zuständige Abteilung gewandt habe und die mir antworteten, dass Mr. Lynn Sanner die Arbeiten an meinem Fahrrad beim Hersteller noch einmal in Rechnung gestellt hat.

Ich habe zurückgeschrieben, dass man so etwas in Deutschland mit dem Wort „Betrug" bezeichnet und vermutlich in Amerika auch.

Die Antwort darauf steht noch aus.

Es ist einfach unglaublich, mit welchen Schwierigkeiten man sich auf einer solchen Tour herumschlagen muss und dabei wollte ich doch einfach nur ein bisschen Fahrradfahren, sonst nichts.

Mein Zimmerchen hier im Vallejo Inn Motel ist übrigens (bitte erinnern Sie sich an das, was der junge Mann in der verschlossenen Rezeption auf der Stirn hatte) eine katastrophale Absteige und das ist noch nett formuliert. Das Bettlaken und die Kopfkissenbezüge wurden nie im Leben gewechselt (was sich eigentlich täglich gehört) - wahrscheinlich das letzte Mal Ende Mai 2023. Sämtliche Wasserhähne tropfen - so etwas macht mich wahnsinnig - und der Teppich schaut aus, als hätte ein Pferd darauf gekotzt.

Bei den beiden Waschbecken habe ich schon die

Eckventile zugedreht, nur die Dusche tropft weiter, da komme ich nicht ran. Ich will mich jetzt hier bei Ihnen nicht „ausheulen", drum sage ich nur noch eins und zwar, dass die Mikrowelle innen ausschaut, als hätte man die Katze vom Nachbarn lebendig darin gegart und das weit über den Garpunkt hinaus.

Aber auch das sind wohl Erfahrungen, die man im Leben machen muss. Oder geht bei Ihnen immer alles glatt? Die Nacht selbst war sehr unruhig, denn auf den Straßen rund um das Motel wurde wohl ein Rennen der Formel 1-Weltmeisterschaft ausgetragen, so laut und wild ging es ab. Ist ja auch nachvollziehbar, denn wie wir wissen, kommt die Polizei aus Kostengründen bei solchen Aktionen nicht.

Vielleicht sollte ich morgen an irgendeiner Tankstelle mein Auto volltanken und einfach wegfahren? Aber erstens geht das nicht, denn hier bezahlt man immer im Voraus und zweitens ist das nicht meine Art, jemanden zu bestehlen und ausserdem sind die Tankstellenpächter eh oft genug die ärmsten Hunde und rechnen mit Cent-Beträgen.

Daher hiess es wieder mal ganz am frühen Morgen: Auf und davon, auf Nimmerwiedersehen!

Eigentlich hatte ich ja vor, den berühmten Küstenhighway, die CA1 oder US1 entlang der Pazifikküste zu fahren, aber bei meinem Glück ging auch das nicht, denn dieser war mal wieder an mehreren Stellen voll gesperrt und die Umleitungen beliefen sich auf nahezu 300km.

Daher ist mein heutiges Tagesziel Bakersfield in Kalifornien, das ungefähr 100km von der Küste entfernt im Landesinneren liegt. Das gleiche Schicksal ereilte uns übrigens im Jahre 2017 auch schon, da mussten wir ebenfalls weit ins Landesinnere ausweichen.

Die Reise von Vallejo nach Bakersfield sollte heute meine kleine private Entdeckungsreise werden, denn bei google.maps war auf den ersten Blick nicht allzuviel zu erkennen.

Die Straße schlängelte sich durch sanfte Hügel und grüne Täler, ich passierte malerische Weinberge, wo sich die Reben zur Erntezeit in der Sonne wiegen und der Duft von reifen Trauben in der Luft liegt. Weiter südlich führte mich das Asphaltband durch das ungemein fruchtbare San Joaquin Valley, wo die Obstbäume in endlosen Plantagen gedeihen und bereits jetzt ihre köstlichen Früchte zur Ernte bereitstellen.

In Fresno, einer von mehr industriellem Kommerz, Banken und Behörden, als Obstanbau geprägten Stadt, neigte sich das idyllische Bild der letzten Stunden mit einem Schlag mehr der harten Wirklichkeit des Lebens entgegen, denn auf den Gehwegen, an den Straßenrändern und sogar entlang des Highway 99 hatten die Ärmsten der Armen ihre Behausungen aufgebaut und lagen, wohl zum Schutz vor der Hitze teilweise dick vermummt, direkt daneben auf dem Beton oder dem Asphalt.

Und so, wie sie ihre Behausungen errichtet hatten, handelte es sich sicherlich nicht um Übergangslösungen, sondern eher feste Wohnsitze, sofern man in solchen Fällen überhaupt davon sprechen kann. Auffällig in Fresno war die große Anzahl der Obdachlosen.

Warum die Stadtverwaltung oder die Politik hier nicht

einschreitet und sowohl um der bedauernswerten Menschen, als auch des Erscheinungsbildes der Stadt wegen, andere Lösungen findet, bleibt mir ein Rätsel. Denn meistens geht ja von den armen Schluckern, die da auf der Straße lagen, die geringste Gefahr aus, sondern vielmehr von denen, die zahlreich in dunklen Ecken standen und verstohlen nach allen Seiten blickten. Ich muss zugeben, ich war gleichermaßen geschockt, wie auch ein bisschen froh, hier nicht mit dem Fahrrad entlang gefahren zu sein. Ich hätte meine Hand nicht ins Feuer gelegt, dass die alle nur zugeschaut hätten, wenn ich mitten unter ihnen mein Fahrrad abgeladen, auf den Kopf gestellt und einen Reifen gewechselt hätte. Unterwegs hatten wir schon einige Male das zweifelhafte Vergnügen, mit etwas zwielichtigen Gestalten in Kontakt zu geraten und eine der ersten Fragen von denen war immer, was unsere Fahrräder gekostet haben.

Südlich von Fresno veränderte sich die Landschaft noch einmal, die Straße führte durch die goldenen Hügel der „Central Valley Range", wo sich das Licht der untergehenden Sonne auf die weiten Ebenen legte und die Farben der Natur in warmen Erdtönen schimmern ließ. In Bakersfield spürte man als Erstes an der Temperatur, warum diese Stadt das „Tor zur Wüste" genannt wird - denn als ich aus dem Wagen stieg, war das so, als würde man gegen eine heisse Wand laufen. Das Außenthermometer zeigte 103 Grad Fahrenheit an, das sind umgerechnet 39,44 Grad Celsius. Hurra! Und da auch für morgen mindestens die gleichen Temperaturen vorhergesagt wurden, hab ich jetzt mal die wollenen Handschuhe und die Strickmütze endgültig ganz unten in der Tasche verstaut.

Lieber Mr. President Donald Trump, ich fahre jetzt über 8 Wochen am Stück durch Dein wunderschönes, riesiges Heimatland. Und ich muss zugeben, wenn ich mir vorstelle, hier in ein solches Amt gewählt zu werden - ich hätte wirklich Angst.

Angst vor allem davor, den an mich gestellten Aufgaben nicht gerecht zu werden - schliesslich sind 4 Jahre keine Ewigkeit und angesichts der Größe der Aufgaben eine verschwindend geringe Zeitspanne. Ich denke, es braucht viele kluge Entscheidungsträger und Millionen von helfenden Händen, um Dein Amerika wirklich wieder „Great Again" zu machen. Aber wenn ich Dich richtig einschätze, dann bin ich mir sicher, Du schaffst das. Und sollte Dich doch irgendwann mal die Kraft verlassen, setz Dich in die Präsidentenmaschine und komm auf einen Sprung zu uns nach Bayern - ein paar Bratwürstchen aus der Heimat Deiner Vorfahren sind schnell gegrillt und ein schönes kaltes Bier wird Dir auch schmecken, da bin ich mir sicher und dann flatterst Du gestärkt wieder zurück nach Amerika und zeigst all denen, die es jetzt immer noch wagen, an Dir zu zweifeln, wo der Hammer hängt.

1. Juli 2024

Lieber Leser, es wird Sie nicht überraschen, wenn ich schreibe, dass mein Hotel nur das Prädikat „Lala" bekommt. Das Zimmer war zwar groß und soweit in Ordnung - vor allem gab es eine Kaffeemaschine, damit bekommt man bei mir so gut wie immer Zusatzpunkte -

aber das Frühstück, das als „Super Continental Breakfast"
von der (ich bin jetzt mal sehr nett) irrsinnig korpulenten
Rezeptionistin angekündigt wurde, war nicht vorhanden.
Ich schaffte es gerade noch, der Pump-Kaffeekanne mit
lautem Fauchen einen letzten Becher Kaffee zu entlocken,
aber die komischen Zuckermuffins sahen aus, als hätten
sie bei den Atomtests in den 1960er Jahren zuviel
Gamma-Strahlung abbekommen. Und die rundlichen
Kornflakes-Spender sahen aus, als wenn eine kleine
Herde indischer Kinder damit Fußball gespielt hätte.

Wussten Sie eigentlich, dass im unweit entfernten Nevada
in den 1960er Jahren zahlreiche Atombombentests
durchgeführt wurden? Das war in der damaligen Zeit eine
der Hauptattraktionen der Stadt Las Vegas, die zu dieser
Zeit noch so klein war, dass man sie ohne Weiteres in der
Münchner Allianz Arena hätte verstecken können.
Tausende Besucher strömten damals an den Stadtrand,
wenn die US Army mal wieder einen Test angekündigt
hatte. Ungefähr 1x im Monat wurde eine Atombombe
gezündet, manchmal sogar 2x.
Zwar betrug der Abstand zwischen dem eigentlichen
Testgelände und Las Vegas rund 95km, aber keiner der
Besucher wusste etwas von den Auswirkungen der
Strahlung, die in noch viel größerer Entfernung zu großen
Schäden, zum Beispiel am Erbgut, führen sollten oder die
Anzahl der Krebserkrankungen explosionsartig in die
Höhe schnellen ließ.
Den Besuchern wurde lediglich geraten, nicht direkt in
den Blitz zu schauen oder aber eine Sonnenbrille zu
tragen.
Die Erschütterungen durch die Druckwellen der

Explosionen wurden sogar noch im 650km entfernten San Francisco registriert.

In den Casinos der Stadt war eine regelrechte Bombenstimmung, es wurden sogenannte „Bomb-Parties" veranstaltet und die Bedienungen trugen Outfits in Form eines Atompilzes.

Die Wissenschaftler wussten jedoch sehr wohl um die Gefahren, aber sie schwiegen.

Die Stadtväter von Las Vegas brachten zwar Flugblätter heraus, aber die waren keine wirkliche Hilfe, denn sie trugen in etwa folgenden Wortlaut:

„Liebe Besucher unserer Hauptattraktion, der Live-Vorführung der Explosion einer Atombombe. Bitte versuchen Sie, nicht direkt in den Explosionsblitz zu schauen oder setzen eine Sonnenbrille auf. Sie werden kurz nach der Zündung eine wunderschöne Wolke in Form eines Pilzes am Himmel sehen und einen starken Luftzug verspüren. Bitte machen Sie sich keine Sorgen, das ist ganz normal. Sollte Ihnen danach die Haut etwas brennen, empfehlen wir, diese kurz abzuduschen. Bitte seien Sie ebenfalls nicht beunruhigt, wenn Ihnen in den nächsten Tagen Haare und Zähne ausfallen, das kommt in seltenen Fällen vor. In äußerst seltenen Fällen sind Sie morgen früh tot - bitte weisen Sie vorsorglich Ihre Angehörigen an, uns nicht zu verklagen, denn keiner hat Sie gezwungen, an dieser Vorführung teilzunehmen."

Lieber Leser, jetzt bin ich direkt ein bisschen abgedriftet - ich wollte eigentlich nur kurz erklären, warum die Muffins ausschauten, wie Atompilze.

Es war kurz nach 8 Uhr, als ich mich wieder auf der Straße befand, um diesmal Richtung Osten (Hurra, eine neue Richtung!) zu fahren.
Wir waren ja vor 7 Jahren schon einmal in Bakersfield, als wir die Radtour nach Las Vegas unternahmen, aber ich konnte mich beim besten Willen nicht mehr daran erinnern, wie groß diese Stadt wirklich ist (über 400.000 Einwohner).
Daher dauerte es auch eine ganze Weile, bis ich den Ortsrand erreichte und die Bergrücken der Sierra Nevada im Kern-County zum Greifen nah vor mir hatte, mit den weitläufigen, vorgelagerten Obstplantagen, die mit ihrem satten Grün einen willkommenen optischen Ausgleich zu den hellbraunen Steppengrashügeln schafften.

Der Kern River, der durch diese Berge fließt, schlängelt sich wie eine lebendige Ader durch die majestätische Sierra Nevada. Sein kristallklares Wasser entspringt in den schneebedeckten Höhen und tanzt über glatte Felsen, während es sich seinen Weg durch enge, wilde Schluchten und malerische Täler bahnt.
In den Sommermonaten glitzert die Sonne auf seiner Oberfläche, während Abenteurer ihn mit Schlauchbooten befahren und Naturliebhaber entlang seiner Ufer wandern und die erfrischende Kühle genießen.
Der Kern River ist mehr als nur ein Fluss - er ist eine Oase der Ruhe und ein Ort, an dem die Natur ihre ganze Pracht offenbart.
Rund 50km weiter wurde mit dem Walker Pass, der eingebettet in die raue Schönheit der südkalifornischen

Landschaft liegt, ein Tor zwischen den Gebirgszügen der Sierra Nevada und den weiten Ebenen der Mojave-Wüste mit dem weltbekannten Death-Valley, geschaffen.
Besucher, die diesen Pass überqueren, erleben eine epische Reise durch Zeit und Geologie. Die steinigen Höhen des Passes bieten einen atemberaubenden Blick auf die sich windenden Straßen, die sich in die Ferne erstrecken und auf die sanften Hügel, die von wilden Blumen übersät sind. Hier oben prallen die Gebirgsfrische und die trockene Hitze der Wüste aufeinander und der Pass selbst scheint wie ein Portal zu einer anderen Welt zu sein.

Oben auf diesem Pass, der sich in 1600m Höhe über dem Meeresspiegel befindet, liegen auch wieder die Zugänge zum Pacific Crest Trail in beide Richtungen - der Walker Pass, wenn man es genau nimmt, durchschneidet eigentlich den berühmten Wanderweg. Dieser Punkt des Pacific Crest Trails ist gute 650 Meilen, also etwas mehr als 1000km, vom südlichen Startpunkt entfernt, was bedeutet, das das Gros der Wandernden, die ja jedes Jahr ab Mitte April dort losmarschieren, bereits Ende Mai hier durchgekommen ist, wenn man mal annimmt, dass pro Tag im Schnitt rund 35km gegangen werden.

Und natürlich habe ich es mir auch diesmal nicht nehmen lassen, ein kleines Stückchen dieses epischen Wanderweges zu gehen, wenngleich ich am Ende mit meinen 8,4km lediglich 0,2% des PCT erwandert hatte. Aber darauf kommt es nicht an, denke ich.

Das angrenzende Wüstengebiet, das sich nach dem Walker Pass erstreckt, ist eine Landschaft von unvergleichlicher Wildheit und Schönheit. Trockene, goldene Gräser wiegen sich im Wind, während Kakteen und Yuccapalmen stolz in die Höhe ragen. Die Sonne tauchte die Szenerie in ein goldenes Licht und zauberte Schatten auf die Wellen des Sandes. In der Stille der Wüste kann man das Flüstern des Windes deutlich hören. Und hier, inmitten dieser unendlichen Weite, spürt man die Magie, die seit Jahrtausenden diese ursprüngliche und doch faszinierende Landschaft geprägt hat.

Diese drei Orte, die ich heute durchquerte - das Kern River Tal, den Walker Pass und das umgebende Wüstengebiet - sind nicht nur geografische Merkmale, sondern vielmehr Quellen der Inspiration, der Erholung und der Ehrfurcht vor der Natur. Sie erzählen Geschichten von Abenteuern, von der Kraft des Wassers und von der magischen Ruhe der Wüste, die jeden Besucher in ihren Bann zieht.

Die Abfahrt vom Walker Pass war lang und immer wieder kamen bruchstückhaft Erinnerungen hoch, an die Zeit vor sieben Jahren, als ich mit meinem Frauchen hier entlang geradelt bin.

Ich weiss zum Beispiel noch genau, es war so heiß, dass sich der Asphalt regelrecht um die Reifen der Fahrräder gewickelt hatte und die Straße so viel Wärme abstrahlte, dass wir schon Angst hatten, vor dem was passiert, wenn wir absteigen.

Aber es ging alles gut, sonst wäre ich heute nicht hier.

Gerne wäre ich noch weiter in den Kern des Death Valley gefahren, aber das hätte einen Umweg von 250km bedeutet und das war mir dann doch etwas zu lang. Daher bog ich beim Ort Inyokern wieder Richtung Süden ab und durchfuhr große Teile der südwestlichen Mojave-Wüste, die ich auch noch nicht kannte.

Es gab Abschnitte, in denen sowohl die Berge, als auch die Ebenen, auf der Suche nach Gold regelrecht umgegraben worden waren und sich der Abraum Hügel an Hügel reihte, als ob ein riesiger Maulwurf sich hier ausgetobt hätte.

Ob dieser Einsatz von Erfolg gekrönt war, habe ich leider nicht erfahren.

Die Geisterstadt Atolia lag linker Hand, da wurde in einem Zeitraum von 100 Jahren Wolfram aus einer Mine gewonnen. In ihren guten Zeiten, die bis zum Jahre 2007 anhielten, hatte diese Stadt 2000 Einwohner - jetzt hat sie null.

Zumindest haben sich in Atolia die ehemaligen Einwohner dem Wandel der Zeit unterworfen und ihr Leben angepasst - das kann man von vielen anderen Orten, die ich noch durchfuhr, nicht behaupten, denn inmitten dieser staubigen, steinigen Wüstenlandschaft finden sich immer wieder kleine Ansiedlungen, zumeist aus Mobil-Homes oder Trailern bestehend, in denen immer noch Menschen leben.

Was auch immer sie dort tun oder sich erhoffen - ich wünsche Ihnen alles Gute dabei.

Am Zielort in Indio, Kalifornien angekommen, stieg das Thermometer auf 114 Grad Fahrenheit, was knapp 46 Grad Celsius bedeutet. Richtig angenehm, fand ich zunächst, bin dann aber trotzdem relativ schnell in die klimatisierte Lobby meines heutigen Domizils, dem Days Inn in Indio, reinmarschiert.

Und wissen Sie was? Zustand, Sauberkeit und Komfort

vom Zimmer waren erstklassig.
Warten wir mal ab, was ich morgen früh nach dem
Frühstück berichte.

<u>2. Juli 2024</u>

Indio liegt im übrigen 4m unter dem Meeresspiegel, das
finde ich sehr interessant. Hat man auch nicht alle Tage.
Dann wollen wir mal hoffen, dass keine große Flut
hereinbricht.
Die Stadt hat ja immerhin fast 90.000 Einwohner und wird
vom Klima des Coachella Valley, einem Teil der Sonora
Wüste, stark beeinflusst.
Der Ort liegt zwischen drei hohen Gebirgszügen in einem
nach Süden leicht abfallenden Tal, was zu einem
einzigartigen, zu jeder Zeit des Jahres sehr heissen Klima
führt. Die Winter sind hier die wärmsten in den USA
westlich der Rocky Mountains. Die
Durchschnittstemperatur über das gesamte Jahr beträgt
rund 32 Grad und die Höchsttemperaturen können schon
mal an der 50 Grad-Marke kratzen. Niederschlag fällt nur
um die 100mm im Jahr und an 348 Tagen scheint die
Sonne.
Eigentlich nahezu perfekt als Alterswohnsitz - nur ists
zum Meer etwas zu weit, denn der Pazifik liegt etwa
150km westlich.

Ich weiss, Sie warten schon auf das Statement: Und leider
muss ich auch diesmal sagen, das Frühstück war nicht
besonders. Zwar gab es ausreichend Kaffee und auch
eine Pfannkuchenmaschine, die aber irgendwie streikte
und so nahm ich wieder mit dem altbekannten Müsli

vorlieb, das allerdings bedeutend besser ausschaute, als das von gestern.

Vielleicht sollte man den deutschen Spitzenkoch, Alfons Schuhbeck, mal in ein Gefängnis nach Amerika verlegen, dann könnte er den Amerikanern mal zeigen, wie man ein richtiges Frühstück zubereitet.

Trotzdem gebe ich dem Days Inn in Indio, Kalifornien, 9 von 10 Sternen.

Meine Reise wird ja heute weiter nach Osten gehen mit einem kleinen südlichen Schlenker über Brawley und Blythe. Diese beiden Orte werden jedes Jahr von den Fahrern des Race Across Amerika (RAAM) tangiert und ich wollte mir mal diesen Streckenabschnitt anschauen. Und ja, da wird den Fahrern einiges abverlangt. Hitze, Hügel und Wind - das kann einen zermürben, ich weiss, wovon ich spreche.

Sehr verehrter Leser, wenn Ihnen der Name „Race Across America" (RAAM) nichts sagt, hier eine kurze Info: Das RAAM ist ein einmal im Jahr ausgetragenes Langstreckenradrennen und vermutlich das härteste, das es gibt auf der Welt. Die Strecke ist etwa 5000km lang, führt von Oceanside in Kalifornien (Pazifikküste) nach Annapolis in Maryland (Atlantikküste), dabei haben Einzelfahrer ein Zeitlimit von 12 Tagen, womit sie jeden Tag über 400km fahren müssen.

Ungefähr 20km nach Indio kam ich am Salton See vorbei, der selbst etwa 60km lang ist und durch einen Zufall entstand, weil im Jahre 1905 ein Damm des nahegelegenen Colorado Rivers brach und dieser zwei Jahre lang fast sein gesamte Wasser in die Talsenke, in der sich jetzt der Salton See befindet, einleitete. Und weil diese Talsenke keinen natürlichen Abfluss hat, blieb das Wasser seitdem drin und der Wasserstand verändert sich nur geringfügig.

Und da sich die Senke auch noch, was hier wohl öfters der Fall zu sein scheint, weit unter dem Meeresspiegel befindet, liegt die Wasseroberfläche des Salton Sees 71m unter Null.

Nach dem See kam ich an einem riesigen Werbeschild vorbei, von denen immer wieder mal ein paar am Wegesrand stehen. Auf dem hier waren zwei übergroße, freundlich ausschauende, Hühnereier abgebildet, mit Gesichtern, Händen und Füßen, die miteinander sprachen. Das linke Ei fragte das rechte: „You are a country egg?" (Bist Du ein Landei?) worauf das rechte Ei antwortete: „Yes, and I'm proud of it" (Ja und ich bin stolz darauf) und unten drunter stand etwas kleiner: „Country eggs are no worse - buy 12 pieces directly from the farmer for $6." (Landeier sind nicht schlechter - kaufen Sie direkt beim Farmer 12 Stück für 6 Dollar.)
Ich fand das irgendwie lustig, vor allem wegen der Zweideutigkeit des Wortes "Landei".

Brawley, das auch etwa 35m unter Null liegt, ist eine kleine Stadt mit rund 27.000 Einwohnern - die zu 99% von europäischen Einwanderern abstammen. Um die restlichen 1% streiten sich Afroamerikaner und Asiaten. Blythe wirkte optisch zwar viel größer, hat aber nur rund 17.000 Einwohner und liegt am Colorado River, der gleichzeitig die Grenze zwischen Kalifornien und Arizona bildet. Zwischen beiden Städten befinden sich die „Imperial Sand Dunes", ein Abschnitt in der Wüste, der aus gigantischen Sanddünen besteht und ein bisschen an die Sahara erinnert.

Kurz vor Blythe dominierte wieder die Landwirtschaft und die ganze Zeit kamen Trucks mit großen Kippmulden (so wie bei uns die Schüttguttransporter ausschauen), vollbeladen mit weißen runden „Kugeln" - ich dachte zuerst, es wären Kieselsteine oder vielleicht Datteln, denn in der Region um Indio werden massenhaft Datteln angebaut, die fast den kompletten amerikanischen Markt versorgen.

Aber dann sah ich es: Es waren Zwiebeln.

Die Felder so groß, dass man kein Ende sah und die Zwiebeln wurden mit riesigen Geräten maschinell geerntet und gleich auf die Trucks geladen, die in langen Reihen bereitstanden.

Nach der Grenze zu Arizona benutzte ich erneut die Interstate, denn auch hier war die Landschaft wieder wüstenähnlich und auch so heiß wie in der Wüste, nur kurz vor Phoenix zeigten sich beiderseits der Straße noch einmal einige kleinere Gebirgszüge, die Temperatur war allerdings die gleiche.

Phoenix selbst mit seinen 1,7 Millionen Einwohnern ist ja auch gleichzeitig die Hauptstadt Arizonas, aber hektisch, mit viel schnellem Verkehr auf sehr schlechten Straßen und auch wieder sehr vielen Obdachlosen.

Und in der Nähe meines Hotels waren besonders viele zwielichtige Gestalten, da muss ich aufpassen, dass ich morgen früh noch alle 4 Reifen am Auto habe.

Das Hotel selbst machte einen sehr guten Eindruck, wenngleich immer noch irgendwelche Handwerker mit großem Lärm an diversen Ecken beschäftigt waren und das, obwohl es jetzt schon fast 21 Uhr ist. Naja, vielleicht hatten sie ja auch von 10 bis 18 Uhr hitzefrei...wer weiss.

<u>3. Juli 2024</u>

Falls Sie demnächst mal in Phoenix, Arizona sind - das Hotel „Sure Stay by Best Western" am Airport kann ich vorbehaltlos empfehlen.
Natürlich handelt es sich „nur" um ein Mittelklassehotel, bitte erwarten Sie nicht, dass hier gebratene Tauben herumfliegen oder man in Eselsmilch baden kann, aber es ist sauber, geräumig, alles funktioniert und das angebotene Frühstück ist für amerikanische Verhältnisse wirklich überdurchschnittlich.

Lieber Mr. President, nach so vielen schlechten Nächten in miesen Motels wollte ich gestern in einem Trump-Tower übernachten, das hatte ich mir fest vorgenommen - aber ich konnte in Phoenix, Arizona einfach keinen finden.
Wie bitte ist das denn passiert? Da besteht offensichtlich großer Nachholbedarf. Solltest Du jemals einen bauen lassen in Phoenix, Arizona - ich biete mich mit meinem Frauchen an als Hoteltester. Versprochen.

Phoenix aus der Asche - das kennt bestimmt jeder. Und so heiß, wie es hier gerade ist, kann ich das gut verstehen. Noch ein paar Tage länger hier und auch ich hätte aus der Asche auferstehen müssen und das, obwohl ich sehr heisse Temperaturen eigentlich mag.
Die große Stadt im „Valley of the sun" (Tal der Sonne) wurde faktisch erst im Jahre 1886 gegründet, aber besiedelt war die Region schon ab etwa 300 nach

Christus und zwar ungefähr bis zum Jahr 1500 von den Hohokam-Indianern. Diese bewohnten schon damals bereits Häuser, die aus Flechtwerk mit Lehmputz hergestellt waren.

Das Bedeutendste, was sie hervorgebracht hatten, war jedoch die Bewässerung ihrer landwirtschaftlichen Flächen mit einem ausgeklügelten System, das sich über 1200km erstreckte und ein Gebiet von 10.000 Hektar Land bewässerte.

Der Name „Hohokam" heisst übersetzt in etwa: „Diejenigen, die verschwunden sind" und tatsächlich sind sie ungefähr ab dem Jahre 1500 einfach nicht mehr da gewesen. Ob sie sich mit einem anderen Stamm, wie dem der Pima, zusammengeschlossen haben, ist nicht bewiesen und wird seit vielen Jahren kontrovers diskutiert. Vielleicht sind sie ja aber auch einfach zurückgeflogen zu ihrem Heimatplaneten.

Bis ich zu meinem Heimatplaneten zurückfliege, vergeht noch einiges an Zeit und heute steht erst einmal der Flug in eine nördliche Richtung auf dem Plan und zwar zu den Städten Sedona und Flagstaff.

Sedona erreichte ich nach etwa 3 Stunden Fahrt und schon von weitem waren die riesigen roten Felsgruppen der Red Rocks zu sehen.

Die weitläufig angelegte, aber nur knapp 10.000 Einwohner zählende, Stadt, liegt auf etwa 1300m Höhe und hat wegen ihrer Lage unterhalb des Mogollon Rims ganzjährig wärmere Temperaturen als die umliegenden Orte.

Wegen der Höhe gibt es im Winter natürlich auch Frost und Schnee. Bereits 4000 Jahre vor Christus war die

Region von den Sinagua-Indianern besiedelt.

Sedona ist wirklich sehenswert und nicht nur wegen der Naturschönheiten, sondern auch wegen der eigentümlichen Bauformen, die einerseits etwas verspielt wirken, sich aber andererseits perfekt an die Landschaft mit ihren Farben und Formen anpassen.

Und ist natürlich voll auf Tourismus ausgelegt - weshalb sich hier pro Jahr zwischen 2 und 3 Millionen Besucher die Klinke in die Hand geben, was überhaupt nicht mein Fall ist, drum gab ich nach ein paar Fotos rasch wieder Gas und sah zu, dass ich Land gewann.

Sedona ist nachgewiesenermaßen auch sehr esoterisch und religiös, denn es leben viele - ich sage mal, alternativ denkende - Gruppierungen hier, die sich wegen der spirituellen Kraft der Berge an diesem Ort niedergelassen haben, wie zum Beispiel die Mitglieder der sogenannten „New Age - Bewegung", die aber zu komplex ist, um sie an dieser Stelle in ein paar Worten zu beschreiben.

Die Stadt Flagstaff, die auf über 2100m Höhe liegt, ist dagegen etwas anders, erstens bedeutend größer (75.000 Einwohner) und zweitens nicht so arg auf Tourismus gepolt.

Als Tor zum berühmten Grand Canyon und unzähligen weiteren Naturschauplätzen ist sie zwar eher eine Durchreisestation, aber wiederum auch sehr beliebt als Wintersportort, denn man kann zum Beispiel in Phoenix am Weihnachtsmorgen vormittags aus irgendeinem Swimmingpool steigen und am Nachmittag in Flagstaff Ski fahren.

Die berühmte Route 66, die früher Chicago mit Los Angeles verband, verläuft ebenso durch die Stadt, wie die

Gleise für transkontinentale Fernreisezüge von Amtrak. Bemerkenswert an Flagstaff finde ich zum Beispiel noch, dass sie bereits im Jahre 1958 ein Verbot erließ für gegen Richtung Himmel gewandte Werbung, Leuchtreklamen und Scheinwerfer und seit dem Jahre 2001 zur weltweit ersten „Lichtschutzgemeinde" ernannt wurde, was bedeutet, dass die Stadt sich jetzt in einem Landschaftsschutzgebiet befindet, in dem Dunkelheit als Schutzgut betrachtet und vor sogenannter Lichtverschmutzung bewahrt wird.

Auffallen wird das jedem Besucher, der nachts mal vor die Tür tritt - hier in Flagstaff ist es in der Tat ausgesprochen dunkel.

Ich für meinen Teil hingegen hatte andere Pläne und für diese konnte ich Dunkelheit überhaupt nicht gebrauchen, daher durchfuhr ich Flagstaff erst einmal und steuerte direkt den Parkplatz des „Snowball" - Skigebietes an, von dem der Wanderweg auf den „Humphreys Peak", das ist der höchste Berg Arizonas (Höhe 3851m), beginnt.

Dieser ist zwar sehr lang (Hin und Zurück rund 16km) und man muss dabei über 1000 Höhenmeter überwinden, aber ich wollte einfach auch ein Stückchen auf diesem Wege wandeln.

Nach 1,5 Stunden hatte ich allerdings genug und noch ein paar Blasen mehr an den Zehen, weshalb ich mich auf den Rückweg und in Richtung meines Motel 6 begab. Hier hatte ich mal wieder das zweifelhafte Vergnügen, mit dem „Kerl in der Box" sprechen zu dürfen, das sind Automaten zum Einchecken ins Hotel (die eigentliche Rezeption ist dann nicht besetzt), die einen Bildschirm haben und auf denen dann wie bei Aladin und seiner

Wunderlampe ein kleiner, meist indischer, Geist erscheint. Einmal hatten wir das schon in ähnlicher Form.

Mein indischer Geist heute nuschelte und lispelte so stark, dass ich bei jedem Wort 3x nachfragen musste. Er war schon sichtlich genervt, aber ich konnte es nicht ändern. Ich folgte zwar brav all seinen Anweisungen, aber wenn er begann, etwas zu mir zu sagen, wurde mir schlagartig leicht unwohl.

Endlich hatte ich meine Schlüsselkarte und er nuschelte noch schnell, ich solle doch ein Foto machen von dem, was gerade auf dem Bildschirm steht, weil der Drucker defekt sei und ich sonst keinen schriftlichen Nachweis hätte und zudem stünde nirgendwo mehr meine Zimmernummer.

Ich tat das und fragte noch nach dem Internet-Passwort. Er sagte etwas wie „Fnagbass" und ich wusste nicht, was er meinte. „Bitte noch einmal" sagte ich und er verdrehte die Augen und sagte wieder etwas wie „Faltspatz" - das konnte doch nicht das Passwort sein, dachte ich mir und bat ihn, mir das doch bitte aufzuschreiben.

Und was glauben Sie, passierte jetzt? Die Tür hinter der Rezeption öffnete sich, der kleine indische Aladin kam heraus und schrieb mir auf einen Zettel das Wort „Flagstaff" und das war mein Passwort fürs Internet.

Ich war gleichermaßen etwas irritiert und belustigt. Hockt der doch tatsächlich im Nebenraum und quält mich (und alle anderen Gäste) mit seinem Automatengequatsche.

Vermutlich steckte sein Projekt noch in der Entwicklungsphase, denn beim letzten Mal, irgendwo in Illinois, funktionierte das perfekt.

Da saß eine kleine indische Aladine in der Box, bei der ich sogar eine kalte Cola Light gekauft habe und die

Bezahlung ebenfalls über den Automaten abgewickelt werden konnte.

Naja, wenn das in Zukunft jeder so macht, kann es hoffentlich nur besser werden.

Lieber Mr. President, ich will Dich ja nicht nerven, aber wie checkt man in einem Trump-Tower ein? Liege ich richtig mit der Vermutung, dass man es da noch mit richtigen Menschen zu tun hat?

4. Juli 2024

Der Morgen kam auch nach Faltspatz und es war mal wieder einer ohne Frühstück. Hätte mir eigentlich klar sein müssen, nachdem gestern Abend der kleine indische Lispel-Aladin auf dem Bildschirm seiner Wunderlampe erschienen war.

Außerdem war die Lobby heute morgen verschlossen und so warf ich meine Schlüsselkarte in den Briefkasten. Eine sehr dämliche Angewohnheit der Betreiber, finde ich. Da steht im Internet etwas von 24-Stunden-Rezeption und dann ist die Bude am nächsten Tag verrammelt.

Entweder führe ich ein Hotel und tue das mit Herzblut und ganzem Einsatz oder gar nicht. Aber daran sieht man mal wieder die Intensionen dieser Menschen: Schnell Geld verdienen und ja nichts tun dafür.

Gestern Abend hatte ich noch kurz damit geliebäugelt, mal in den Pool zu springen, aber das Wasser hatte eine so unnatürlich gelbe Farbe, dass ich lieber einen weiten Bogen darum gemacht habe.

Von Flagstaff aus beginnt die heutige Reise durch eine der faszinierendsten Landschaften Nordamerikas. Die majestätischen San Francisco Peaks mit dem Humphreys Peak als Oberhaupt - in deren Wäldern ich mich gestern Nachmittag schon ein bisschen herumgetrieben hatte - verabschieden mich mit ihren sanft geschwungenen Gipfeln, während ich mich auf den Weg nordöstlich zum Monument Valley mache. Auf den ersten Kilometern darf ich sogar die alt-ehrwürdige Route 66 benutzen.

In Kayenta, kurz vor der Grenze zu Utah, biege ich nordwärts ab auf die US163 in Richtung Monument Valley.

Auf der Hochebene des Colorado-Plateaus, inmitten des Navajo Reservates, liegt eine weltweit einzigartige Ansammlung von hohen und bizarren Felsformationen, die schon unzählige Male als Filmkulisse gedient hat und wahrlich ein Statussymbol von Amerika ist.

Dort, inmitten der roten Sandsteinformationen, erheben sich die ikonischen, monolithischen Felsen, die wie Wächter der Zeit über den endlosen Ebenen stehen. Jeder Tafelberg, jeder Felsbogen und jede Nadel erzählt eine Geschichte aus Jahrtausenden geologischer Entwicklung und kultureller Bedeutung.

Wenn die Strahlen der Sonne, wie genau in diesem Moment, tief über das Tal streichen, verwandelt sich die Landschaft in ein Farbenspiel aus orangenen Rottönen und sanftem Violett, das die Augen und die Seele verzaubert.

Es ist, als ob die Natur ein Gemälde geschaffen hätte, das nur hier, in dieser abgeschiedenen Wildnis, zu finden ist. Die beeindruckenden Erhebungen, von Erosionsvorgängen innerhalb von hunderten Millionen von Jahren geschaffen, ragen bis zu 300m hoch aus dem Colorado-Plateau.

Um die Region näher zu erkunden, gibt es verschiedene, für meine Begriffe relativ teure - von einheimischen Guides - geführte Touren, die man buchen kann oder man benutzt eine unbefestigte Rundstraße durch die Formationen auf eigene Faust, der Eintritt dazu kostet 8 Dollar pro Person.

Die erste Variante scheidet bei mir grundsätzlich schon einmal aus, denn ich möchte nicht auf ausgetretenen Pfaden das zu sehen bekommen, was andere entscheiden, das man als Tourist sehen darf und die zweite war aufgrund des hohen Andranges am heutigen Unabhängigkeitstag (Feiertag) mit einer elendig langen Wartezeit verbunden, sodass ich auch darauf verzichtete und das Gebiet nur am Rande streifte.

Aber selbst das war noch beeindruckend, berührend, ergreifend und gleichzeitig faszinierend genug.

Eine Fahrt durch derartige Landschaften ist nicht nur eine physische Reise durch den Südwesten der USA, sondern auch eine Reise durch die Zeit und durch die Geschichte der Erde selbst. Es ist eine Reise, die die Sinne belebt, die Gedanken inspiriert und die Seele berührt.

Die Weite des azurblauen Himmels über dem endlosen Horizont sehen zu dürfen, der Stille der Wüste, die einen zum Nachdenken anregt, zu lauschen und die Kraft der Natur zu fühlen, die uns Menschen immer wieder zeigt, wie klein und unbedeutend man eigentlich ist und die letztendlich dazu führt, dass die Herzen voller Demut schwer werden wie Blei, ist das, wovon man bis ans Lebensende zehren kann.

Denn diese Landschaften sind niemals nur Sehenswürdigkeiten, das sind Lebenserfahrungen.

Lieber Donald Trump, ich glaube, ich muss meine Aussage von vor ein paar Tagen revidieren. Man braucht keine Angst zu haben, wenn man ein solches Land regieren darf.

Es ist eine Ehre und ein Privileg. Und anstelle von Angst sollte Stolz Einzug in die Brust derer halten, die hier bald das Sagen haben werden und mit Dir zusammen dieses wundervolle, einzigartige Land wieder zu dem machen wollen, was es mal war und zwar zu einer Nation, zu der alle anderen aufschauen, mit Ehrfurcht und nicht mit Neid.

Und vielleicht erhalten dann auch die drei halbstarken Navajo-Indianer wieder einen Sinn in ihrem Leben zurück, die, welche heute Nachmittag unmittelbar vor mir fuhren und ein Dutzend gläserne Bierflaschen aus dem Autofenster warfen, sodass die Scherben nur so flogen.

Mit derlei Gedanken im Kopf und einer kleinen Portion Melancholie im Herzen, ging die Fahrt weiter durch den winzigen Ort Mexican Hat, der seinen Namen einem Felsen zu verdanken hat, der sich in der Form eines Sombreros zeigt.

Und kurze Zeit später durch das Örtchen Bluff, welches ebenfalls fantastische, bizarre Sandsteinfelsformationen aufweisen kann, was regelmäßig dazu führt, dass meine Augen bei solchen Anblicken immer ein bisschen größer werden.

Kurz vorm Ziel in Monticello zeigten sich mit den fast bis zum Gipfel bewaldeten Twin Peaks wieder ein paar Erhebungen der alpinen Art, die mit über 3500m Höhe auch sehr beeindruckend ins Tal hinab schauten.

Monticello selbst ist ein kleines Städtchen mit knapp 2000

Einwohnern, das es nach dem zweiten Weltkrieg zu einem etwas zweifelhaften Bekanntheitsgrad geschafft hat, denn hier wurde der größte Uranbergbau der Vereinigten Staaten betrieben und das geschürfte Uranerz und Vanadium im Tagebau aufbereitet, wobei die Halden mit dem Abraum unter freiem Himmel lagerten und es jahrelang niemandem auffiel, dass bei Regen vielerlei hochgiftige Stoffe in das Grundwasser gelangten.
Die Grundwasserbestände des Ortes sind nach wie vor verseucht und können dauerhaft unter keinen Umständen genutzt werden.
Dann hoffe ich mal, dass zumindest das Trinkwasser vernünftig aufbereitet wurde, denn ich habe mir gerade den dritten Kaffee zubereitet mit Leitungswasser aus dem Ort Monticello, Utah.

<u>5. Juli 2024</u>

Vermutlich war alles in Ordnung mit dem Trinkwasser, denn ich lebe noch und geleuchtet habe ich auch nicht in der Nacht. Leuchtende Burli's als Nachwirkung von Tschernobyl gibt's halt nur in Österreich, wenn man der Band „Erste Allgemeine Verunsicherung" Glauben schenken darf.
Das Frühstück war besser als gedacht und trotzdem war ich bereits um 8 Uhr morgens auf der Straße.
Mein rechtes Vorderrad schnappte zwar mal wieder nach Luft, doch ich musste es vertrösten, denn an der einen der beiden Tankstellen in Monticello gab es keine Druckluft und an der anderen wollte der Automat fürs Aufpumpen 3,50 Dollar - solchen Wucher unterstütze ich auf keinen Fall.

Recht bald nach dem Ort erschien am rechten Straßenrand ein relativ großer Felsen, der fast so ausschaute, als hätte ein Riese sein Häufchen gemacht. Der Name war jedoch „Church Rock" und ich hoffe, ich habe das arme Häufchen jetzt nicht beleidigt.

Je weiter ich nach Norden fuhr, umso felsiger wurde wieder die Region.

Rot dominierte in allen Schattierungen, mir liefen sogar Menschen über den Weg, die waren so rot im Gesicht, dass ich schon fragen wollte, ob sie eventuell mit dem Gesicht nach unten auf dem Boden geschlafen hatten...aber das habe ich natürlich unterlassen, denn ich bin ja ein anständiger Kerl und möchte niemandem zu nahe treten.

Ungefähr in der Hälfte der Strecke zwischen Monticello und dem nächst größeren Ort Moab stand rechter Hand der „Wilson Arch", das ist ein großer Sandsteinfelsen mit einem riesigen Loch drin - derlei Gebilde heißen hier „Arch" oder „Arches", wenn es mehrere sind.

In unmittelbarer Nähe von Moab gibt es ja den Arches Nationalpark, da findet man 2000 solcher Sandsteinbögen, geballt auf einem relativ kleinen Territorium, und jeder trägt einen Namen und zu den meisten kann man mit dem Auto hinfahren oder hin wandern.

Diesen Nationalpark kannte ich aber schon und ich hätte ihn heute eh nicht besuchen können, denn zum ersten muss man den Eintritt online und lange im Voraus reservieren (der Park ist aber bereits für die nächsten Wochen ausgebucht) oder zum zweiten vor 7 Uhr morgens oder nach 16 Uhr Nachmittags kommen (Eintritt von 25 Dollar pro Auto bezahlt man natürlich trotzdem) und drittens, das hatte ich ja einige Seiten vorher schon einmal herausgekehrt, widerstrebt es mir, für Sachen zu bezahlen, deren „Beschaffung" oder „Bereitstellung" auch nichts gekostet hat.

Aber über so etwas redet in Amerika keiner, da ist das selbstverständlich, dass man an den Schranken die Brieftasche zückt und die Scheine nur so fliegen lässt.

Vor einigen Jahren, ich glaube, es war im Yellowstone Nationalpark, hatte man vor dieser Schranke aus Pylonen eine Art Slalomparcour aufgebaut, damit ja keiner rückwärts wegfährt, wenn er denn die Preise sieht.

Als ich gesehen hab, dass man dort für 12km Waldweg 35 Dollar wollte und hinter mir bereits eine kleine Autoschlange stand, hab ich einfach die Pylonen weggeräumt und bin seitwärts raus und zurückgefahren.

Zuerst sah ich die Dame im Kassenhäuschen noch frech grinsen - sie hatte wahrscheinlich mein entsetztes Gesicht gesehen, wegen des Preises - und dachte ganz bestimmt in diesem Augenblick: 'jetzt hab ich Dich, Du oller Fettsack', aber nicht mit meiner Reaktion gerechnet. Es muss einem ja doch erlaubt sein, zurückzufahren, aus welchen Gründen auch immer, oder sehe ich das falsch?

Auf jeden Fall bin ich heute im Ort Moab, lange vor der Auffahrt zum Arches Kassenhäuschen, rechts abgebogen auf die US191 und das war eine wirklich sehr gute Entscheidung.

Denn das war die Straße zum „Castle Valley", die führte immer am Colorado River entlang und war gesäumt von hohen Felsformationen, die auch in allen Rottönen schimmerten und verschiedenste Formen aufwiesen.

Der Colorado River führte sehr viel - und sehr schlammiges und reißendes - Wasser und war trotzdem stark befahren mit allem, was man so als Fortbewegungsmittel auf einem Fluss verwenden kann, inklusive Jetski und Motorbooten.

An jeder Ecke blieb ich stehen und stand mit offenem Mund neben meinem Auto, so faszinierend war die Landschaft - die dem Arches Nationalpark in nichts nachsteht, nur eben auf eine andere Art.

Dieses Tal ist etwas mehr als 70km lang und ungefähr in der Hälfte sah ich rechts hinten - also südöstlich - in einem weit offenen Seitental eine große Felsformation mit bizarren Formen, Türmchen, Nadeln und Spitzen.

Das waren die „Fisher Towers", die bis zu 500m aus dem Talboden ragten und Wandhöhen von 300m aufweisen konnten.

Eine wirklich miserable Schotterstraße führte rund 3km näher an diese Formation heran und endete auf einem großen Parkplatz, der gleichzeitig den Beginn für alle möglichen Wanderungen zu den verschiedensten Zielen in dieser Region darstellte.

Am sogenannten Trailhead war eine Art Tagebuch ausgelegt, in welches man sich eintragen sollte, damit die Bergwacht weiss, wo sie suchen muss, wenn das Auto nach einigen Tagen immer noch unverändert am gleichen Fleck stehen sollte.

Ich wollte zum höchsten dieser Türme, dem sogenannten „Titan" - der Weg dahin war etwa 1,5 Meilen lang und der hatte es wirklich in sich. Er führte zwar tendenziell bergauf, aber nach jeder Kurve auch immer wieder mal ein bisschen nach unten und kam mir mit den unzähligen Blockstufen vor, wie eine nichtendenwollende Treppe und eine solche bei nahezu 35 Grad zu begehen, war sehr schweißtreibend und anstrengend.

Natürlich endete diese Treppe doch irgendwann und ich stand erschaudernd am Wandfuß eines wirklichen Giganten. Das letzte Mal, als ich mit Gänsehaut unter einer solchen Wand stand, ist nahezu 30 Jahre her und damals war das die Nordwand der Großen Zinne in den Dolomiten. Auf jeden Fall wirkte die Wand von heute bedrohlicher, als die der Großen Zinne damals, was natürlich auch an der dunklen Farbe liegen konnte und weil ich auch noch auf der Schattenseite stand.

Leider können die Kameras von Mobiltelefonen, so gut sie auch sein mögen, solch gewaltige Dimensionen nicht annähernd erfassen, deshalb sieht man an meinen Fotos auch nicht die wahre Größe dieser Felstürme und ich werde wohl immer wieder mal auf meine Erinnerungen zurückgreifen müssen.

Zurück im Auto hoppelte ich die Schotterpiste wieder nach unten zur hervorragend asphaltierten US191, die ich weiter Richtung Nordosten benutzte, dem Tagesziel „Grand Junction" in Colorado entgegen.

Der Ort Grand Junction mit seinen knapp 70.000 Einwohnern ist eine weitläufig angelegte Stadt in der Mitte des „Grand Valley", eines fruchtbaren Tals des Colorado Rivers und die liegt mit fast 1500m über dem Meeresspiegel immer noch relativ hoch. Sie ist geprägt von einem trockenen Kontinentalklima mit heissen Sommern und milden Wintern, wobei diese aber durchaus auch mal Temperaturen von minus 20 Grad erreichen können.

Neben den inzwischen hier immer wieder einmal beschriebenen natürlichen und geologischen

Schönheiten finde ich an Grand Junction noch bemerkenswert, dass sich hier der Ausgangspunkt für einen Rundkurs befindet, den sogenannten „Dinosaur Diamond Prehistoric Highway", der als Teil der insgesamt über 2600km langen US191 nordwärts bis nach Kanada verläuft und - mit einer Unterbrechung - südwärts bis zur mexikanischen Grenze in Arizona reicht. Der Rundkurs selbst ist etwa 825km lang.

Interessant an solchen Straßen ist immer, dass damit versucht wird, zielgerichtet die unzähligen schönen Fleckchen in diesem großen Land zu verbinden.

Solche Straßen nennt man dann auch „National Scenic Byway". Und davon gibt es 145 Stück.

Die kürzeste ist mit 7km der sogenannte „Las Vegas Strip", die Hauptstraße von Las Vegas, die gleichzeitig die Pulsader dieser glitzernden Metropole ist, die jährlich von etwa 40 Millionen Menschen aus aller Welt besucht wird.

<u>6. Juli 2014</u>

Mein Zimmer in Grand Junction war leider eine Höhle in einer Absteige. Es ging schon nach dem Einchecken los, denn als ich mein Zimmer betrat, sah ich einen ungereinigten Saustall mit einer fürchterlich versifften Matratze ohne Bezug, denn dieser und die abgezogenen Kissen lagen auf dem Boden.

Also wieder zurück zur Rezeption und dem guten Mann erklärt, dass das so nicht geht.

Das andere Zimmer war zwar fertig, aber wie sagt man so schön: Aus einer Ente wird kein Schwan, da kann man ihr noch soviel Lack in die Federn schmieren.

Die Einrichtung hatte den technischen Stand aus dem Jahre 1970, es gab keine Mikrowelle, keinen Kühlschrank, dafür aber einen Tisch mit einer 30x30cm großen Tischplatte und das Bad war so toll, dass ich auf das Duschen freiwillig verzichtet habe.

In der Nacht standen andauernd immer irgendwelche zweifelhaften Typen vor meiner Tür, unterhielten sich lauthals und rauchten wie Schlote. Da meine Tür unten und auf der Scharnierseite jeweils einen Luftspalt von 3cm hatte, kam natürlich auch ausreichend Rauch in meine Höhle, was dazu geführt hat, dass ich nun quasi kaltgeräuchert bin und entsprechend lange haltbar sein sollte.

Wir werden das weiter beobachten und sollte ich nicht mindestens 150 Jahre alt werden, ist beim Räuchern wohl was schiefgelaufen.

Doch das alles dient ja einem größeren Zweck und ich hoffe, lieber Donald Trump, Du weißt diese ganzen Strapazen, Erniedrigungen, Probleme, Niederlagen und Schmerzen, die ich hier auf mich nehme, zu schätzen und lädst mich und meine Frau im Januar zur Präsidentenparty nach Washington ein.

Damit ich jedoch überhaupt nach Washington eingeladen werden kann, muss ich natürlich erst einmal an meinem Ziel ankommen und die versprochenen 10.000 Meilen voll machen.

Jeden Tag ein Stückchen weiter, das ist die Devise und das heutige Stückchen verläuft wieder südwärts bis nach Farmington in New Mexico.

Und je weiter ich in dieser Richtung fuhr, desto größer

wurden die Berge, die teilweise sogar noch weisse Lätzchen auf der Brust hatten.

In Montrose, Colorado - einem Städtchen mit gut 20.000 Einwohnern - gibt es viele gut erhaltene, sehenswerte, historische Häuser und eine überlebensgroße Bronzestatue von einem Reiter, der mit dem Lasso einen Hirsch fängt. Der Titel „Bad Decisions" (zu deutsch: „Schlechte Entscheidung") erschließt sich mir nicht ganz, denn der Mann auf dem Pferd hat den Hirsch ja bereits gefangen.

Daneben steht eine kleine schwarze Metallkonstruktion, an welcher die originale Schiffsglocke der USS Montrose hängt.

Dieses Schiff war ein Angriffstransportschiff der Haskel-Klasse mit 140m Länge, also ein etwas kleineres Schiff, wenn man es beispielsweise einem Schlachtschiff wie der USS Alabama (210m Länge) gegenüberstellt.

Beeindruckend ist auf jeden Fall die schnelle Bauzeit: Kiellegung war der 17.Juni 1944 und in Dienst gestellt wurde sie bereits am 2. November 1944. Die Herstellung der USS Alabama hat komplette zwei Jahre länger gedauert.

Ich schreibe das hier etwas ausführlicher, weil mich solche Schiffe einfach faszinieren. Kriegsgeräte im allgemeinen nicht, aber eben Schlachtschiffe, schwere Kreuzer oder wie hier, das kleinere Angriffstransportschiff USS Montrose.

Unser Mr. President ist mir ja noch eine Antwort schuldig auf meine beiden Briefe, die ich in den Jahren 2018 und 2019 an ihn geschrieben hatte.

Lieber Donald Trump, sind die denn überhaupt angekommen?

Es ging darin um den Verbleib des schweren deutschen Kreuzers Prinz Eugen. Der fiel ja per Losentscheid nach dem 2. Weltkrieg an die Vereinigten Staaten. Wir könnten ja noch einmal ein Los entscheiden lassen. Gewinne ich, gehört die Prinz Eugen mir, gewinnst Du, bleibt alles beim Alten. Haben wir einen Deal?

Einige Meilen weiter durchfuhr ich den Ort Ouray, ein wunderschönes Gebirgsstädtchen, auf 2375m Höhe gelegen mit noch mehr historischen Häusern, rundherum eingerahmt von sehr hohen Bergen. Obwohl die Region um Ouray schon hunderte Jahre vor den europäischen Einwanderern von indianischen Ureinwohnern besiedelt war, entstand hier erst im Jahre 1875 eine richtige Stadt, denn in den umliegenden Bergen wurden zahlreiche Gold- und Silberlagerstätten entdeckt und diese Stadt wurde später - selten genug - nach dem damaligen Häuptling der indianischen Ureinwohner, Chief Ouray, benannt.

Die Spuren der Suche nach Gold und Silber sieht man auch heute noch an jeder Ecke.

Da die Region eine verblüffende Ähnlichkeit hat mit diversen Alpentälern, vor allem denen in der Schweiz, erhielt Ouray auch den Beinamen „Little Switzerland". Weiter den Berg hinauf führte die Straße in halsbrecherischen Kurven und ohne Leitplanke oder Begrenzung an einem hunderte Meter hohen Steilhang entlang bis zum „Red Mountain Pass" mit 3.355m Höhe. Hier hätte ich gerne die gesehen, die am völlig harmlosen, absolut sicheren, Logan-Pass mit 25kmh entlang geschlichen sind. Die hätten sich wohl auf den Boden geworfen und um Hilfe gerufen.

Nach einer kurzen, aber rasanten, Abfahrt ins nächste Hochtal kam der Ort Silverton, der ebenfalls vom Bergbau geprägt ist und dessen Berghänge entsprechend durchlöchert sind. Silverton liegt über 2800m hoch, hat aber sogar einen Eisenbahnanschluss. Die Straße von Silverton in den talabwärts liegenden, nächst größeren Ort, Durango, wird auch der „Million Dollar Highway" genannt - ich vermute mal, wegen der exorbitanten Baukosten.
Der Ort Durango, immerhin auch noch auf 2000m Höhe gelegen, ist hektisch und sehr touristisch, weshalb ich geschaut hab, dass ich da schnell wieder rauskomme. Danach wurden die Berge rasch kleiner und mit der Grenze zu New Mexico kamen wieder die wohlbekannt hügeligen Wüstenabschnitte mit viel Kreosotbüschen und leider auch diesmal keinem Donald Trump, der einem solchen hinterher läuft.

Lieber Mr. President, was machst Du die ganze Zeit? Ich bin nun schon seit über 10.000km in diesem wunderschönen Land unterwegs - habe aber immer noch nichts von Dir gesehen. Schön langsam wird's aber mal Zeit, dass Du aus Deinem Versteck herauskommst.

<u>7. Juli 2024</u>

Das gestrige Nachtlager (tut mir leid, lieber Leser, aber das gehört meiner Meinung nach auch dazu) war alt, aber zumindest sauber.

Es gab zwar wieder keinerlei Möglichkeit, sich etwas zum Essen zuzubereiten, keine Mikrowelle, keinen Wasserkocher, keine Kaffeemaschine. Naja, da gab's halt wieder eine kalte Brotzeit und eine dicke Orange hatte ich ja auch noch.

Muss eh aufpassen, dass meine in den ersten drei Wochen sauer erkämpften Abnehmerfolge nicht noch mehr davon rinnen, denn nur im Auto sitzend, wird man für gewöhnlich nicht wirklich schlanker.

Ja, auch diese Hoffnung ging nicht auf - natürlich trifft Aventon da nur eine latente Schuld - aber es gehörte definitiv ebenfalls zu meinem Plan, durch die Anstrengungen dieser epischen Tour, quasi als willkommenen Nebeneffekt, meine Polster um den Bauch ein wenig schmelzen zu lassen.

Recht früh am Morgen saß ich mit einem großen Kaffee von McDonalds schon wieder im Auto, begab mich auf die Straße und verließ Farmington, das ein großer, aber nicht unbedingt der sehenswerteste, Ort ist und zwar in Richtung Albuquerque, einer der größten Städte New Mexicos.

Farmington ist ja umgeben von majestätischen Tafelbergen und roten Felsformationen verschiedenster Größen und Formen, die sich messerscharf gegen den blauen Himmel abheben.

Entlang der weiteren Strecke gäbe es verschiedene Möglichkeiten, Reisen in die Vergangenheit der Anasazi-Indianer zu unternehmen und die Ruinen und Petroglyphen Geschichten aus längst vergangenen Zeiten erzählen zu lassen. Doch dafür müsste man sich bedeutend mehr Zeit einräumen, die ich leider nicht habe.

Im Verlauf der weiteren, sich durch das Navajo- und teilweise Apachen-Reservat windenden, Strecke, kommen unvermittelt immer wieder Hinweise zu Überresten prähistorischer Dörfer, die mich mit ihrer stillen Präsenz daran erinnern, wie tief die Geschichte der Menschen mit dieser Region verwurzelt ist.

Je weiter ich mich Albuquerque nähere, desto deutlicher erscheinen zudem die Sandia-Mountains am Horizont und erweckten in mir wieder die Abenteuerlust.

Ich durchfuhr kurz die Altstadt mit dem historischen Viertel Old Town, die mich ein wenig an die spanische Kolonialzeit erinnerte, mit ihren engen Gassen und den bunten Adobe-Häusern.

Der Rio Grande, der Albuquerque durchschneidet, führte hellbraunes, schlammiges Wasser, sehr träge, fast ohne erkennbare Strömung.

Er entspringt ja im Bundesstaat Colorado in den Rocky Mountains und durchfließt New Mexico in Richtung Süden. Ab El Paso, Texas, ist er zugleich die Staatsgrenze zwischen den USA und Mexico und bleibt das bis zur Mündung ins Meer, dem Golf von Mexico.

In Mexico nennt man ihn auch Rio Bravo, was so viel wie „der wilde Fluss" bedeutet, aber davon spüre ich hier nichts. Vielleicht auch deswegen, weil an jeder Kurve irgendeine Pumpstation ihren Rüssel ins Wasser taucht und den Fluss anzapft, um die angrenzenden Weiden, Felder und landwirtschaftlichen Gebiete zu bewässern. Insgesamt hat der Rio Grande eine Länge von 3034km und ist nach dem Mississippi und dem Yukon damit der drittlängste Fluss der USA.

In meinem netten Days Inn Hotel angekommen, hab ich mir erst mal einen schönen heissen Kaffee zubereitet und dann ein wenig im Internet recherchiert, was man hier noch alles anschauen könnte.

Und ich entsann mich an die Mega-Serie „Breaking Bad", die ja hier gedreht wurde und las, dass man einige der Drehorte besuchen könne, wenngleich nur von aussen. Die Serie ist die mit Abstand erfolgreichste Fernseh-Serie, die jemals gedreht wurde und erreichte damit auch stets die höchsten Einschaltquoten und Zuschauerzahlen. Sie wurde mit 2 Golden Globes und 16 Emmys ausgezeichnet und ist seit 2014 im Guinessbuch der Rekorde als die am besten bewertete Serie aller Zeiten.

In einer Email an den Hauptdarsteller brachte Oscar-Preisträger Anthony Hopkins seine Begeisterung für Breaking Bad zum Ausdruck und lobte Bryan Cranstons (den Darsteller der Hauptfigur Walter White) schauspielerische Leistung als die „beste Vorstellung eines Schauspielers, die er jemals gesehen habe".

Auch ich muss sagen, diese Serie ist eine Klasse für sich und spielt in einer ganz eigenen Liga.

Daher bin ich nach meinem Kaffee gleich noch mal losgedüst und habe mir ein paar der wichtigsten Original-Schauplätze angesehen. Praktischerweise waren diese in einem Radius von wenigen Kilometern von meinem Hotel entfernt.

Danach habe ich meiner Abenteuerlust noch ein wenig Auslauf gegeben und bin zur Talstation der Seilbahn gefahren, die auf den Sandia Peak (Hausberg von Albuquerque mit 3255m) fährt und bin dort noch ein Stündlein gewandert, was bei 35 Grad und Sonne pur bestimmt dazu geführt hat, dass doch noch 2-3 Gramm meiner Pölsterchen weggeschmolzen sind.

<u>8. Juli 2024</u>

Als ich heute morgen aus dem Fenster schaute, waren alle Autos auf dem Parkplatz mit feinem, rötlichen Sand bedeckt. Denn in der Nacht hatte ein Sandsturm getobt, wie ich ihn schon lange nicht mehr erlebt hatte. Der Sturm hat ausgiebig an allen Ecken und Enden des Hotels gerüttelt - so als würde er gerade ein Praktikum beim deutschen TÜV machen.
Apropos TÜV: Zwar gibt es den deutschen TÜV tatsächlich einige Male in den Vereinigten Staaten, aber ich glaube, das sind nur Alibi-Filialen, damit die hohen Herren von der deutschen Geschäftsleitung auch mal einen Grund haben, eine Dienstreise nach Amerika zu unternehmen.
Beim Thema TÜV bin ich etwas zwiegespalten. Ich erachte einerseits zu starre Regularien und bürokratische, kleingeistige Vorschriften als für überholt und teilweise völlig unnütz, andererseits würde es den Amerikanern auch um ihres eigenen Wohles willen nicht schaden, ihre oft sehr bedenklichen fahrbaren Untersätze einer regelmäßigen Prüfung unterziehen zu müssen.
Das wäre jetzt das Stichwort für Dich, Mr. President, denn sicherere Fahrzeuge bedeuten auch weniger Kosten für die Krankenkassen, denn man kann mit einem kleinen technischen Check schon viele Probleme im Vorhinein ausmerzen.
Also bestelle doch Deinem zukünftigen Verkehrsminister bitte mal einen schönen Gruß von mir und ich komme

gerne auf einen Sprung nach Washington und erzähle ihm von meinen Ideen. Die sind bereits recht gut ausgereift, sodass auch die Kassen vom Finanzministerium ein leises Klingeln von sich geben würden.

Von dem Sandia Peak, an dem ich gestern noch bisschen herumgekraxelt bin, war heute morgen nichts zu sehen. Dick eingehüllt in rötliche Sandwolken träumte er wohl noch von dem gestrigen Sonnenschein. Das hat er sich auf jeden Fall verdient, ist ja schliesslich schon ein paar hunderttausend Jahre alt.

Nachdem ich den Staub weggepustet hatte, musste ich erst mal wieder den rechten Vorderreifen von meinem Auto befüllen, ich glaube schon langsam, der hat wirklich irgendetwas gegen mich. Diesmal kostete die Luft nur 1,50 Dollar, was mich sehr freute, allerdings nur etwa 30 Sekunden lang, denn als der Kompressor anfing zu arbeiten, musste ich leider feststellen, dass der Schlauch ein großes Loch hatte.
Bei der nächsten Tankstelle fehlte der Schlauch komplett, erst bei der dritten Tanke hatte ich Glück - da war ich richtig froh, dass Albuquerque so groß ist. Trotzdem...na super, dieser Tag fängt ja echt gut an...
Zum Glück war das erst einmal alles, was es zu bemängeln gab, nur die Sandsturmwolken waren noch da, die verfolgten mich, egal wie schnell und in welche Richtung ich fuhr.
Habe aufgrund der etwas längeren Strecke einen Großteil davon auf der Autobahn verbracht und das war wohl die richtige Entscheidung, denn die Sicht war erbärmlich.

Das änderte sich auch nicht bis Las Cruces, einer größeren Stadt in der Nähe der texanischen Grenze, umgeben von mächtigen Gebirgszügen.

Für die größeren Berge war es heute zu spät, zu heiß und zu sandig - daher suchte ich mir einen kleineren, aber freistehenden und daher recht imposanten, Hügel aus, den Tortuga Mountain und schleppte mich den steilen Berghang auf einem steinigen Trampelpfad hinauf. Schleppend deswegen, weil 101 Grad Fahrenheit immerhin noch 38 Grad Celsius bedeuten und das ohne den geringsten Schatten.

Oben angekommen, begrüßten mich ein kleines Observatorium, ein riesiger Sendemast und eine Minikapelle mit einer Marienstatue. Der Abstieg auf der anderen Seite des Berges war eine Wohltat, denn der Wind war stramm und kühlte gut.

Allerdings hatte er auch jede Menge ganz feinen Sand im Gepäck - das war beim Besteigen des Berges gar nicht zu spüren - zu sehen jedoch schon, denn aus dem Rückspiegel im Auto grinste mich das Gesicht von Hellboy aus dem gleichnamigen Film an, der vorher noch schnell zwei Tonnen Sand geschaufelt hatte.

Der Hellboy aus dem Spiegel hielt sogleich an der nächsten Tankstelle an und wusch sich das Gesicht ab. Ein solches Aussehen schien hier aber offensichtlich nichts Besonderes zu sein, denn keiner schaute irgendwie zu mir her.

Ein gutes Stündlein später war ich dann in El Paso und bezog ein Zimmerchen im Super 8 Motel in der Nähe des Airportes, in dem ich vor Jahren mit meinem Frauchen auch schon einmal war.

El Paso ist - ich hoffe, ich trete jetzt keinem auf die Füße - eine absolut furchtbare Stadt.

Zu jeder Zeit starker und hektischer Verkehr, alle wollen auf schnellstem Weg von A nach B. Hat man als ortsfremder Verkehrsteilnehmer mal die falsche Spur erwischt, gibt es keine Gnade, denn für dich bremst hier keine alte Sau, da kannst du blinken, bis dem Blinker die Puste ausgeht.

El Paso selbst hat knapp 700.000 Einwohner, aber das ist nur die eine Hälfte, denn die andere Hälfte liegt in Mexico, heisst Ciudad Juarez, ist noch um einiges größer und somit leben in diesem Metropolkomplex nahezu 2 Millionen Menschen.

Im Jahre 1890 hatte El Paso allerdings noch nicht einmal 10.000 Einwohner. Die Stadt wuchs aber mit dem Bau der Eisenbahnlinie sehr schnell und das ganzjährig warme Wetter war natürlich auch ein Grund, warum viele Menschen aus kälteren Regionen hierher zogen.

Manche nennen El Paso eine Hybrid-Stadt, denn der Teil hinter der Grenze, der mexikanische, hat eine extrem hohe Kriminalitätsrate und die schwappt gelegentlich auch mal auf die amerikanische Seite rüber. Da heisst es gut aufpassen und nicht unbedingt nach Einbruch der Dunkelheit mit einem Spaziergang zu beginnen.

Ein Sportreporter aus Minnesota, der in El Paso mal einige Zeit lebte, schrieb folgende Zeilen an seine Frau nach Hause: „Mein geliebter Schatz, Du kannst Dir nicht vorstellen, was hier in El Paso los ist. Die Hitze ist so gnadenlos, dass sogar die Kakteen um Sonnencreme betteln und ich daher schon einige der vielen Kakerlaken, die in meinem Zimmer umherlaufen, mit Sonnenbrand gesehen habe. Gestern wurde ich von einem Kollegen in ein mexikanisches Restaurant eingeladen und das Essen war so scharf, dass es mich schneller wieder verlassen hat, als ich gebraucht habe, um die Toilette aufzusuchen. Ich werde meinen Chef bitten, mich so schnell wie möglich wieder zu versetzen. In Liebe, Dein Jim".

Ja, das kann ich mir wirklich ganz gut vorstellen.
In diesem Sinne, gute Nacht Freunde, wo immer ihr seid.

09.-12. Juli 2024

Ich habe, nach langem Grübeln, gestern noch eine Entscheidung getroffen und werde die restliche Strecke, die mit Erreichen der Ostküste auf einer Länge von nahezu 1500 Kilometern sogar deckungsgleich ist mit der von vor 8 Wochen, in längeren Etappen „herunterreißen", um dann einen Ausflug nach Hause zu machen, mein Frauchen zu besuchen und um dann mit ihr zusammen wieder zurück nach Florida zu fliegen und die große Tour vernünftig ausklingen zu lassen.

Alles andere ist nur ein „Zeit-Totschlagen" - denn aus den ganzen vorgenannten Gründen ist die ursprüngliche Idee, die komplette Strecke ausschließlich mit dem Fahrrad zu bewältigen, einfach nicht durchführbar.
Ich muss leider - so schwer es mir auch fällt - zugeben, in Sachen Fahrrad auf's falsche Pferd, sprich: Die falsche Marke, gesetzt zu haben und vielleicht hätte ich den Verlauf meiner großen Tour noch umkehren können, indem ich mir ein anderes Fahrrad zugelegt hätte.

Diese weiteren Kosten hätten allerdings mein Budget gesprengt und möglicherweise auch nicht zum geplanten Ziel geführt, denn durch die Zeitverluste infolge der Reparaturen mit all ihren Begleiterscheinungen, wäre es mir nur schwer möglich gewesen, den gesteckten Zeitrahmen einzuhalten.

Für meinen eigenen Seelenfrieden dachte ich mir daher, das primäre Ziel: „10.000 Miles for Mr. President" ist ja nicht zwingend an ein Fahrrad geknüpft, wichtig ist doch, dass ich es überhaupt erreiche.
Und mit den letzten längeren Etappen, an denen ich zwar nichts anderes tat, als Auto zu fahren, habe ich dieses Ziel locker erreicht.

Lieber Donald Trump, ich denke, das geht in Ordnung, oder?

Ich habe nun 70 Tage lang mein Bestes gegeben, um Dir Tribut zu zollen, habe mit jeder Anstrengung, mit jedem Tropfen Schweiß, versucht, Dir meine Hochachtung zu zeigen und permanent Kontakt gesucht zu Menschen aus Deinem Heimatland, die noch nicht vollends davon überzeugt waren, dass Du der richtige Mann für diese Position bist.
Ich habe 5000 Flyer - mit einem Gesamtgewicht von 17kg - bei jeder sich bietenden Gelegenheit und von Hand im gesamten Land verteilt und hoffe nun aus ganzem Herzen, dass Du Dein Ziel erreichst und wieder zum mächtigsten Mann auf diesem Planeten gewählt wirst.

Mach bitte Amerika wieder groß und stark und hab

danach auch ein bisschen Einfluss auf die verabscheuungswürdige Ignoranz, mit der die deutschen Politiker im Moment ihr Volk und ihr Land behandeln. Vielleicht muss denen mal jemand sagen, was es bedeutet, seinem Land wahrhaftig zu dienen. Und der einzige, der das kann, ohne Konsequenzen zu fürchten, bist Du.

Mr. President: ich vertraue auf Dich und mit mir halb Deutschland und viele Millionen von Menschen in der ganzen Welt.

Nach diesem Entschluss setzten sich die Etappen der letzten Tage wie folgt zusammen:

09. Juli 2024
El Paso, TX – Hope, AR   - 1345km

10. Juli 2024
Hope, AR – Whyteville, VA   - 1313km

11. Juli 2024
Whyteville, VA – Richmond, VA – Jacksonville, FL - 1362km

12. Juli 2024
Jacksonville, FL – Hollywood, FL – 585km

Das Resümee aus diesen Tagen: In den Vereinigten Staaten von Amerika kann man sehr entspannt Auto fahren, sonst wären diese langen Strecken nicht möglich gewesen.
Die professionellen Trucker fahren ausnahmslos

vorbildlich und extrem rücksichtsvoll. Die Autofahrer meistens auch, aber leider nicht alle. Unterm Strich und in der Summe jedoch bedeutend vorsichtiger, als in Deutschland.

Die Straßen in meinem gelobten Land - zumindest die großen Interstates und Überland-Highways - sind weitestgehend in Ordnung, bis auf eine Ausnahme: Tennessee.

Denn in Tennessee sind die Straßen so schlecht, dass sogar ganze Asphaltiermaschinen in den Schlaglöchern verschwinden und nie wieder gesehen werden.

Ich weiss nicht, woran das liegt und habe nur die vage Vermutung, dass vielleicht der ganze Whiskey daran schuld ist, der hier gebrannt wird. In jeder dritten Kleinstadt gibt es eine Destillerie und möglicherweise wird hier ein bisschen mehr Schnaps konsumiert, als anderswo und das wirkt sich natürlich auch auf die Schaffenskraft der Menschen aus.

Inzwischen bin ich in Hollywood, Florida und wir schreiben den 13. Juli 2024.

Ich habe die schreckliche Nachricht erfahren, dass auf Dich, Mr. President, bei einer Wahlkampfveranstaltung geschossen wurde. Zum Glück für Dich, Dein Land und dem Rest der Welt, ging das glimpflich aus - leider nur nicht für den armen Feuerwehrmann, dessen Familie mein ganzes Mitgefühl gilt.

Und somit bleibt die berechtigte Hoffnung erhalten, dass immer noch alles gut werden kann.

Sich in einem solchen Moment kämpferisch zu zeigen,

zeugt von heldenhafter Größe, einem unerschütterlichen Glauben an Deine Berufung und dem wahren Geist eines Präsidenten.

Bleib stark, Donald Trump - ich und ein riesiges Heer von Menschen aus der ganzen Welt stehen hinter Dir!

Kapitel 3:

Zusammenfassung

Würde mich jemand fragen, ob ich diese Tour noch einmal machen würde, wäre die Antwort eindeutig: Ja. Allerdings unter etwas veränderten Voraussetzungen und mit der Prämisse, die komplette Strecke ausschließlich mit dem Fahrrad zu absolvieren.

An der technischen Seite würde ich deshalb natürlich als erstes das Fahrrad austauschen, es müsste ein deutsches Markenrad mit Mittelmotor sein und ausgelegt als S-Pedelec wegen der höheren Geschwindigkeit und der damit möglichen größeren Streckenlängen/Reichweiten.

Personell entweder zu zweit mit meinem Frauchen oder ich auf dem Fahrrad und sie als Trainerin/Begleitperson mit einem Auto.
In der zweiten Konstellation ist es ohne weiteres möglich, jeden Tag zwischen 150 und 250km zu fahren, abhängig natürlich vom Streckenprofil und den Witterungsbedingungen, wie Regen und vor allem Wind. Die Variante mit meinem Frauchen als Begleitperson hätte zudem den großen Vorteil, dass man nicht allzuviel Zeit mit dem „Nebenher" vergeuden muss - ich spreche

da zum Beispiel vom Beheben von Pannen, von notwendigen Einkäufen oder dem Check-In in Hotels, die nicht 24h geöffnet haben.

Ausserdem ist es mit einer Begleitperson wesentlich einfacher, potentielle Bedrohungen jeglicher Art abzuwenden und auch eventuell notwendige Ersatzteilbeschaffungen vorzunehmen.

Der Beginn einer solchen Tour im Frühsommer im Südosten (Südflorida) hat sich bewährt, denn damit gehen mehrere entscheidende Vorteile einher.

Zum einen ist die Zeitverschiebung nicht zu groß, um vom Schlafrhythmus her in Schwierigkeiten zu geraten. Zum nächsten ist die Strecke auf den ersten 2000km weitestgehend flach und sehr gut zum „Einrollen" geeignet.
Man hat somit ausreichend Gelegenheit, auch technische Mängel abzustellen, bevor es ab Virginia in die Berge (Appalachen) geht und die Anforderungen an Mensch und Maschine signifikant größer werden.

So schön North Dakota mit all seiner bewegten Vergangenheit ist, bin ich nicht sicher, ob ich noch einmal so weit nördlich fahren würde, denn ein paar hundert Kilometer weiter südlich gibt es ebensolche wundervollen, westwärts gewandten, Strecken und möglicherweise nicht ganz so viel Wind.
Die Rockys und die Kaskadenkette sind überall schön und anstrengend zugleich, da spielt es fast keine Rolle, welchen Highway man benutzt..

Die direkte Strecke entlang des Pacific war dieses Jahr nicht möglich, aber der Weg durchs „Hinterland" von Kalifornien ist ebenfalls zauberhaft, faszinierend und beeindruckend.
Um danach New Mexico und Texas ostwärts zu durchqueren, braucht man sehr viel mentales Durchhaltevermögen - die dafür notwendige Ausdauer hat man mit Sicherheit bis dahin erlangt.

Wer Amerika liebt wie ich und noch mehr sehen möchte, dem empfehle ich für den südlichen Teil die Streckenführung meiner letzten 2 Wochen, wobei man irgendwann in Georgia nicht verpassen sollte, südlich nach Florida abzubiegen, obwohl natürlich Tennessee - abgesehen von dem Zustand der Straßen - landschaftlich auch wundervoll ist.

Zur allgemeinen Sicherheit kann ich sagen, dass ich bis auf den - im Verhältnis zur Gesamtstreckenlänge - winzigen Abschnitt südwestlich von Chicago zu keinem Zeitpunkt irgendwelche Bedenken hatte, dort als Fahrradfahrer entlang zu radeln.
Neugierig und ungläubig beäugt wird man natürlich immer und auch fortwährend angesprochen. Wer das nicht mag, sollte wohl eher nur nachts fahren.

Bei der Qualität der technischen Ausrüstung würde ich keine Abstriche mehr machen, das Fahrrad ist - neben der eigenen Konstitution - das A und O der gesamten Unternehmung. Lieber jeden Tag ein Motel buchen, das 20 Dollar weniger kostet, da hat man bei den veranschlagten 2-3 Monaten Reisedauer schon wieder die

Differenz zu einem billigeren Fahrrad (wie dem unseren) heraus.

Campingplätze sind nicht so das meine, aber das muss natürlich jeder für sich entscheiden. Vor 30 Jahren wäre das vielleicht auch für mich ein Thema gewesen, aber mit Mitte 50 ist das nicht mehr meine erste Wahl.

Ansonsten kann ich nur immer wieder sagen: Die US-Amerikaner sind ein offenes, liberales und unvoreingenommenes Volk und immer für ein kurzes Gespräch bereit.

Aber das war es dann auch schon und dieses Verhalten - das im ersten Moment etwas oberflächlich wirkt - ist eigentlich genau das, was ich auch mag.

Ich bin gerne freundlich, zuvorkommend und hilfsbereit, aber habe kein Interesse daran, unnützen Small Talk zu betreiben oder oberflächliche Freundschaften zu schließen.

Wer mich als Freund haben will, braucht anfangs sehr viel Zeit und Geduld, hat aber dann auch jemand gefunden, der lange mit ihm geht.

In politischen Dingen habe ich während der gesamten Reise einiges an Überraschungen erlebt und zwar vor allem durch die Leidenschaft, Treue und das Herzblut, mit der ein komplettes Land hinter einem Menschen steht und dieser Mensch heisst Donald Trump.

Ich durfte miterleben, wie die Zustimmung und Rückendeckung des Volkes immer größer wurde, je mehr Steine Donald Trump in den Weg gelegt wurden.

Nach dem Urteil im sogenannten „Schweigegeldprozess" sammelten vor allem die „kleinen" Bürger innerhalb 24

Stunden fast 53 Millionen Dollar und innerhalb 72 Stunden 200 Millionen Dollar, um IHREN wahren Präsidenten zu unterstützen.

Und ich muss ein weiteres mal in aller Deutlichkeit sagen, es ist eine Schande, wie vor allem die deutschen Medien Donald Trump immer darstellen. Unvorteilhaft fotografiert, Sätze aus dem Zusammenhang gerissen oder Mutmaßungen so formuliert, dass der nichtsahnende Leser glaubt, dies oder das wäre so passiert.

Die hochgelobte Meinungs- und Pressefreiheit wurde schon lange zu Grabe getragen in unserem deutschen Lande, nicht erst mit dem neuerlichen Verbot der Zeitschrift „Compact", die eigentlich nur mit dem Finger auf all die akuten Probleme und offenen Wunden in Deutschland zeigte.

Und somit sehen wir ein weiteres Mal die Aktualität der Sätze von Reinhard Mey: *„**Wer die Wahrheit sagt, braucht ein verdammt schnelles Pferd!"***

Die Pferde der Redakteure des „Compact" - Magazins waren offensichtlich nicht schnell genug →
daher wünsch ich mir von Dir, lieber Mr. President Trump: dass aus dem rauen Wind, der Du im Moment noch bist, nach Deiner Wiederwahl ein Orkan werden möge und Du durch die Länder fegst und die politischen Sümpfe austrocknen lässt und all denen Deine wahre Macht zeigst bis zur letzten Konsequenz, denn das ist die einzige Antwort für all diejenigen, die Dich jetzt verspotten und

verunglimpfen, das ist das einzige Mittel gegen all die Schwurbler, die ignoranten, bornierten und unfähigen Köpfe, die aus einer Demokratie sukzessive einen Sklavenhalterstaat machen wollen.

Vielleicht wird ja dann endlich aus dem Narrenschiff „Deutschland" wieder ein schnittiger schwerer Kreuzer, bereit dafür, den Namen „Deutschland" mit Stolz zu tragen, auch bei Sturm oder schwerer See und der die alten Werte im Rumpf trägt, die unser Land ehemals groß gemacht haben.

Kapitel 4:

Was zu empfehlen ist und was nicht

Eine solche lange Reise bedarf einiges an Planung und nicht immer gehen diese Pläne auf.
Es ist auf jeden Fall von Vorteil, für jeden wichtigen Punkt eine Reservelösung in Petto zu haben, das war bei mir leider nicht immer der Fall.
Hier ein paar Tipps für alle, die ähnliches vorhaben.

Für die Buchung von Mietfahrzeugen empfiehlt es sich immer, eine Adresse in den USA parat zu haben und selbst, wenn es nur die vom Hotel ist. Manche Vermieter sind da etwas unflexibel und können mit deutschen Adressen nichts anfangen. Vor allem in ländlichen Regionen.
Führerschein im Scheckkartenformat ist obligatorisch und eine Kreditkarte sowieso.

Kreditkarten: Eine auf jeden Fall (vorzugsweise VISA) und bei längerer Reisedauer vielleicht eine zweite - es kam einige Male vor, dass meine Hauptkarte bei bestimmten Tankstellenketten oder Motels nicht akzeptiert wurde.

Bargeld: Nach wie vor wichtig, wobei das zum Bezahlen in Supermärkten immer weniger gefragt wird. Allerdings wurde zu meiner Verwunderung mehrere Male die Kaution beim Einchecken ins Hotel/Motel als Barsumme (meist 100 Dollar) gefordert.

Mit dem Vergleichsportal „Check24" habe ich durchweg gute Erfahrungen gemacht und würde alles, was irgendwie im voraus buchbar ist, wieder über diese Plattform abwickeln.

Beim Buchen von Übernachtungen begibt man sich schnell in einen undurchsichtigen Dschungel aus allen möglichen Portalen, die teilweise nicht erkennbar, weit weg im asiatischen Ausland sitzen (zum Beispiel das Portal „Agoda", das in Singapore beheimatet ist) und dann weitaus weniger bestrebt sind, im Falle von Problemen Hilfestellung zu leisten.

Wer eine solche Tour mit dem Fahrrad unternehmen möchte, dem empfehle ich für den Fall, dass ein konventionelles Fahrrad Verwendung finden soll, dieses aus Deutschland mitzunehmen und bei Verwendung eines E-Bikes eins vor Ort zu kaufen, aber von einer Marke, die man auch in Europa kennt und vor allem keines mit Nabenmotor.
Die Kosten für den Transport eines konventionellen Fahrrades über den Atlantik sind als Sportgepäck moderat, während der Versand eines E-Bikes nur über Speditionen abgewickelt werden kann, die entsprechende Gefahrgutberechtigungen besitzen (FedEx), sich das aber teuer bezahlen lassen (mehrere tausend Euro sind da

schnell erreicht).

Wer sich ein Fahrrad vor Ort kaufen möchte, oder wenn sein mitgebrachtes eine Reparatur benötigt, dem empfehle ich, zu den Jungs von Cycling Forza in Coral Springs, Florida zu gehen, denn diese - allen voran der Werkstattleiter Oscar Silva - sind absolut kompetent, freundlich, geduldig, zuverlässig und hilfsbereit. Aufgrund dieser ganzen Attribute müssten es eigentlich Deutsche sein.

Eine Versicherung gegen Krankheit, Diebstahl und Reiserücktritt empfiehlt sich nur, wenn man bereit ist, auch hier gut abzuwägen zwischen Preis und Leistung. Wir hatten eine relativ preiswerte Versicherung für die Fahrräder bei Hepster abgeschlossen, die zwar theoretisch auch Reparaturen mit abgedeckt hätte, aber praktisch überhaupt nichts bezahlt, weil die Versicherung in ihren Bedingungen abartig viele Klauseln eingebaut hat, wodurch man am Ende mit einhundert prozentiger Gewissheit auf seinen Kosten sitzen bleibt.
Die entsprechenden Bewertungen anderer Kunden sind leicht im Internet zu finden und sprechen Bände.

Die Versorgung mit Lebensmitteln und allem, was man sonst noch benötigt, ist in Amerika weitaus besser, als beispielsweise in Deutschland, denn die großen Supermärkte wie Walmart, Safeway, Publix oder Winn Dixie haben jeden Tag geöffnet und teilweise rund um die Uhr, aber auch die kleineren wie Dollar General, Dollar Tree und Co. haben mindestens von 8 - 22 Uhr offen. Engpässe gibt es, wenn überhaupt, nur im Hochgebirge oder in Gegenden, in denen die Orte sehr weit auseinander liegen.

Bei einer Radreise ist es ein Muss, die wichtigsten Ersatzteile plus die dafür benötigten Werkzeuge mitzuführen, denn Orte mit Werkstätten können durchaus mal ein paar hundert Kilometer auseinander liegen und nicht jede hat dann sofort das passende Ersatzteil parat. Manchmal ist es sinnvoller, bei großen Onlinehändlern das notwendige Teil zu bestellen und ins Hotel schicken zu lassen.

Internet ist meist recht gut ausgebaut und bei vielen Supermärkten, aber auch fast allen bekannten Fastfood-Ketten, gibt es gratis WLAN. Fast jedes Motel oder Hotel wirbt mit kostenlosem Highspeed-Internet, das hat man dann auch mitunter wirklich, aber fast niemals am nächsten Morgen.
Ich denke, dass meine Vermutung stimmt und es am Morgen ausgeschaltet wird, damit die Gäste schneller auschecken.
Im Lande selbst habe ich mir für jeweils 28 Tage einen 32-GB-Datenpass von der Telekom gekauft, damit hatte ich bis auf einige wenige Stellen im Hochgebirge IMMER 100% Netz und in ausgezeichneter Qualität. Das hat immens geholfen bei Hotelbuchungen, Lösungen von Problemen oder einfach, um mal mit dem Frauchen zu telefonieren.

Das Thema Sicherheit hatte ich vorher schon angeschnitten - im Grunde keine Überraschung, dass die ganz großen Städte nicht des Radfahrers erste Wahl sein sollten, zumindest nicht in der Nacht.

Ansonsten gehen die größeren Gefahren eher von dem ganzen Gerümpel aus, das sich so auf den Standspuren der Highways tümmelt.

Auf 1000km Highway kann man soviele Ersatzteile sammeln, um sich getrost ein funktionstüchtiges Auto zusammenzubauen - die entsprechenden Fachkenntnisse vorausgesetzt.

Die Höhe der Kosten einer solchen Unternehmung bestimmt natürlich jeder selbst.

Wer 1. Klasse nach Amerika fliegt, immer nur im Hilton übernachtet und jeden Abend zum Essen geht, wird sicherlich ein Vielfaches an Geld benötigen, wie einer, der den bescheideneren Weg einschlägt, so wie ich. Man findet durchaus auch gute Motels für 50 Dollar pro Nacht, kann vor Ort mit Bargeld in der Hand immer handeln (vor allem bei den Betreibern mit einem Punkt auf der Stirn) und für eine Handvoll Dollar kann man genug Lebensmittel kaufen für einen ganzen Tag.

Ein Sportler braucht ohnehin hauptsächlich Wasser und das gibt's zum Beispiel bei jedem Walmart oder Publix gratis.

Das B2-Visum war eine Absicherung, die man auf jeden Fall besser in Anspruch nehmen sollte, denn „manchmal ist das Leben (durchaus) wie eine Schachtel Pralinen und man weiss nie, was man bekommt" um mit Forrest Gump zu sprechen.

Vor der Beantragung und dem Interview-Termin in der US-Botschaft braucht der unbescholtene Bürger absolut keine Angst zu haben, denn die Angestellten dort sind erstens auch nur Menschen, zweitens gut genug geschult, um deine Anspannung zu erkennen und dir zu nehmen und drittens wissen sie genau, dass mit jeder längeren Reise in das wundervolle Amerika auch immer ein bisschen Geld ins Land gespült wird und warum sollten sie das nicht wollen?

Kapitel 5:

Die harten Fakten

Die Tour in Zahlen:

Strecke mit Fahrrad	=	3.158km
→ Höhenmeter mit Fahrrad	=	11.825Hm
Strecke mit Auto (in Etappen	=	12.920km
Transferstrecken mit Auto (3)	=	4.374km
Flugstrecken innerhalb der USA	=	2.848km
Strecke zu Fuß	=	156km

Gesamtsumme   =   23.456km in 68 Tagen

entspricht: 14.558 Meilen

Mr. President, ich vermelde: Ziel erreicht!

Schlusswort

An dieser Stelle möchte ich mich einfach nur bei all denen bedanken, die es möglich gemacht haben, dass ich diese Reise unternehmen durfte, zuallererst natürlich bei meinem Frauchen.

Ich bin dankbar für die guten und aufschlussreichen Erlebnisse und die vielen sehenswerten Orte, die ich erkunden durfte und ich habe angesichts der unvorstellbaren Weite und Größe des Landes nun noch mehr Respekt vor all denen, die von 150 oder mehr Jahren auf den amerikanischen Kontinent gekommen sind, um ein neues Leben voller Ideen und Hoffnungen, aber auch mit Ungewissheit und Angst im Herzen und immer begleitet von härtesten Prüfungen und unter widrigsten Bedingungen, zu beginnen und die letztlich das Amerika geschaffen haben, das wir heute besuchen und - zumindest ansatzweise - kennenlernen dürfen.

Mein Lebenstraum, diese Tour auf dem Fahrrad zu absolvieren, ging leider nur teilweise in Erfüllung, denn all die Regionen während einer zusammenhängenden Reise, von denen ich seit 50 Jahren träume, auf zwei Rädern und somit hautnah zu erleben, war mir nicht vergönnt. Dennoch wird vieles in meiner Erinnerung bleiben und vielleicht schenkt mir das Leben noch ein paar gute Jahre und ein bisschen Kraft, um die eine oder andere Ecke meines gelobten Landes zusammen mit meinem Frauchen auf zwei Rädern erkunden zu dürfen. Der selbstgesteckte Plan, 10.000 Meilen für Donald Trump zu bewältigen, wurde jedoch erreicht und noch weit übertroffen.

Ich denke, in den hochindustrialisierten Regionen dieses riesigen Landes ist aufgrund des permanenten Rufes nach Kommerz das Gespür für die kurze Vergangenheit mit zeitgleich rasantester Entwicklung bei den dort lebenden Menschen etwas verloren gegangen - die ehemals von den indianischen Ureinwohnern abstammenden Menschen denken da vielleicht noch etwas anders.
Man spürt schon in den Gesichtern die Verbundenheit zur Mutter Erde, die Gemütsruhe, die sich von der Erhabenheit der Natur auf die Seelen derjenigen übertragen hat, die es seit Jahrhunderten besiedeln.
All das kann einen Besucher nur zum Nachdenken anregen und vor allem zu dem Schluss kommen lassen, dass wir lediglich zu Besuch sind auf diesem Planeten und unsere Zeit eigentlich das einzige ist, was wir haben.

Nutzen wir alle doch diese wenige Zeit mit Dingen, die uns glücklich machen und lassen die nutzlosen Verpflichtungen und Fremdbestimmungen weg, wann immer es möglich ist.

Um den Kreis zu schliessen und **die Hommage an Donald Trump zu vervollständigen, bleibt mir nur** noch eines: Und zwar **der Wunsch**, **dass all diejenigen US-Amerikane**r, für die Frieden kein leeres Wort ist, deren Herz sich mit Stolz erfüllt, wenn sie die Hymne der Vereinigten Staaten von Amerika hören und die wissen, dass es da einen gibt, dessen Berufung es ist, ihnen bedingungslos zu dienen und der als Geschäftsmann alles daran setzt, das gemeinsame Heimatland, diese großartige Nation wie ein Unternehmen zu leiten, zu vereinen und zu stärken, **im Herbst diesen Jahres an der richtigen Stelle auf dem Wahlzettel** und zwar dort, **wo der Name „Donald Trump" steht, ihre Kreuzchen machen**.

Frank Dressler
Juli 2024